⬆施振榮父親施起深因為製香積勞成疾去世，享年僅三十歲。

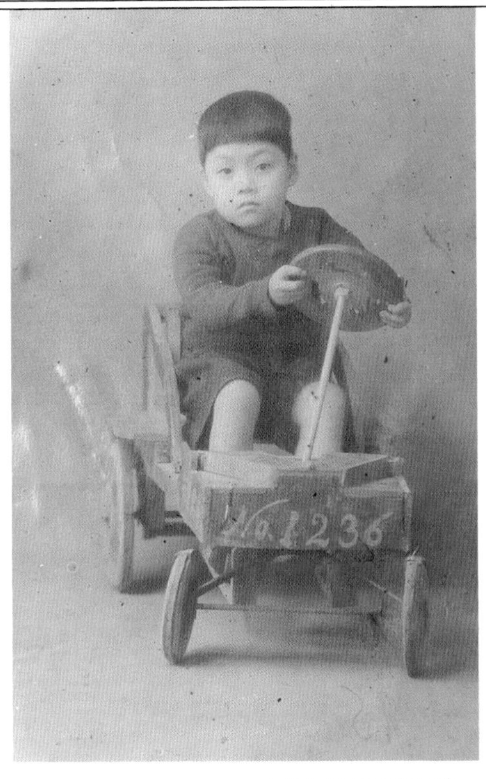

⬆施振榮幼年(1947)。

↑宏碁電腦集團董事長施振榮近照(1996)。

⬆施振榮十三歲時與母親施陳秀蓮(1957)。

←施振榮接受預官分科教育時留影（1962）。

↓施振榮就讀交大時，與工學院長鍾皎光合影（1967）。

⬆施振榮、葉紫華和他們的「媒人」周元傑(左)、胡台音(左二)攝於清大校園(1968)。

⬅施振榮交大時期是運動健將(1967)。

↑葉紫華大學畢業時，與母親王愛梅合影(1969)。

➡施振榮與葉紫華郊遊時留影（1969）。

⬅施振榮與葉紫華暗訂時留下的鏡頭（1969）。

➡施振榮研究所畢業時與葉紫華合照(1971)。

➡榮泰電子的創業三夥伴林森(中)、施振榮(左)、黃文雄(右)攝於1972年。

↑施振榮獲十大傑出青年時，與妻子葉紫華合影(1976)。

↑施振榮與朱邦復簽約合作開發中文電腦輸出入技術(1980)。

↑施振榮獲頒青年創業楷模後，與家人合影(1981)。

⬆施振榮在宏碁十二週年慶祝會上敲鑼爲龍騰國際展揭幕(1988)。

⬆施振榮(左三)與童虎(左起)、郤中和、麥肯錫、陳正堂、梁佩鈴(1989)。

⬆施振榮與劉英武(1989)。

↑施振榮獲頒交大榮譽博士後，與交大師長合影，左起爲半導體大師施敏、當年交大校長阮大年、施振榮、交大榮譽博士殷之浩，後來接任交大校長的鄧啓福、交大教授張俊彥(1992)。

↑施振榮獲傑出孝子獎，與母親、妻子、長子施宣輝及好友王振容夫婦合影(1994)。

↑施振榮獲馬來西亞政府頒授拿督爵位，與母親和妻子合影(1994)。

←施振榮長子施宣輝大學畢業時，全家人合影(1995)。

↓施振榮與宏碁最新產品──「渴望電腦」。(邱田山攝於1996)

⬆本書作者周正賢(後排右)與施振榮和施振榮的母親和妻子合影。(邱田山攝於1996)

企業傳奇④

施振榮的電腦傳奇

周正賢 著

李序

一九九四年，永豐餘公司總經理何壽川先生成立「遠哲科學教育基金會」，要聘請熱心而有創見的人士加入董事會，便極力推崇施振榮先生，促成我跟施先生結識。

後來，我出任行政院教育改革審議委員會召集人，爲尋找合適的委員人選而進行一項問卷調查，大部分的受訪者都提到施振榮的名字，令我印象十分深刻。

施振榮先生擔任遠哲科學教育基金會董事和教改會委員後，我們有比較多的機會接觸，讓我對他有更深一層的認識。

在這段共事期間，我發現施振榮先生是一個很有創見的人。他早在一九八九年就提出發展台灣爲「科技島」的建議，目前政府推動的南部科學園區和各地的科技工業園區，基本上便朝著科技島的方向規劃。

除了建議發展科技島，施振榮也提出「世界公民」的觀念，這眞是令人叫好的眞知灼見。我們仔細審視當今世界發展的趨勢，正是朝著世界公民的道路前進。目前全世界每天大約有二十兆美元的資金在流動，經濟國際化將使「地球村」早日實現，加上人口問題與環保問題不斷惡化，使不同地區的人們所面對的問題趨於一致，我估計在下一世紀的中葉，整個世界就會變成一體，屆時，任何人往來世界各地都不再需要簽證和護照。因應這種地球村的來臨，企業及個人都應及早訓練自己成爲世界公民。

施振榮先生不但提出科技島與世界公民的觀念，他還身體力行，投入研究發展，使宏碁電腦成爲台灣第一家有能力授權專利技術給IBM 公司的廠商；施振榮從創業開始就追求國際化，現在他領導的宏碁電腦是全世界第七大個人電腦公司，在拉丁美洲、東南亞、中東地區的市場占有率都是第一。

施振榮先生在他創業之初就堅持財務公開，公司股票上市，卻從不炒作股價，當他爲節稅而出售股票時，竟然發布新聞說明預定賣出股票的時間，並表示將立即原數買回賣出的股票，顯示他堅守原則的性格。

施振榮先生的成功是社會的福氣，也是有意創業者的榜樣，希望有更多的人能效法他的創業精神和經營理念，爲社會創造更多的財富和就業機會，不過，我要提醒羡慕、敬佩施振榮的人，任何成功都是長期艱苦奮鬥的成果，世界上沒有不勞而獲的事情。在榮耀背後，常有煎熬和淚水，當我從本書中讀到施振榮的太太曾經爲公司的困境在家裡暗自飲泣，我深深感受到成功得之不易，對施振榮夫妻的奮鬥精神更爲佩服。

施振榮先生是交大電子工程系和研究所的高材生，以往我們教育理工科的學生，總想將他們訓練成科學家或工程師，施振榮的成功給我一個啓示，如果我們也能教育更多的理工科學生成爲企業家，他們對社會的貢獻將會更大，就這點而言，我覺得施振榮的成功爲理工科的師生開了另一扇窗。

施振榮先生在最近的一次座談會中談到，他正在公司內部推動主從架構組織，初期目標是使各聯屬企業和各部門的主管都能當家做主，獨立運作，增加營運的靈活和效率，最終目標則是「群龍無首」，也就是全公司可以不必有施振榮也可以運作如常，甚至運作得更好。一般的領導者或經營者總想緊緊抓住權力，施振榮卻想大權旁落，我想，這又是他的一大創見。

我認爲，施振榮先生的目標不是不能達到，但若能達到，必然是他首領得當，群龍才能各自獨當一面。

施振榮先生談到「群龍無首」，讓我想起去（一九九五）年底有一家雜誌社訪問台灣地區數十個媒體的編採主管，請他們指出心目中理想的內閣，施振榮和江丙坤先生被並列為經濟部長的最佳人選。由此可見大家對施振榮的評價。

周正賢先生是《經濟日報》的資深記者，他以流暢的文筆詳細描述施振榮與宏碁電腦公司成長過程的辛酸與榮耀，讀來令人動容、鼓舞。

我衷心覺得，施振榮先生值得推崇，《施振榮的電腦傳奇》值得推荐。

中央研究院　院長

李遠哲

施序

我與周正賢先生相識十年，從他開始採訪產業新聞起，便有經常接觸的機會，他是一位思緒敏銳，態度嚴謹，見識精闢的新聞從業人員，對宏碁的發展過程有深入的瞭解。前（一九九四）年中秋節前夕，正賢兄向我表示有意撰寫一本宏碁創業與發展的專書，我欣然同意。

雖然國內外有關宏碁和我本人的報導並不乏見，但我相信透過正賢兄的筆觸，能夠將宏碁的奮鬥過程、經營環境，特別是突破困難的方法，生動忠實地反映出來，提供讀者一個可貴的參考。

正賢兄撰寫這本書，投入了極深的心力，在動筆之前，除了廣泛蒐集資料，更飽讀許多傳記書籍，做爲寫作的借鏡。最近半年，正賢兄的寫作進入緊鑼密鼓的階段，祇要我人在台灣，他幾乎每個週末都與我當面對談，話題涵蓋我的家世、童年、教育、母親對我的教誨、內人與我的相處、和宏碁創業的過程和變遷。

在訪談時，正賢兄提出許多尖銳的問題，尤其是詢問宏碁遭遇困境的原因時，更是追根究柢，毫不放鬆；我則對正賢兄提出的問題，有問必答，知無不言。不迴避負面，是本書的特色之一，這也使得本書具有最高的可信度。

除了我本人，正賢兄也走訪了我的母親、內人及其他相關人士，他花了許多求證的工夫，甚至發現宏碁內部刊物在若干事件上出現日期誤載的情形，這些錯誤，正賢兄都在本書中一一訂正。

我在閱讀本書初稿時，不僅重溫宏碁當年創業惟艱的歷史，也意外獲悉一些我原先不甚清楚的事情，這些資料都是正賢兄從我的同仁、朋友及業界人士探詢出來的。他用不同的角度去觀察、分析，展現了可貴的意義。

正賢兄最近半年利用公餘之暇趕稿，有時一天內在電腦桌前工作超過十個小時；他對本書的寫作要求極高，祇要發現文稿未盡周延，便進一步查證增補，將原來的稿件刪除重寫，動輒數萬字。這本書的主文約十六萬字，但原始初稿接近五十萬字，可見作者態度的嚴謹。

我常覺得，企業訂出宏大的使命、理念與目標並不困難，可是要能切實執行、發揮功效卻不簡單。例如宏碁能有今天的規模，就是由創業夥伴結合所有的員工，透過長期的努力、可行的策略，一步步達成階段性的目標，逐漸累積而成。

如果說，過去二十年來宏碁演出了一齣還算叫座的戲，那是拜全體同仁努力之賜，和消費者、合作夥伴及社會大衆給我們的支持與期許。正賢兄則以可讀性極強的寫作結構與文字，將這齣戲以平易近人，淺顯易懂的方式呈現出來。

希望這本書能夠對企業管理者、一般上班族提供借鏡，也對即將就業或創業的年輕朋友有所啓迪，甚至有助父母鼓勵、教育子女成長。

我常提醒自己，所謂成功，只是達成某個階段的目標，成功之後，還需要努力面對接二連三的挑戰。此外，大家要瞭解，成功之路不只一條，宏碁採行的方法並不代表唯一的成功模式，只要肯努力，敢創新，行行都能出狀元，每個人都能開拓不平凡的人生。

爲顧及可讀性，作者寫作本書以故事性爲導向，對宏碁的經營理念、思考邏輯，與我個人在創業各階段的心理調適未刻意著墨，有關這些領域的話題，我希望日後有另作揭露的機會。

這是一本可讀性和可信度都極高的好書，値得大家分享，但我必須強調，如果說宏碁現在有了一些成就，那不是我個人的傳奇，而是全體員工的努力，與社會各界的愛護。目前，宏碁仍在不斷努力，唯有這樣，才能創造更大的成果。

宏碁電腦集團　董事長

施振榮

劉序

台灣近年以資訊產業聞名於世，其產值已躍居全球第三，資訊業成爲國際新聞媒體的寵兒，而國際間提到台灣資訊業，宏碁電腦集團的施振榮先生無疑是最具代表性的人物。

施先生三歲喪父，幼年曾幫母親賣鴨蛋，成年之後白手起家。一九七六年與幾位同事集資一百萬元創立宏碁電腦公司，一九八六年發展成台灣最大的電腦公司，一九九五年集團營業額超過一千五百億元，盈餘一百零五億元，不僅在台灣領先群倫，也是全球排名第七的個人電腦公司。

施先生二十年來開創年輕人集體創業、成功致富的經驗，使他名滿國內外。美國《財星雜誌》選他爲「與亞洲做生意不可不認識的人物」，《遠東經濟評論》稱讚宏碁是「亞洲的王牌」，並評定宏碁已於一九九五年取代台塑企業，成爲台灣最佳企業。

宏碁從二十年前的沒沒無聞，蛻變成資訊業的巨擘，施先生的經營管理及奮鬥過程，有許多值得詳細推介之處。不僅如此，宏碁的經營，並非完全一帆風順，一九九一年宏碁曾一度虧損達六億元，被迫遷廠、裁員、處逆境而終能反敗爲勝，這一段浴火重生的經過，也是宏碁及施先生過人之處。

事實上，施先生曾一度辭職以示對公司營運困境負責，在董事會慰留後，他痛定思痛，親自進行宏碁的企業改造工程。他引用麥當勞的經營觀念，制定宏碁的速食產銷模式，在世界各地裝配「新鮮的電腦」，解決久纏難解的庫存問題，營業利潤立即提升。

他採取把股權分散給經銷夥伴和員工的策略，激勵他們將宏碁當做自己的公司經營，並在世界各國和當地廠商合資，以地緣優勢和歐美日大廠競爭，現在，宏碁在美國是第八大品牌，在東南亞、拉丁美洲、中東地區的市場占有率都是第一。

接著，他引用電腦網路的「主從架構」觀念，讓所有聯屬公司各自作「主」，經營完全獨立，他自己則「大權旁落」，只在聯屬公司有需要時，「從」旁協助。他還鼓勵各聯屬公司「有資源盡量用，有包袱不要揹」，結果，全體企業各自全力衝刺，互相競爭，短短兩年，宏碁轉虧爲盈。

我與施振榮先生曾有幾面之緣，卻不知道他童年時曾經沈迷賭博，幾乎步入歧途；宏碁在最困難的時候照樣被銀行抽銀根；施先生爲挽救宏碁心力交瘁，竟昏倒在自家的電梯裡。其他如施先生當年「每日一信」追得妻子葉紫華，發憤圖強學英文，在陽台自己動手製作印刷電路板，與外國廠商周旋智慧財產權糾紛，因應海外併購的虧損，親自進行企業改造的過程，這些成功背後的小故事，都由《經濟日報》採訪中心副主任周正賢先生認眞採訪，娓娓道來。

周正賢先生在《經濟日報》曾經主跑科技產業新聞，對施先生創業和宏碁發展的歷程有深入瞭解，他費了一年多的時間蒐集資料，訪問施先生和他的母親、妻子、友人、同事，從施先生先祖渡海來台製香爲業，一路寫出施先生成長、奮鬥的過程，其中有很多不爲人知的故事。作者文筆流暢，擅長以場景描述和人物對話凸顯故事，施先生的人與事，透過作者的妙筆，寫得精采，讀來發人深省。

《施振榮的電腦傳奇》在《經濟日報》連載以來，讀者反應熱烈，詢問的電話不斷。相信本書的出版，不僅可爲年輕人提供榜樣，讓企業界從事經營管理者有所參考，亦將給社會提供彌足珍貴的啓發，並爲台灣經濟的更上層樓增添動力。

經濟日報　社長　劉國瑞

一九九六年三月六日

自序

許多年前，我主跑科技產業新聞，有一天在宏碁公司遇見施振榮先生的助理兼司機小梁（梁吉男），「老周，老周，」小梁抓著我的手臂，「你有沒有總統府的汽車通行證？」「沒有。」「那有沒有立法院的？」小梁追著問。「你要幹嘛？」我反過來問他。「我們頭家嬤，要我去找一張總統府的通行證，貼在施先生的車上，這樣警察才不會找我們的麻煩。」小梁忙解釋。

隔不久，在桃園中正機場過境旅館停車場遇見小梁，「老周，老周，你知不知道這怎麼弄？」小梁抓著汽車行李廂蓋上的無線電天線說，「我們頭家嬤要我把這個天線鋸短。」「幹嘛？」「她說，這樣人家才不會把我們的車當成警察車，找我們的麻煩。」

這是我第一次知道施振榮的母親施陳秀蓮——一個二十五歲就守寡，全副精神都放在兒子身上的女人。

那時，施陳秀蓮還住在鹿港，每次小梁或其他宏碁的員工去看她，一定受託帶回來一瓶「神明水」（供在神前的水，台灣民間信仰認為喝了可以保平安），交給施振榮喝。

許多人都知道施振榮在外從不喝酒，在陌生的場合，有時連果汁和茶都不喝。並不是什麼要不得的原因，只是他的母親要他不要喝陌生人的飲料，「要潔身自持，不要讓人掌握任何把柄。」

雖然施振榮不認為陌生人端給他的水會有問題，不過，為了讓母親安心，他從不涉足風月場所，也盡量不喝外面的飲料；在相同的理由下，每一瓶母親託人帶上來的神明水，他都一飲而盡；一九八四年宏碁失竊四千萬元積體電路，警方偵辦陷於膠著時，他也順從母親的意思，從鹿港城隍廟請來范將軍（八爺）協助辦案；直到現在，只要是母親的意思，施振榮沒有不遵從。

每年，施振榮總要陪著母親到埔里和鹿港的廟裡膜拜，「我無所謂信與不信，」施振榮說，「只要老人家信就好。」

一九九四年十月某一天，施振榮從國外回來，聽說他獲選為「第一屆傑出孝子獎」，他想：「孝順就孝順，那分什麼傑出不傑出。」便想把這個獎退掉。後來查清楚，這個獎是他的母親要他的好友王振容推薦的，既然是母親的意思，施振榮便決定接受，並且陪著母親一起出席領獎。

施陳秀蓮雖然全心掛著兒子身上，卻沒有黏纏著兒子，施振榮讀大學之後，她就一個人住在鹿港賣香、賣鴨蛋，施振榮就業成家後，苦求她北上同住，施陳秀蓮寧願長程搭車來台北看兒子、孫子，也不願搬來同住，原因是不願打擾小家庭的生活，更重要的是，「教小孩子要用同一個標準，我跟媳婦住，難免要管孫子，這樣會造成媳婦的困擾，小孩子也不知道要聽誰的。」

施振榮創辦宏碁，推出家用電腦和個人電腦後，施陳秀蓮跑來台北受訓，爭取成爲宏碁在鹿港的經銷店，她把店名取做「振榮電子商行」，同時陳列電腦與香燭產品的畫面，曾經是許多國內外雜誌搶眼的鏡頭。

一九九〇年前後，宏碁經營陷入困境，施陳秀蓮發現兒子、媳婦爲公司形容憔悴，剛好宏碁在鹿港已找到別的經銷商，三個孫子也都上了高中以上，性格已經穩定，施陳秀蓮決定搬來與兒子同住。

搬來台北後，施陳秀蓮每天買菜做飯，讓兒子一家人天天有熱騰騰的飯吃，其他的時間就四處到廟裡做義工，還有就是天天找報紙，把有關施振榮與宏碁的資料剪下來，分門別類收藏好。

一九九四年夏天，我與好友廖慶洲和允晨出版社丁元春兄一起喝咖啡，元春兄提到想出版一些企業家的傳記，希望我能撰寫施振榮和宏碁電腦奮鬥的故事。

我在電話中徵得施先生的同意，開始著手寫作計畫。第一次訪談大約是中秋節前，在施先生的辦公室，本以爲中午一起吃便當可以節省施先生的時間，沒想到電話不斷進來，一個半小時談不了幾句話。踏出辦公室，小梁說：「去找阿嬤聊聊。」

這是我第一次見到施陳秀蓮，爽朗、和藹、健談、仁慈。一見面，就點三柱香要我拜廳堂上的「地母神明」（大地之母），燦然的笑容襯得那顆壞門牙格外引人注意。（這顆門牙後來隨著美國《財星雜誌》的專訪，傳遍世界）

早聽施太太葉紫華提到她的婆婆有一個壞牙堅持不治療。見了施陳秀蓮，看到了牙齒，我問他爲什麼不把牙齒治治。很簡單的答案：「地母不要我治。」她說，「我們全家現在都很平安，宏碁的業務也很好，我的牙齒不能治，這樣才能圓滿。」

我跟她說想寫一本描述施先生從小至今奮鬥的故事，她很高興，立即搬出一堆資料，從施振榮幼稚園的保育證書到施振榮獲馬來西亞頒授的拿督爵位勛章，應有盡有。早聽說施陳秀蓮是宏碁的「國史館長」，終於見識到。

施陳秀蓮幾乎保留了施振榮一切的資料，從成績單、證書、照片、情書、到結婚喜帖統統完整無瑕。施振榮開發全台灣第一台電算器時，施陳秀蓮便開始剪報。施振榮創辦宏碁後，報章雜誌日有報導，施陳秀蓮交代鹿港的書報攤，凡是發現有施振榮的書報雜誌，就打電話叫她來買。現在，民生社區好幾家書店的老闆有施陳秀蓮的電話，只要有施振榮和宏碁的報導，就通知她來買。

施陳秀蓮保存的資料中有一個紙箱，裝著幾個粗碗、竹筷、鋁盤、鋁匙、粗杯。那是施振榮讀小學時與叔父分家分來的家當。

施陳秀蓮手中有一本厚厚的籤詩抄寫簿，裡面密密麻麻都是她爲施振榮人生各個階段卜來的神明指引，她還有厚厚一疊捐款的收據，從施振榮讀小學起，施陳秀蓮就以他的名義捐錢行善，施振榮訂婚後，葉紫華也成了施陳秀蓮四處捐錢的「人頭」，她的三個孫子才剛出生，也都成了行善芳名錄上的常客。

施陳秀蓮對我要寫這本書很高興，「這是行善，」她說，「我們振榮三歲就沒有父親，靠著自己的努力有今天的成就，是神明的保佑，親友、師長的幫忙，如果這本書能夠讓許多人讀了對人生激發意志，努力奮鬥，就是功德無量。」

這本書能夠完成，首先要感謝的是施陳秀蓮女士，她在我採訪的過程，提供許多第一手資料，鼓勵我，讓我從另一個面向去看待自己的寫作，讓這本書所呈現的不只是施振榮的奮鬥面，也有他的親情面。

感謝《經濟日報》社長劉國瑞和總編輯顏光佑，由於他們「中途攔截」，並且讓這本書在《經濟日報》連載，本書內容才能廣及讀者，連載期間有許多人打電話詢問出書時間，新加坡一家國際出版社來要求授權，將發行本書的英文版。

謝謝黃素娟副總編輯在我趕稿期間減輕我的例行工作份量，得元兄和華沱兄分擔了我的工作，本書才得以在一九九六年春節前完成。

我要特地向丁元春兄表示抱歉和感謝，在報社表示要出版本書時，他慨然同意割愛，讓我免於為難。

聯經出版事業公司總編輯林載爵在本書尚未完成時，即與大陸三聯書局談妥授權，使本書得以簡體字版在大陸發行，讓大陸衆多讀者能一睹台灣人才與企業奮鬥成功的傳奇故事。孟樊先生不斷提醒、催促，本書才趕得及進度。

謝謝宏碁曾瑞枝、汪島雄、小梁、邱淑姝的資料協助，《經濟日報》詹惠玲小姐資料處理和記者邱田山協助攝影。

最要感謝的是施振榮先生和施太太葉紫華，他們在最近半年，不厭其煩地撥空接受訪談，忍受我不時提出尖銳的問題。

在我完成本書第四部「宏碁困頓時期」初稿時，發現由於因果時間落差，使宏碁虧損的原因在初稿中流於簡單化，且有一切錯在劉英武的錯覺，我向施先生請求重寫此一部分，他慨然應允配合。

在本書寫作過程，施先生只注意是否符合事實，對我在文中引用數據和他人的敘述，批評宏碁，他從未要求做一字一句的修改。他的胸襟令人佩服。

本書的完成還要感謝「梅小姐」，她是本書每一篇章的第一個讀者、評論者、偵錯者和校對者。她是我的老婆。

目次

第二部　成家創業

第五部　企業改造

附錄

第一部　鴨蛋少年

第一章　三歲失怙

父親鹿港製香

施振榮一九四四年（中華民國三十三年）十二月十八日出生在台灣中西部的知名小鎮——鹿港。

鹿港開發甚早，與南部的台南、北部的萬華合稱「一府二鹿三艋甲」，是台灣早期最繁華的港市之一。鹿港早期移民大多來自大陸福建沿海，施、黃、許是鹿港的三大姓，合占人口總數的百分之八十以上，其中又以施姓占最多，超過三分之一，地方上的重要職務許多都是由施姓宗親擔任。

施振榮出生在一個很普通的家庭。父親和祖父共同經營一個製香的工廠和店鋪，店號叫做「施美玉香鋪」。

施美玉香鋪源自中國大陸福建省晉江縣，與聞名福建的「施錦玉香鋪」、「施金玉香鋪」同祖。施錦玉香鋪早在一八一五年前後，就渡海來台，由福建晉江人士施光醮創設於鹿港。施光醮自大陸輸入高貴藥材，以家傳祕方製造奇楠線香，不但聞名全台，享有「鹿港一寶」的令譽，在日據時期，也是日皇宮中的御用品。

施錦玉香鋪在鹿港製售奇楠線香近一百五十年，大陸淪陷後，製香所需的高貴藥材難覓，施錦玉香鋪決定歇業，直系後人大都北上，台北知名的施振坤醫師和全國知名的民俗學家施翠峰便是施錦玉香鋪的後代。鹿港的施錦玉香鋪雖然歇業，大陸的施錦玉香鋪卻仍在營業，據說生意十分鼎盛。

「施美玉」源自福建

施美玉香鋪雖然和施錦玉香鋪在大陸同源，並先後渡海來台，但施美玉家族在台灣家道中落，製香家業也中斷，一直到施振榮的祖父施奕周才重拾家業，和他的第二個兒子施起深（即施振榮的父親）一起在鹿港買鋪興業，再建施美玉香鋪。

施振榮的祖父生了八個兒子、七個女兒，兒子中，老大和老六早夭，施振榮的父親施起深排行老二，實際上卻必須負起長子的責任。

施奕周並不是年青時就開始製香的事業，早年他的生活十分潦倒，根據施振榮母親回憶家人的傳述，她的公公在創業之前，沒有固定的職業，生活十分困苦，在經營施美玉香鋪之前，幾乎是三餐不繼，「窮到有時得向乞丐買他們剩下的飯來吃。」

在這樣的家境下，施起深從小就必須幫著父親營生，吃了不少苦頭，一直到一九三〇年代，生活才有了轉機。

當時，日本入侵中國大陸，並且在東南亞許多地區挑起戰爭，日據下的台灣青年大批被日本徵往南洋作戰，這些青年的家人在束手無策之下，只有燒香拜佛，祈求神明保祐子弟平安，市場對香枝的需求因而大增。當時只有十幾歲的施起深和他的父親，抓住這個機會，拿出家傳的本領，開始建立製香的事業。

製香的過程繁瑣，而且極費體力。首先須將藥材和香料磨成粉，然後將竹片削成細枝，浸水後再裹上香粉、曝曬，然後，再浸水、裹香粉、曝曬，經過至少三次相同的程序，才能分級、包裝出售。

現代的人製香，有機器協助，尚且因爲勞力負擔重而找不到工人，以前的人製香全賴手工，辛苦十倍於今日。施振榮的父親和祖父剛創業時，因爲請不起工人幫忙，所有製香過程都得自己動手，施振榮的父親當時等於是家中「長子」，義不容辭地擔起主要的製香工作。

製香除了體力負擔，在磨香粉和裹香粉時，還有嚴重的空氣污染問題，施起深常年在煙霧瀰漫的環境中工作，健康逐漸受損，尤其是施美玉創業初期，自產自銷，施起深在製香之餘，必須全省各地四處推銷香枝，有時出門一趟就是三天、五天，體力耗損更爲嚴重，種下日後積勞成疾的惡果。施起深製造的香枝除了供應鹿港當地的市場外，爲了擴大銷量，他經常匹馬單槍走訪台灣全島的佛堂、寺廟，推銷他製造的各類香枝，憑著苦幹篤實，他拓展了施美玉香鋪的業務，也成就生命中短暫，卻影響深遠的姻緣。

母親「阿秀」

「阿秀」是施振榮的母親施陳秀蓮的閨名，阿秀出生前，她的祖父廖炎在埔里開了一家「菜堂」，稱爲天德堂，專門容納無祠孤魂的牌位。

阿秀的祖母陳份是獨生女，按照當時台灣的習俗，必須招贅丈夫，使所生的子女有人能夠從母姓，傳宗接代。廖炎雖然是入贅，卻是一家之長，待人處事極獲街坊鄰居的敬重，許多父母遠路而來，將早夭閨女的牌位委託他「照顧」，天德堂對香枝的需求量很大，是施起深的主顧客。

因爲送貨，施起深經常到天德堂走動，有時到達時，天色已黑，或是隔日要到附近寺廟推銷香枝，施起深便向廖炎求宿一夜。廖炎對這位年青人的勤奮原本就有好印象，不但讓他住在天德堂的廂房，還邀他同桌吃飯，一起喝茶聊天。

廖炎和施起深相處久了，愈發覺得這個年青人可靠，就想將他最疼愛的孫女阿秀許配給施起深。廖炎把這個想法告訴妻子陳份，陳份沒有立即同意。

其實，陳份早就注意到施起深是阿秀的好對象，祖母的心思畢竟比較細，爲了確保阿秀未來的幸福，陳份私下請人去打聽施家的情況，得知施家沒什麼土地、家產，施起深又等於是長子，底下有十幾個弟妹，在那個時代，長媳不但得打理一切家務，未來還得負責小姑、小叔的嫁娶，擔子十分沈重。陳份擔心阿秀嫁到施家會吃苦，對是否將阿秀許配給施起深感到非常遲疑。

爲了說服陳份，廖炎不斷對她洗腦，強調「兒孫自有兒孫福」、「取對頭，不要取門樓」的道理，又幫施起深製造對陳份獻殷勤的機會，終於打動了陳份的心，最後竟是陳份主動向施起深提起這份婚事。

廖炎夫妻決定將阿秀許配給施起深時，曾經告訴阿秀的父親陳木松、母親陳玉綢，當時台灣社會的婚姻幾乎都是媒妁之言，而且全憑家中最長輩做主，陳木松夫婦對施起深的印象原本不錯，對這樁婚事當然表示支持，至於阿秀，她根本連發表意見的機會都沒有，就讓人定了親。

回想起五十五年前的這檔婚事，現年七十三歲的施陳秀蓮不覺莞爾，她說：「我連他的臉都沒正面瞧過，就嫁給他了。」一九四一年，施起深和陳秀蓮結了婚，婚前，陳秀蓮只曾在自家菜堂外，遠遠地看過她未來丈夫的背影。

一直到了婚後第二年，施起深才告訴阿秀他如何爭取到這門婚事。「那天，吃過晚飯，你阿嬤（祖母）突然對我說：『你這個少年眞乖，我若還有女兒，就收你做女婿。』我聽她這麼說，趕緊接嘴：『你有查某孫，何不收我做孫女婿？』講完這些話，我趕緊回家，請阿爸央人去跟你阿嬤提親。」

聽了丈夫的叙述，阿秀才憶起當時曾經被祖父、祖母叫到廳堂去給好幾位穿著體面的陌生人「看」，「那種感覺很奇怪，我知道阿公、阿嬤要把我嫁給一個男人，這個男人我不認識，我不想嫁，可是由不得我。」

阿秀嫁入施家

一九四一年二月二十四日，春節前四天，阿秀坐著「黑頭車」（黑色轎車，當年只有嫁娶才會捨得花錢租車，所以民間一般稱新娘車爲黑頭車，有讚嘆的意思）嫁到施家。

那年，阿秀十八歲，施起深二十三歲，以現在的眼光來看，還是少不更事的年紀。阿秀結婚第三天就是農曆除夕，是民間家庭團圓的大節日，阿秀跟著婆婆準備一家十幾口的飲食，新嫁娘的心情緊張，「一整天提心弔膽，聽到婆婆咳嗽一聲，自己就嚇得要死，生怕做錯了什麼事。」阿秀那時不但得幫著負責做飯、洗衣，還得幫忙清洗香腳（香枝的竹柄），「常常洗得手都裂開，再痛也得洗。」

施起深結婚後，自己將心頭的責任感加得更重，爲了做得更多的生意，出門的次數更多，時間也更長，與阿秀聚少離多。阿秀從小是祖父母呵護大的，不免有些任性，結了婚，陳秀蓮變成施陳秀蓮，剛硬的脾氣一時沒有改過來。製作香枝的工作雖然辛苦，難不倒阿秀，龐雜的家事卻令她心煩，遇到丈夫講話不如她意，整個情緒便提將上來。

「剛結婚時，我逃了好幾次家，都是他去把我找回來。」施陳秀蓮回憶過去，覺得年輕時的任性眞是不可思議，「結婚那天，他怕我暈車，給我吃一包『腦新』，我後來竟然怪他不安好心：『娶我第一天就叫我吃苦藥，害我到你們施家吃苦。』」

施起深對阿秀的埋怨，並沒有不高興的反應，反而總是對她百般忍讓，「他實在是對我很好，但是當時我就是不會想。」年輕的阿秀還是經常地逃回娘家，施起深也總是好聲好氣地去請她回來，這種時而緊張的夫妻關係到了婚後第三年，阿秀懷了施振榮才化解。

施起深結婚後，父親施奕周急著要抱孫子，阿秀的肚皮卻總沒有消息，施起深表面上沒說什麼，私下卻是哀聲嘆氣。阿秀在公公與丈夫的壓力下，四處求神問卜，並且聽了親友的勸，到鹿港龍山寺求觀音佛祖賜她麟兒。

阿秀按照民俗膜拜後，廟祝根據所抽的靈籤透露神明指示：「阿秀將有五個子女，但不可隨便發願（許諾）。」

說來神奇，阿秀到龍山寺祈求神明後不久，發現自己懷了孕，這已是她嫁到施家的第三年；一九四四年十二月十八日，施陳秀蓮生下施振榮。

施振榮出生

施振榮出生時，「胖胖的，不怎麼哭，頭髮很黑。」由於是長孫，祖父施奕周特別高興，直要阿秀再接再厲，施起深更是喜上眉梢，「我嫁給他以來，第一次看到他那麼高興，那麼滿足。」施陳秀蓮回憶當時的情景。

施振榮出生，全家人沈浸在興奮的氛圍裡，阿秀也更體會到施起深對他的愛護和感情，她把性情沈靜下來，專心一志地照顧心愛的小生命，雖然爲了照拂嬰兒時期的施振榮，阿秀吃了不少苦頭，但這段日子仍算是她年輕歲月中最甜美的記憶。

阿秀娘家開菜堂，全家人吃素，她更是打娘胎開始就沒吃過一滴葷，這對體質有一些影響，阿秀生產後，沒有足夠的奶水餵哺施振榮，身體也很虛弱，坐月子期間常常生病，令她情緒相當低落，有一次當著丈夫的面，阿秀怨嘆地說：「這款的身體怎麼生五個，生一個就可以了。」施起深當場勃然大怒：「你咒咀給別人死！」丟下這句話，就摔門離去。

丈夫突然發脾氣，阿秀本來有些不以爲然，後來施起深病重，阿秀才知，「他擔心我隨口說的『生一個就好』，會觸犯神明指示『不可隨意發願』的禁忌，會使我以後不能再生。」施陳秀蓮多年後向施振榮提到這件往事時說：「其實你的父親那時已經感覺到自己身體愈來愈差，他對我講的話生氣，是深怕活不長久，不能多照顧我們母子。」

施起深的身體狀況雖然愈來愈差，但爲了父母與弟妹一大家子的生計和爲阿秀母子留下日後生活的憑藉，他拖著身體勉力製香、賣香，努力更甚以往。

施起深的奮力工作，在施美玉香鋪的發達上看到成果。他和他的父親在鹿港當時最熱鬧的市場街上（現今的中山路），買下隔街相對的兩間店鋪，既做工廠，也兼門市，生意鼎盛，僅次於當時最負盛名的施錦玉香鋪。

施起深並且將經營施美玉香鋪賺得的利潤，在鹿港鄉下購買不少田產，在施起深與他父親的努力下，中落的家族開始逐漸成爲殷實的商家，但施起深卻無福享受他自己創建的成果。

父親過世

一九四六年，施起深的健康情況明顯惡化，經常發燒、咳嗽，時常進出台中省立醫院，在生病的這一段時間，施起深將精神寄託在施振榮的身上，用來忘卻病體的苦痛，他最喜歡問他的妻子：「你希望振榮長大以後做什麼？」

「做律師、做官啊！」阿秀從小有被欺負的感覺，希望兒子以後「當官」，爲她出一口氣。

「我要他做生意，做大生意，做到名聲從台灣頭響到台灣尾。」施起深對施振榮有不同的期望。

「他每次問我，我都回答一樣的話，他對兒子的期望也從沒有改變，」施陳秀蓮回憶說，「現在，他的兒子果然達成他的希望，名聲不但從台灣頭響到台灣尾，還響到全世界，可惜他不能親眼看到。」

一九四八年二月施起深高燒不退，二月十三日，農曆正月初四，冷冷暗暗的日子，施起深在鹿港家裡闔上眼睛，得年不過三十歲，結束他與阿秀七年零七天短暫的姻緣，那時，施振榮剛滿三歲。

施起深去世時，阿秀才二十五歲，娘家的人擔心她一人待在施家會受苦，勸她改嫁；夫家的人想到她多次離家出走，不敢期望她守寡。性情剛毅的阿秀在衆人的冷眼中，早已做了與施振榮兩人母子相依的決定。

「連我先生都叫我改嫁，」施陳秀蓮說，「有一天，他在病床上告訴我，他以前去算過命，說他最多只能活到三十歲，所以要我在他死後改嫁，只要把振榮留在施家。」坐在施振榮台北民生東路寬敞的廳堂裡，施陳秀蓮望著牆上施起深年青的畫像，若有所思地說：「振榮是我的命，我那放得下，我想，我先生是故意那樣說的，他太瞭解我的個性，別人愈是看低我，我就愈不讓人看低。」

為了不讓人看低，阿秀收斂起任性的脾氣，為給兒子最好的教育與保護，阿秀既任慈母，又兼嚴父，並且自營生意，她的作為，對施振榮的人格養成，甚至日後經營事業的理念，都發生了深遠的影響。

第二章　母子賣鴨蛋營生

分得四分之一店面

施振榮的父親施起深去世後，施振榮的母親施陳秀蓮幫著公、婆製香、賣香，並且操持家務，體力的付出雖然很大，但看著心愛的兒子漸漸長大，她在精神上一直很滿足。一九五三年，施陳秀蓮的公公施奕周過世，在婆婆的主持下，施家各房分產，施振榮以長孫的身份分得現金一萬元、鹿港鄉下一甲多農田和一間店面的四分之一。

分家後，施陳秀蓮決定帶著施振榮自己謀生。

↑幼年時的施振榮與母親施陳秀蓮(1947)。

↑施陳秀蓮至今仍仔細保存施家分家時，施振榮和她所分得的鋁盤、粗碗、竹筷等。(邱田山攝於1996)

四十多年前的鹿港是當時台灣少數繁華、富裕的城鎮，接受新事物的能力和速度超過一般城鎮，當大多數人還過著農業社會的生活時，鹿港的經濟活動已經有了工商業社會的雛型。施陳秀蓮從鄰居那兒學會了用機器織毛衣，她引進一台織毛衣的機器，依照現在的產銷術語說，就是承接"OEM"訂單。

爲了充分利用店面的空間和織毛衣剩餘的時間，施陳秀蓮在店面賣起鴨蛋、文具、獎券，甚至一度擺起檳榔攤。爲了賺錢，她一大早織毛衣，等市場開市了，賣鴨蛋、獎券，下午小學生放學時，忙著賣文具，到了傍晚，得趕著給訂貨的餐廳送鴨蛋，順便沿街兜售獎券和香枝。

雖然生意如此忙碌，施陳秀蓮並不想兒子幫忙，她總是告訴施振榮：「你管讀書，我管賺錢，只要你讀得到，我一定付得到。」施振榮看見母親工作如此辛苦，那裡能只管讀書，他總是搶著幫母親賣鴨蛋，甚至偷偷地幫著織毛衣。「從小幫著媽媽做生意，對我日後經營事業的一些理念有很大的影響。」施振榮事業成功後，不只一次提到他的「賣鴨蛋經驗」。

施振榮曾經幫著媽媽在店裡同時賣鴨蛋和文具，鴨蛋的利潤微薄，當時一斤三元，大概只能賺三角，差不多是百分之十的利潤，而且鴨蛋容易變質，沒有及時賣出，就會壞掉，造成經營上的損失；文具的利潤高，做十元的生意，至少可以賺四元，利潤超過百分之四十，而且文具擺著一年兩年都不會壞，看起來，賣文具比賣鴨蛋好，「其實，」施振榮講述他的賣鴨蛋經驗時說，

「賣鴨蛋賺的錢遠比文具多。」

施振榮解釋，鴨蛋利潤薄，但是最多兩天就週轉一次，文具利潤高，但是有時半年一年都賣不掉，不但積壓成本，利潤更早就被利息吃掉。鴨蛋薄利，但是多銷，所以利潤遠大於週轉慢的文具。

施振榮後來將賣鴨蛋的經驗運用到宏碁，建立「薄利多銷模式」。他要求同仁將產品售價定得比同業低，雖然利潤因此比同業低，但是銷路增加，資金週轉快，庫存少，經營成本大爲降低，實際獲利大於同業。

施陳秀蓮利用賣鴨蛋以外的時間做其他的營生，對施振榮也有一些啓發。「我媽媽除了賣鴨蛋，也賣文具、獎券、瓜子、糖果、又向我祖母和叔叔批購香枝，在黃昏時沿街兜售，順便把即將到期的獎券推銷出去，」施振榮說，「我媽媽做生意，唯一的生產設備就是四分之一個店面和她一個人，她選擇市場需求時間不同，但出貨銜接緊湊的商品做爲營業項目，使她整天都有生意做，以現代的經營觀點來看，她當時已經懂得愼選產品組合，讓設備利用率和產能完全發揮。」

數理表現傑出

整天看著母親辛苦做生意，年幼的施振榮心裡總渴望能幫得上忙，每當施陳秀蓮上街推銷商品，他就主動代班，除了幫母親賣鴨蛋、文具等，他也做自己的生意。他經常將母親給的零用錢拿去批發店買回一盒盒的「抽糖」（一盒糖果或各類玩具、獎品，隨附一組紙籤，抽一次一角，憑號兌獎，很能吸引小朋友光顧），在店裡當起小老闆。

不論賣鴨蛋、文具，或是自己做「抽糖」生意，都需要計算，小小的施振榮算得又快又好，以後在學校，數學都是最專長，不但在高中時得到象徵數理能力的「愛迪生獎」，也奠定他往理工科技發展的基礎。

爲了培育施振榮，施陳秀蓮日夜不停地工作，賣鴨蛋和文具有休市的時候，賣香枝和獎券卻是全年無休，到了年節別人休假的時候，阿秀反而更忙碌，她的辛苦當然不會白費，到了施振榮讀高中時，家裡經濟已大爲改善，這時，離家不遠的地方有人介紹一小塊土地，阿秀傾其所有將它買下，並且在上面蓋了間三層樓的房子，「我很早就計劃要幫他蓋房子，這樣他以後結婚就有地方住。」

⬆施振榮(後排右二)榮獲愛迪生獎(1962)。

房子完工後大約十年，終於成爲施振榮的新房，在那之前，施振榮利用它避靜讀書，考上大學，並且在寒暑假期間，邀同學前來舉行舞會。

賣鴨蛋和獎券賺的都是蠅頭小利，爲了存錢給兒子蓋房子，阿秀自己過著十分節儉的生活，她一生吃素，除了捐給寺廟的錢外，幾乎沒有其它花費，對兒子，她卻是有求必應。

施振榮回憶他考大學前，母親答應如果考上國立大學，就買一台照相機給他。施振榮第一年考上成功大學（當時尚爲省立），第二年考上國立交通大學，就直接託同學的哥哥從日本帶回來一台折合新台幣七千元的相機，這在當時是一筆很大的數字，幾乎是一般人一年的薪水，「可是媽媽問了價錢後，第二天一早就把錢給了我，」施振榮說，「後來我才知道，家裡的錢全都拿去蓋了房子，那錢是向別人借來的。」

在施振榮求學到成家的過程，阿秀的經濟情況難免出現捉襟見肘的情形，但她總是用更努力的工作彌補不足，不願去向親友求助，「我們是寡母孤子，不可以讓人看不起。」施陳秀蓮一輩子守著施振榮和當年分家產得來的四分之一間店面，令她倍感安慰的是，施振榮完全白手起家，絲毫沒有動用到祖產，「鹿港鄉下的一甲土地一角都沒缺，店面議價讓給振榮的叔叔擴大經營施美玉香鋪，得到的錢全捐給施家宗祠。」

差點步入歧途

施振榮經營宏碁電腦二十年，集團營業額超過一千五百億元，但是他不抽菸、不喝酒、沒有緋聞，有人說他是資訊業的聖人。其實，施振榮年幼時曾有一段「好賭」的歲月，但他及時覺悟，並且深切體認自己「獨子」的處境，從此臨淵履薄，杜絕歧途。

施振榮的父親早逝，家裡的生活重擔全依賴母親為人織毛衣和賣鴨蛋等小生意維持，但是施振榮的母親並不因為家中經濟來源少而降低對兒子的生活供應，反而盡力滿足施振榮所有的需求，施振榮回憶自己的兒時生活，便認為他的生活在同學間算是充足，甚至是富裕的。

小的時候，施振榮有許多零用錢，那時候的小孩子，有了錢，除了買糖果餅乾，就是買十二生肖紙牌、彈珠、橡皮筋等。施振榮的錢多，這些玩具當然也多，但他不只是拿來自己玩，還拿來賭，剛開始用紙牌賭紙牌，彈珠賭彈珠，後來用撲克牌賭撲克牌，最後用撲克牌賭錢。施振榮說，當時年紀小，抓到時間就賭，不但放學以後一群小孩聚在街角賭，連在學校裡，也利用下課時間在教室賭。

施振榮好賭，一直從小學延續到初中，其間發生兩件事情，才令他猛然驚醒，從此數十年不再沾染任何賭博。

讀小學時，施振榮喜歡看布袋戲，也買了許多布袋戲偶，平常一起賭紙牌、彈珠的朋友，也是一起四處看布袋戲、玩布袋戲偶的同黨，有一天，施振榮的母親賣獎券回來，發現施振榮一個人在家裡哭，問發生什麼事，施振榮掉著淚說：「我一臉盆新的布袋戲偶全被他們換成舊的。」施陳秀蓮聽了雖然生氣，但爲了息事寧人，也不願兒子成天沈迷在布偶中，便只是安慰施振榮，沒有去把新布偶要回來。

到了晚上，那群賭友如常地來找施振榮，邀他出去玩，施陳秀蓮想起下午施振榮在哭的事，便沒好氣地罵了這些小孩一頓，告訴他們：「再來找我們振榮，我就打斷你們的腿。」小孩挨了罵，一哄而散。

大約一個星期後，施陳秀蓮大早開店門準備營業，就有鄰居對她說：「好家在哦，你振榮沒跟那些小孩一起去，要不，就得去坐牢了。」施陳秀蓮問了清楚，原來那些平時與兒子玩在一起的小孩，前幾天晚上跑到鹿港中學的圖書館偷書，賣給檳榔攤包檳榔，被查到了，統統抓進了派出所。施陳秀蓮聽了當場大嚇一跳，也慶幸當時罵了這些小孩，以後她對施振榮交的朋友更是嚴格過濾，事隔四十幾年，施陳秀蓮說：「分家的時候，許多人都說我帶著振榮，一定會害他變成流氓，那時振榮若是被抓到派出所，我只有去自殺了。」

施振榮對當年的事也感到餘悸猶存，他說，如果那天跟他們出去玩，一定會從衆行動，「被抓到派出所，就沒有今天的我了。」

這些偷書的小孩，讀初中的，被學校退學，小學生由警察告誡後交給父母和學校嚴格管教。

決心不做讓母親傷心的事

發生這件事後，施振榮雖然不再和這些小孩在一起玩，但其他玩伴多得很，他仍是喜歡各種賭博的遊戲。

上了彰化中學後，有一天課間，許多同學圍教室裡賭錢，施振榮也圍著，幸好這次他沒賭，因爲不久管理組長來抓賭，參加賭博的人統統被帶到訓導處，每個人都被記了大過，並且通知家長。

賭博的同學被抓，給了施振榮很大的震撼，因爲這時，施振榮已經逐漸體會出母親與他孤兒寡母，相依爲命的悲哀和辛酸，他體認到母親以他爲生活的中心，如果他出事，母親將生活不下去，從此施振榮下定決心，絕不做任何可能讓母親傷心的事。

爲了不讓母親傷心，施振榮創業後有兩大原則，一是不做違法的事，因爲絕對不可以冒坐牢的風險；二是絕對不冒超過自己能力負擔的投資風險。

爲了堅持原則，宏碁早期不做公家機關的生意，因爲早年想取得公家機關的招標案，常需游走法律邊緣，施振榮不願冒違法的風險。

爲了堅持守法，宏碁在一九九〇年代後期，台灣企業一片大陸投資熱的風潮裡，始終按兵不動，一直到政府宣布投資規定，才依規定行事；當時施振榮已因宏碁的國際化而在世界上聲名大噪，大陸各相關單位不斷邀訪，施振榮堅持不違反政府政策，一直到法令明確，才於一九九二年九月首次前往大陸參加兩岸科技產品交流研討會，次年率自創品牌協會訪問團前往大陸考察，與中共國家主席江澤民會面時，也是謹守本分，只談經濟，不談政治。

宏碁創業開始就接受員工認股投資，一九八八年底股票在台灣上市後，有更多的投資人成爲宏碁的股東，但施振榮並不因爲等籌集資金容易而恣意擴大營業，盲目投資，近幾年，宏碁進行好幾項數十億、上百億元的投資，施振榮都秉持「不做超過能力負擔的投資」原則，讓宏碁在前幾年資訊業不景氣和國際化腳步不順時，仍能站穩腳步，元氣不致受損。

爲了不冒自己負擔不起的風險，施振榮在生活上對自己也力求安全。他經營事業二十幾年，從不抽菸，「小時候看人抽菸，好奇要來抽一口，被嗆到了，覺得菸不是好東西，從此就沒抽過菸。」

施振榮也不喝酒，不上風月場所，「爲了不跟我太太以外的女人有任何關係，我媽媽勸我連別人倒的茶水都不要喝，」施振榮有點不好意思地說，「我倒不致於那麼緊張，不過，酒和風月場所我確實都不沾，因爲風險確實很大。」

第三章　一生的轉捩點——考入交大

參加兩次大學聯考

施振榮參加兩次大學聯考，第一次考上成功大學數學系，第二年重考，上了交通大學電子工程系，引領施振榮進入電子、資訊工業的領域，也使他原本靦腆、木訥的個性完全改觀，交大六年（大學和研究所）是施振榮一生的轉捩點。

施振榮高中時期，除了有一年暑假坐火車到台北三軍球場看「四國五強籃球賽」外，沒有離開過彰化，算是道地的鄉下孩子，他也跟一般鄉下孩子一樣地害羞、木訥、見到女孩子就會臉紅。雖然進入交通大學之前，在成大待了一年，但成大在台南，民風淳樸，學校人又多，施振榮在成大過的生活和高中時期沒有什麼大變化。

到了交大，一切都不一樣。交大一九五八年在台復校，先辦研究所，再辦大學部，一九六四年，交大以研究所附設大學部的方式參加大學聯招，招了兩個系——電子工程系和電子物理系，共七十幾個學生。施振榮在成大讀完一年，回鹿港家中讀書一個月，匆匆參加聯考，進了電子工程系。

三十幾年前，大學聯考只分甲（理工）、乙（文法）、丙（農、生物）組，甲組考生的第一志願不是醫學系就是物理系，電子學是很新的學門，交大是第一個以電子工程為系名招生的學校，台大則在電機系中教授電子工程。

交大電子工程系因為新設立，所以請來的老師都是剛從外國留學回來，所學都是最新的知識，而且同一批人同時教大學部與研究所，課程很新，直接教電晶體和半導體，舊的譬如真空管等，交大跳過不談。

雖然是新學校、新科系，交大大學部第一屆還是吸引了許多好學生來唸，這些和施振榮一起進入交大的人，有許多成為台灣發展資訊工業和半導體的中堅份子。例如曾任美國王安電腦、迪吉多電腦台灣分公司總經理的林榮生，曾任麗正電子公司總經理的劉大光，曾任台灣王安副董事長的孫運生，都是施振榮的同班同學；曾任工業技術研究院副院長、現任旺宏電子公司董事長的胡定華，交大知名教授謝清俊，後來擔任交大教務長的陳龍英都是當年交大研究所的學長。

施振榮高中時期一心想唸工科，進入交大後，遇見的老師、同學都是最優秀的，加上當時在政經界的重要人物有許多大陸交通大學畢業的學長，例如擔任電信總局長的方賢齊（後來擔任工業技術研究院董事長，施振榮曾獲其邀爲工研院董事）、中油董事長凌鴻勛、交大校長鍾皎光、台電董事長黃輝、大陸工程董事長殷之浩、世界知名的美國王安電腦董事長王安等，都對施振榮產生了激勵效果。

大學第一名畢業

施振榮在交大雖然花費很多時間參與社團活動，但第一年的學業成績仍是全班第一，以後也維持在前三名，大學以第一名畢業，研究所第二名畢業。

施振榮讀大學的時期，台灣的大學生流行一句順口溜：「來來來，來台大；去去去，去美國。」就是大部分的學生都想留洋，交大的學生也不例外，尤其是理工科的優秀學生，大都在老師的推荐下取得外國大學獎學金留美，取得學位後留在美國教書或就業。施振榮在交大的表現非常傑出，許多老師有意推荐他出國留學，他卻不願意留下寡母一人，因此一開始就打定主意留在台灣。

別的同學在準備托福考試和出國手續，施振榮則把注意力放在電子工程有關的最新知識，一九六八年他考上交大電子工程研究所，決定先去服兵役，再回來專心讀書，這時的施振榮有心朝學術發展，他當時定下的人生目標是：拿到交大的博士學位，留校教書，希望有朝一日當交大的校長。

施振榮考上交大研究所後，辦了保留學籍的手續，入伍受訓，並且以他的電子專長，考上教官，到南台灣的鳳山陸軍軍官學校擔任電機系的助教。服役十三個月後，回到交大讀研究所。

回到交大，施振榮在課業上的表現仍是可圈可點，但此時有幾件事改變了他朝學術發展的興趣。一是有一位也是志在博士的同學，爲了得到好成績，非常用功，幾乎到了廢寢忘食的地步，施振榮心想，爲了拿博士，得這樣讀書，實在太辛苦。

第二是當時台灣開始有人進入技術產業，特別是逐漸有國際知名的電子公司，例如荷蘭飛利浦、美國通用電子等來台設廠，急需人才，電子科系的研究出路不錯，而施振榮在研究所二年級時報名參加了一項「現代工程研討會」，接觸到工業經營管理的新資訊，讓他覺得，不讀博士，也會有發展的空間。

另外一個原因是，施振榮在讀大學時已有要好的女朋友，並在研究所時訂了婚，成家立業的想法十分強烈，終於決定擱下讀博士的念頭。

豐富的社團經驗

交大對施振榮的意義除了引導他進入電子資訊技術的殿堂，也改變他原本靦腆、保守的性格。

施振榮在高中時期，除了參加一兩次「救國團」的暑期自強活動外，沒有其他社團的經驗，也缺少與別人交往的歷練，在成大讀了一年，雖然參加攝影社、橋牌社，但只是跟著別人活動。到了交大，因爲連研究生只有大約一百位同學，而施振榮因爲重考一年，年紀比同班同學大，又有參加過成大社團的經驗，在「蜀中無大將」（施振榮自嘲）的情況下，成爲好幾個社團的負責人，對他日後經營事業的領導管理能力做了先期的磨練。

施振榮在初中時期打過一陣子桌球，進了交大，他出任桌球校隊隊長，大一時，他出面主辦「室際杯桌球賽」，以每個寢室四個人爲一組進行比賽；服完兵役，回到學校讀研究所，他進一步舉辦全宿舍的循環賽，在他的熱情邀請下，全部住宿的同學統統參加，按照球技分甲乙丙丁四

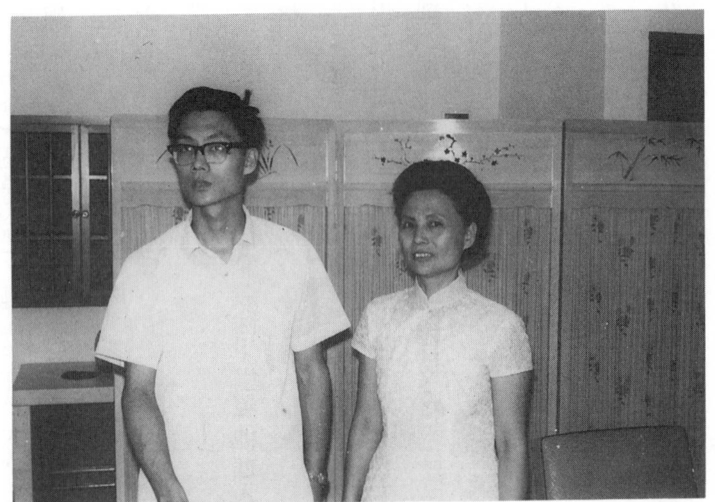

⬆施振榮讀大學時與母親攝於鹿港新居(1965)。

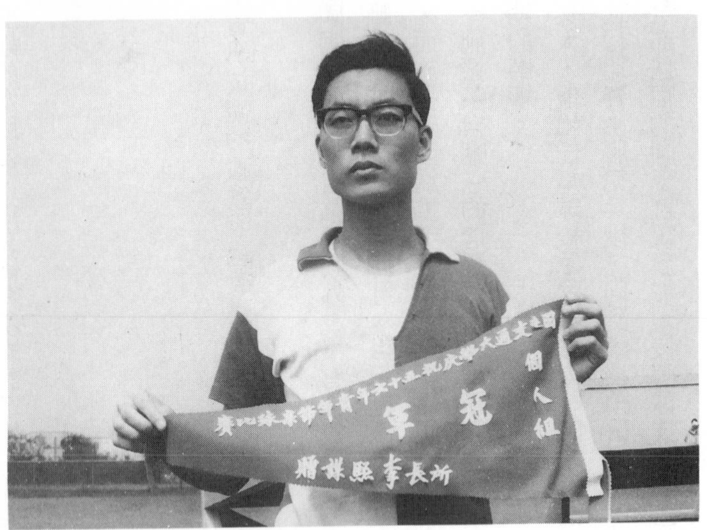

⬆施振榮交大時期是運動健將(1967)。

組採循環賽，每個人至少打十五場，一共打了兩個多月才比完。

「在舉辦比賽中，我和每個同學都成爲好朋友，而且學會如何協調與服務，對我日後就業創業有很大的幫助。」施振榮爲當年的學校生涯下了如此的註腳。

施振榮除了舉辦桌球比賽，他還是交大排球隊長、攝影社長、棋橋社長。原本害羞、木訥的施振榮變得熱情開放。交大一年級結束，施振榮居然召集回到鹿港放暑假的各大專院校學生到母親爲他蓋的新房子舉行舞會，後來這個新房子天天有人來下棋、打橋牌、練舞，仿彿大專院校鹿港活動中心，熱鬧得令施陳秀蓮有點擔心，不時從店裡騎腳踏車過來「探望」。

第二部　成家創業

第四章　戀愛成婚

對葉紫華一見鍾情

施振榮考進交通大學後，他的母親施陳秀蓮很擔心他讀這所「和尚學校」（三十多年前極少有女生讀理工科，交大又剛在台灣復校，全校幾乎都是男學生），交不到女朋友，本來想託人幫他作媒的，沒想到，施振榮很快就認定了對象，而且一往情深，感動了對方，大學還沒畢業，就給施振榮「暗訂」了下來，等施振榮服完兵役，就快快地嫁給他，從此她的名字由葉紫華變成「施太太」。

葉紫華現在是宏碁的總稽核。她對「施太太」的稱號倒是甘之如飴。

葉紫華是家中的長女，大學時就讀輔仁大學企業管理系，貌美活潑，「很苗條，很漂亮」是施振榮對葉紫華的第一印象。葉紫華對施振榮的第一印象是什麼呢？她賣了一個關子，先說了一段故事。

「大一時，我要好的同班同學胡台音有一天跟我說要幫我介紹男朋友，」葉紫華回憶，「不過，胡台音說：『這個人比我們班上最聳的人還要聳（台語：很土的意思）。』我當時心想，既然這麼聳，幹嘛介紹給我，胡台音就說：『這個人聰明啊，而且老實可靠。』慫恿我跟他見面，我想，見面就見面，看一看有什麼了不起？」

原來胡台音的男朋友周元傑是施振榮交大的同班同學，兩人且住在同一寢室，大二下學期有一天，周元傑在寢室給胡台音寫信，施振榮就請周元傑在信尾交代胡台音介紹女朋友。等胡台音有了回音，施振榮就請周元傑代約葉紫華在台北的北門見面，「記不得當時是以什麼做記號，反正就是她和我各拿一本書什麼的。」施振榮回憶起當時的情形，覺得有點好笑和不好意思。

兩人見了面，施振榮對葉紫華驚爲天人，「那時她很苗條，氣質很好，我就開始每天給她寫信。」可是葉紫華對施振榮可沒有這麼好的感受，她的第一印象是：「哇，果然眞聳！」

兩人見面後，施振榮發揮窮追不捨的精神，「初期她的反應不是很熱烈，我的感覺是有希望，沒把握。」

葉紫華與施振榮見過面後，確實是不太熱衷，相對於施振榮的幾乎每天一信，葉紫華大約是一個星期回一封信，有時胡台音看不過去，還會押她到宿舍給施振榮回信。

葉紫華家住在新莊金陵女中附近，施振榮大三升大四的暑假獲分發到三洋電機實習，工廠就在輔大附近，他就在輔大對面租房子住，離葉紫華家只有客運車四站的距離，那個夏天，乘著近水樓台，施振榮一個星期天回鹿港看媽媽，一個星期去找葉紫華，葉家爸爸忙著工廠的事，只知道常有人寫信給女兒，對有人「找上門」的事不是很清楚。

葉家媽媽對施振榮的印象倒很好，有時還留施振榮在家吃飯。施振榮反正自己一個人在台北，除了實習，就是要追女朋友最重要，現在除了看女朋友還有飯吃，那可眞是美事一樁，所以只要葉家媽媽留吃飯，施振榮就樂得大嚼一頓，一直到現在，施振榮的食慾都很好，不管是老婆做的，媽媽做的飯菜，他一律吃得盤底朝天，葉家媽媽總說：「這個振榮眞帶食祿！」

每日一信

經過一個暑假的近水樓台，施振榮明顯贏得葉紫華的好感，大四起，施振榮發動更綿密的攻勢，除了每日一信，每個星期一定到台北找葉紫華，交大人少，每個同學的一舉一動大家看得一清一楚，施振榮對葉紫華的癡情，成爲交大同學茶餘飯後的話題，每到星期天，施振榮走出宿舍，大家與他打招呼時必定是：「嘿，又要到台北朝聖了！」連畢業紀念冊上都記錄了這一段。

大四以後，施振榮與葉紫華的感情日漸穩定，施振榮考上交大電子工程研究所，爲了早日服完兵役可以就業成婚，便先辦理休學，先去服兵役。服役時，施振榮在陸軍官校當物理助教，休假時，一個星期跑鹿港，一個星期跑台北。

當時的預官只需服十二個月的兵役，但施振榮當教官依規定要「志願留營」一個月，一共服役十三個月，施振榮退伍時，葉紫華剛好大學畢業，施振榮回到交大讀研究所時，兩人決定要先訂婚，葉紫華告訴父親她要訂婚時，葉父大吃一驚，情緒上十分排斥，他不能接受一個每天在自己身邊的乖巧女兒竟然要嫁給別人。

資訊業界的人都知道施振榮剛創業時，宏碁所使用的辦公室是向他的岳父低價租的，他的岳父在台北民生東路和新中街口蓋了一整排的四層樓的公寓，因此有傳聞說，施振榮的岳父是搞建築的，更有人說，施振榮是知名建築業者葉財記公司負責人的女婿。

其實，葉紫華的父親叫做葉新，是白手起家，靠做鐵工廠發跡的。

葉新三歲時，父親就過世，他和兄長由母親一手帶大，住在台北牛埔一帶（現今台北市中山

⬆葉紫華大學二年級郊遊時所攝(1967)。

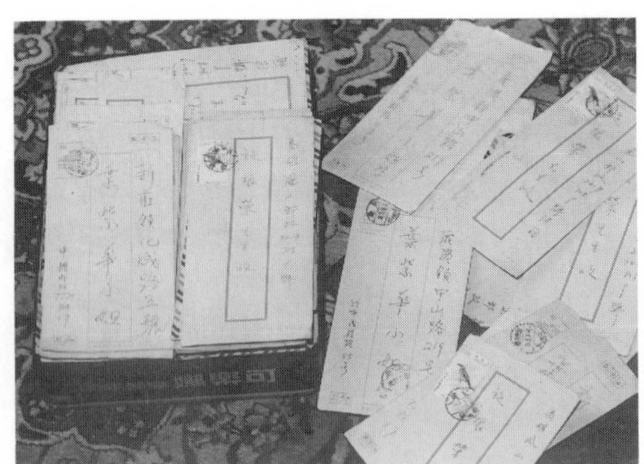

⬆施陳秀蓮幫兒子和媳婦完整保留當年的情書(邱田山攝於1996)。

⬆施振榮岳父母葉新與王愛梅合影(1969)。

北路台泥大樓後方錦州街附近），因爲家中沒有依靠，小學畢業就去鐵工廠做學徒，在工作中學會蓋鐵屋，承建台灣電力公司架粗長電線的鐵塔。

葉新在一九四七年自己創業做鐵工廠，專做車螺絲、鐵拉門等粗重的工作，不久憑媒妁之言與王愛梅女士結婚，婚後育有二女三男。葉新的鐵工廠後來逐漸擴大規模成爲鉛線工廠，規模龐大，同時也轉投資做建築業，這是爲什麼他會在民生東路蓋連棟公寓的原因。

葉新二十歲創業，二十二歲結婚，葉紫華是他的第一個小孩，從小就被他捧在手上呵護著，這樣一顆掌上明珠突然告訴他「要嫁人了」，他當然不能接受。

一九六九年葉紫華告訴她的父親她要訂婚時，葉新四十五歲，「他的抗拒是可以理解的，他那麼年輕，實在不能接受女兒已經長大的事實，另外一個原因是他怕我嫁給施振榮會吃苦。」葉紫華回憶當年父親的反應，「我們家當時算是有點家產的，施振榮家卻是孤兒寡母，我爸爸當然會擔心男方是否別有企圖，還有就是親家母會不會太刁難。」

幸好，葉家媽媽站在女兒這邊，她不斷勸說葉新「兒孫自有兒孫福」，並且強調施振榮的老實可靠，最後才把葉新給說動了，儘管如此，葉新還是派人到鹿港著實把施振榮的家世背景給打聽清楚了，才同意讓葉紫華和施振榮訂婚。

葉紫華還記得那時的訂婚是屬於台灣民間所謂的「暗訂」，就是沒有什麼公開儀式，只是雙方家長在場，由施振榮和葉紫華互戴戒指，當時葉紫華大學剛畢業，施振榮則剛退伍回到交大讀研究所一年級。

娶得美人歸

由於施振榮是獨子，急著成家，葉紫華也不反對早日結婚，兩人在施振榮研究所畢業三、四個月左右就選定日子決定結婚。日子剛好是一九七一年的教師節（九月二十八日）。

結婚前一天施振榮就先到台北住在旅館裡，迎娶當天清晨五、六點鐘就和幫忙迎娶的朋友，包括施振榮當時任職環宇電子的直屬上司邱再興等人，用邱再興的車子做新娘車，加上多輛計程車，浩浩盪盪到葉家迎親，然後循省道（那時高速公路還沒有通車），領著葉家親戚包租的遊覽車一路開到彰化，先到旅館讓新娘補妝，再依照時辰準時抵達施振榮鹿港老家，新娘按習俗跨火爐、踩瓦片、坐高椅，祭拜祖先後，才返回施陳秀蓮在施振榮讀大學時就幫他準備的新房。

在鹿港宴客後，又回到台北宴客，施振榮和葉紫華便搬到新竹建立自己的小家庭。施振榮在研究所畢業前就已經找到工作，在環宇擔任研究發展的工作，葉紫華則在交通大學找到一份助教的工作，兩人上下班時間正常，經常有餘暇黃昏時在租來的家屋前打打羽球，且每隔週回一趟鹿港和新莊，每次回到新竹都是大包小包的食物，施振榮和葉紫華便常吆喝各自的同事到家裡來消耗「補給品」，兩夫婦如今回憶起來，都覺得這是他們幾十年來最悠閒的一段時光。

岳家愛屋及烏

雖然葉紫華的父親葉新最初對她與施振榮交往有點「意見」，不過，等他同意了這門親事，「老丈人看女婿愈看愈有趣」，對施振榮就採取完全支持的態度。首次和葉新見面的人，都覺得他是個保守、木訥的人，其實，他是個十足外冷內熱的漢子。幾十年前，台灣剛開始引進機車，葉新便買了一部進口五〇〇C·C·寶馬牌（BMW）機車，曾在大寒天裡載著妻子南北縱貫線上風馳電掣，這樣子血性的人，支持一個人通常是毫無保留，在施振榮創業、成長的過程，葉家兩老多次扮演「救火隊」的角色。

施振榮在新竹住了一年，離開環宇電子到台北加入榮泰電子時，葉新便提供他在錦州街的舊居給施振榮夫妻居住，施振榮的三個小孩都在這裡出生。台灣的民俗觀念強調自己的屋子可以借給別人做任何用途，就是不能借人生小孩，因爲那會將這一家人的福蔭全給帶走。施振榮創業成功，事業蒸蒸日上後，葉家媽媽有時開玩笑地對女兒說：「你看，都是你在老家生了三個小孩，

⬆施振榮迎娶抵達鹿港老家(1971)。

➡施振榮攝於岳家廳堂(1971)。

把葉家福氣都帶走了。」語意雖是埋怨，語氣卻充滿為女兒女婿感到的驕傲。

一九七五年，葉新自已監工在在民生東路上蓋的連棟十六間公寓蓋好時，第一間新屋便提供給施振榮夫婦住，隔年施振榮出來創業，葉新更是「半租半相送」地將公寓租給宏碁。從一間到十幾間，宏碁可以說是在葉新的「庇護」下，慢慢成長。

一九七六年九月施振榮創業時，正好以過去在榮泰電子的研發表現獲選為十大傑出青年，葉新為獎勵女婿，送給施振榮一輛裕隆二〇〇〇C·C·的轎車，在那時，這可眞是輛大「黑頭車」，這輛車立時成為宏碁的公務車，在宏碁與外國客戶來往時，發揮很大的功能。

一九八一年宏碁在新竹科學園區設廠，業務逐漸步上軌道，到了一九八二年開始興建第一期八百四十坪的廠房，葉新以他幾十年興建鐵架廠房和公寓住宅的經驗，每天早上五點多就從台北開車到新竹科學園區，領著宏碁新成立的工務部人員做規劃和監工，「宏碁第一個工廠等於是我岳父蓋起來的。」施振榮說。

葉新在幾年前退休了，把電線電纜工廠交給兒子管理，但他仍精力充沛，前幾年還自己開車載老伴一天內來回台北和墾丁。

現在，這位對施振榮由排斥到全力支持的老人，和老伴住在宏碁台北總公司對街的民生重劃區，雖然只有小學畢業的學歷，葉新夫婦卻每天讀許多書報，眼光不時搜尋有關「施振榮」和「宏碁電腦」的報導。

第五章　發明電算器一舉成名

進入環宇電子

一九七一年，施振榮交大研究所畢業前夕，同時獲得兩個工作機會，一個是荷蘭飛利浦公司在台灣設立的建元電子，一個是國人自行創立的環宇電子公司。那時，外商電子公司薪水高、福利好、出國機會多，是多數年青人渴望進入的目標，施振榮卻自忖英文不好，而不敢前往上班，只得選擇環宇，這雖是當時無奈的選擇，卻鋪設了施振榮日後的創業之旅。

環宇電子是一九六九年在當時從美國回來交大教書的施敏，鼓勵邱再興出來創辦，邱再興找到彰化林家望族出資而成立。

邱再興台大電機系畢業後，進入交大研究所就讀，一九六四年他讀研究所一年級時，施振榮讀大一，兩人在學校時就熟識，這也是促成施振榮選擇環宇作爲第一份工作的原因。

施敏一九五八年台大畢業，到美國華盛頓大學和史丹佛大學攻讀半導體，取得博士學位後，到貝爾實驗室做研究工作。

一九六〇年代，半導體研究剛起步，每個月全世界大概只有三、四篇論文發表，其中就有一篇是施敏寫的。

一九六九年施敏向貝爾實驗室請假回交大教書時，已是全世界知名的半導體權威。他在一九六七年提出「沒有電也可以記憶」的非揮發性記憶體的觀念，爲半導體研究指出一個新方向，直到今天還影響全球的半導體業，一九九四年非揮發性記憶體的全球產值達五十四億美元，占記憶體市場百分之十六。

施敏回國教書前，出版了《半導體元件之物理》一書。這本生冷的書後來被稱爲「半導體界的聖經」，三十年內銷售超過一百萬本，共被譯成六種文字，在超過四十個國家發行。

施敏回交大教書，遇見當年台大電機系的學弟邱再興，這時邱再興已經自交大研究所畢業，在美國Philco公司成立的高雄電子公司擔任工程師多年。施敏見邱再興有實務經驗，鼓勵他出來創業。邱再興找到當時在實業界極有實力的彰化林家出資，於一九六九年成立環宇電子，由林氏家族的掌門人林榮春指派長子林培源擔任總經理，邱再興擔任協理，負責實際經營，董事長則依照當時企業經營的習慣，請了一位立法委員掛名。

環宇成立後，主要做積體電路（IC）的裝配，是台灣第一家半導體公司，隨後並在施敏的鼓勵下成立台灣企業第一個研究發展部門，由交大畢業的高敏文負責，施振榮進入環宇，便在這個部門和交大的同學林家和並肩工作。

施振榮本來對沒有出國深造和放棄到建元上班，覺得有點遺憾，擔心接觸不到最新的技術和知識，但施敏和當時也在交大任教的錢維翔經常提供最新的技術發展動態給環宇，使施振榮在工作上所接觸的技術和新知，一點都不輸給在國外和在外商工作的人。「他（施敏）回來搭了一座橋，讓我們（年輕的工程師）得以同步了解國外半導體技術的發展。」施振榮回想當年獲取的知識說。

施振榮不久就開發出來電子數字鐘、頻率計數器、和國人自製的桌上型電算器。

發明電算器

環宇的研發人員不少，但以施振榮所研發的成果商品化最早，施振榮自己分析原因時說：「可能是我在研發時，就已想到商品化的問題。」

施振榮說，當他從事一項研究時，腦中不是只有技術的克服，「還有一個圖像，一個怎樣把產品做出來，去市場賣的圖像。」所以，同樣開發電算器，一般的工程師可能只在實驗室裡畫線路圖，將開發成果寫成報告，「我把線路包裝好，拿到街上的亞克力招牌店，請他們做一個外殼，讓我的研發成果以『成品』的姿態出現在老闆面前，加上我仔細做好的成本分析報告，對老闆來說，這個產品可不可行，很容易做決定。」施振榮說，「這些商品化的分析現在看來很普通、簡單，但以前沒有人做。」

施振榮在環宇開發出台灣第一台桌上型電算器，這個產品在一九七一年四月二十六日上市，造成電子業界很大的轟動。不過，台灣當時的產業上下游結構還不完整，生產環結的配合不是很緊密，桌上型電算器上線生產後，品質不穩定，良率太低，主要是國產的 PC 板會斷線，而日本進口的鍵盤有時按一次鍵會跳出好幾個數字。這個產品本身雖然不算成功，但對台灣的電算器工業來說，算是個里程碑，許多電子公司，包括施振榮參與創業的榮泰電子都接續這個技術的基礎，在技術上不斷突破，使台灣不久後成為電算器王國。

施振榮開發出桌上型電算器後，被調到生產線當主任，負責磁蕊記憶體的生產，後來晉升到副理，負責半導體裝配製造部門。這時環宇經營團隊對公司的發展前景出現歧見，出資的林氏家族有意放棄經營環宇，邀請施振榮出來另創榮泰電子，專攻電算器研製業務，施振榮衡度情勢，雖然對十分器重他的邱再興感到抱歉，施振榮還是在一九七二年八月離開環宇，前後在環宇待了一年二個月。

施振榮離開環宇不久，環宇就被 ITT 收購，後來又賣給 RCA，一直都做 IC 包裝的業務。

榮泰電子時期

一九七二年，施振榮進入榮泰電子成為合夥人，這段期間他開發一系列的掌上型電算器，並發明風行全球市場的電子錶筆，跨出單純的研發工作，開始接觸物料管理、採購、委外代工及內銷的業務，是他日後創辦宏碁的蘊孕育期。

榮泰雖是全新的公司，和環宇卻是大有淵源。榮泰的創辦人林森是環宇出資者林氏家族林榮春的第三個兒子，成大礦冶系畢業後到美國讀企業管理，環宇經營團隊出現歧見時，林森剛好從美返國，家族即要他加入環宇的經營，林森評估環宇的問題不好解決，因此有意另起爐灶。

施振榮曾在成大數學系讀過一年，與林氏家族同是鹿港人，又有研發與生產管理的專長，自然成爲林森網羅的目標。林森爲了表示誠意，特別以技術股的名義提供股份給施振榮。

榮泰電子一九七二年九月間在台北成立，林森擔任總經理，他的二哥林培源擔任董事長，台大化工系畢業的黃文雄出任協理，負責採購和銷售，施振榮則以技術專長擔任協理，負責研究發展和製造管理。

施振榮在榮泰的第一個研發項目，延續他在環宇的研發，他針對環宇時期發展出的桌上型電算器進一步研發，大約三個月後推出掌上型電算器。

加入榮泰之前，施振榮的工作和生活範圍一直都在新竹，加入榮泰到了台北，人生地不熟，工作上的協力廠商更是完全沒有基礎，爲了購買研發所需的材料，施振榮經常得翻電信局出版的電話號碼登記簿，並且親自跑到中華商場買材料。

施振榮在榮泰開發成功第一台掌上型電算器，爲製作樣品，施振榮先設計好線路，拿去製成底片，然後利用在中華商場買來的二氯化鐵、銅箔電木板等，在公司的陽台製作出來。

這台電算器使用當時最先進的大型積體電路（LSI）設計，材料和功能都不輸給日本製的產

⬆施振榮與葉紫華參加榮泰電子成立三週年活動，施振榮手牽大兒子施宣輝、葉紫華抱著老二施宣麟，當時肚裡正懷著女兒施宣榕(1975)。

品，那時市場上只有日本和美國生產掌上型電算器，功能和質感最好的是日本夏普（Sharp）生產的電算器。

施振榮開發出來的掌上型電算器，功能不亞於夏普的製品，但台灣當時工業生產環結還不夠健全，模具開發能力不夠，環宇推出的電算器外觀粗糙，印在塑膠皮上的阿拉伯數字和符號，按過上千次就模糊不清，產品的質感不佳。

質感雖然不好，但畢竟是台灣第一台掌上型電算器，而且製作成本比日本便宜太多，還是吸引國內外廠商的注意，爲以後改良的第二代、第三代產品鋪設了暢銷的道路，施振榮也因爲這個產品，在電子業界聲名大噪。

爲了修改自己開發的電算器，施振榮日夜工作，親自盯住每一個環結，當重開的模具完成，準備射出樣品時，施振榮三更半夜趕到位於台北二重埔的塑膠成型工廠，當他看著亮晶晶的外殼從機器中射出時，不禁高聲歡呼，這次的模具完美，產品絲毫不必修改，完美的功能配合完美的包裝，榮泰的掌上型電算器開始上市和日本產品分庭抗禮。

改良後的掌上型電算器，爲榮泰打開通往國際電子產品市場之門，施振榮進一步開發的科學用電算器（scientific caculator）則令榮泰大發利市。

電算器原本只能做加減乘除的運算，施振榮開發的科學用電算器加入記憶體，可以做各種數學和工程上的高級運算，不但領先日本廠商的技術，爲榮泰創造相當的業績和利潤，後來更率先採用超薄設計，大型綠字體顯示，功能與質感俱佳，推出後立即受到日本和歐美大廠的注意，訂單大批湧入，美國科技大廠洛克威爾（Rockwell）並且向榮泰大量採購，以 Rockwell 24k 型號在美國市場熱賣。

榮泰開發成功電算器，激勵了許多年輕工程師和公司的信心，當年有一家建築業轉投資的三愛公司網羅了幾位台大的研究生投入電算器的開發和生產，其中兩位研究生林百里和溫世仁，眼見榮泰業務蓬勃發展，深受鼓舞，便自己跳出來成立金寶電子公司，專做電算器，後來成爲世界數一數二的電算器大廠。

施振榮連續開發的產品讓榮泰業務鼎盛，原本三個人的公司，四年內成爲一千人的大公司，中華徵信所一九七五年的企業調查結果，榮泰是全國成長最快的公司，當年獲選爲民間十大公司。一九七六年，榮泰外銷實績一舉突破二千萬美元，獲政府頒獎爲最傑出的外銷績優廠商之一，施振榮後來創立宏碁電腦，一直到第七年，營業額才達到二千萬美元，可見得當時榮泰有多風光。

全世界第一支電子錶筆

在電算器之後，榮泰轉向開發電子錶。初期做 LED 的產品，錶面平時是暗的，必須手按才會顯示時間，有耗電、且需要雙手操作的缺點，而且因爲生產成本高，而售價昂貴。

施振榮對電子錶的品質一直不是很滿意，總思考著如何來改進它的缺點，一九七六年，他想到一個全新的創意。

一九七六年四月間，施振榮和林森到瑞士參觀珠寶展，看到一個打火機上附著電子錶的設計，立即便激發施振榮將錶和筆結合的創意，他想：「將錶設計在筆身上，可以單手操作，開會時，別人不知道你在看錶，對許多人會很方便。」

施振榮和林森討論這個創意，獲得他的支持，在瑞士回台灣的飛機上，施振榮便開始畫這個新發明的工程圖和結構圖。一回到台灣就交給榮泰的技術人員去車模型，並進行錶筆結合的試驗。很快地，榮泰推出全世界第一支電子錶筆，轟動了全球市場。

設計電子錶筆使施振榮聲名大噪，他也因一連串研展成果，被提名爲一九七六年的全國十大傑出青年，並順利當選，榮泰更因電子錶筆而大發利市。

榮泰一開始就將電子錶筆定位爲禮品，這使得市場變得十分廣大，國內外訂單紛至沓來，連當時的總統嚴家淦出國訪問都指定以電子錶筆做爲贈送外國政要的禮物，可見施振榮在產品發展上確實創意過人。

電子錶筆的生產成本很低，但是利潤很高，剛開始，一支可以賣到五十美元，可惜的是，榮泰去申請專利時，不知道什麼原因竟然沒有通過，於是台灣大大小小廠商一窩蜂投入生產電子錶筆，很快地把這個產品給炒爛，不久，一支電子錶筆只能賣一兩塊美金。

電子錶筆因爲沒有專利保護而遭人隨意仿製，及大家一窩蜂搶進市場而自毀前途的經驗給施振榮很大的震撼，影響他日後經營宏碁時，特別重視智慧財產權，鼓勵宏碁員工申請專利和智財權保護。

榮泰財務管理失當

施振榮在榮泰電子受到林森完全的信任和賞識，除了帶領研發團隊，並且接觸到物料管理、採購、產銷等實務，獲益良多，但令他感受最深，影響他日後最大的一課是：財務安全。

榮泰電子在研發部門不斷推出新產品的帶動之下，一九七六年外銷實績達到二千萬美元，是當年十大外銷績優廠商，因爲獲利良好，資本額已從一九七二年公司成立時的一百萬元，增加到一千萬元以上，是電子業界大爲看好的明星公司。但這樣前途似錦的公司，卻因爲老闆在財務管理上的偏差，使公司陷於困境，最後不得不結束營業。

環宇和榮泰都是林氏家族支持的公司，林森在環宇之外，另立榮泰，請了他的二哥林培源擔任董事長，借重林家財力支援的用意十分明顯。林家當時經營事業包括民興紡織、榮興紡織、彰化紗廠，都是紡織業界舉足輕重的公司，財力自是十分雄厚，榮泰電子初期資本額只有一百萬元，如果沒有林氏家族財力的支持，不可能在四年內做到年營業額二千萬美元的規模。不過，後來形勢逆轉，紡織業在一九七〇年代遭遇不景氣，林氏家族反過來要求榮泰資金支援。

林森基於家族情誼，對家族企業調借資金不便拒絕，初期調借金額不大，但調借情形愈來愈頻繁，金額也愈來愈大，榮泰的閒置資金被借完了，居然拿榮泰客戶開出的信用狀向銀行融通資金借給家族企業，這種以短期資金做長期使用的現象，很快使榮泰本身的資金調度出現困難。

施振榮從掌管會計的同事口裡，知道榮泰財務困難的情況後，感到憂心忡忡。林森邀請施振榮共創榮泰時，曾表示將提供施振榮「技術股」，在榮泰的股東名冊上，施振榮也被列爲董事，雖然他從來不知道自己占有多少股權，但榮泰向銀行所簽的借據，施振榮都依例參與部分背書保證，萬一榮泰出事，他必須負連帶保證責任。

施振榮心想，自己的薪水、工作若因公司出事而沒有著落，倒沒關係，但千萬不可因爲自己爲公司作保而連累到寡母和妻子，因此他決定向林森表達自己對榮泰財務運作的關切。有一天，林森一個人在辦公室裡，施振榮與主管會計的同事一起進去見他，把他的關切告訴林森，勸他停止借錢給家族的關係企業，或者設定一個借錢的額度，避免榮泰的財務被拖垮。但林森聽不進去這些話，只是淡淡地說：「這是我們家族的事情。」

施振榮眼見林森沒有切斷與家族關係企業財務往來的意思，便跑去找聲寶公司當時的董事長陳茂榜，請他評估榮泰的情況。

聲寶很早就是台灣的家電大廠，陳茂榜在當時是企業界大老，施振榮和他本來毫無淵源，是因爲施振榮發明的電子計算器、電子錶筆等產品引起陳茂榜的注意，認爲這些新商品有很好的市場機會，那時，陳茂榜的兒子陳盛沺（陳茂榜在一九九一年六月三十日去世，陳盛沺現爲聲寶公司董事長）剛從美國留學回來，陳茂榜便要陳盛沺去找施振榮請教電子業的發展趨勢，雙方才結識。

決定離開榮泰

大約一九七六年四月左右，施振榮到聲寶位於台北市南京東路的總公司求見陳茂榜，在會客室裡，聽完施振榮對榮泰財務情形的描述，陳茂榜搖搖頭說：「公司背書保證的問題太嚴重了，救不了。」

施振榮去找陳茂榜，事先並沒有告訴林森，他本來希望獲得陳茂榜同意對榮泰伸出援手，再去說服林森接受幫助，陳茂榜卻對榮泰做了完全否定的評估，施振榮當時感到非常的沮喪，心底卻明白：「榮泰不能再待下去了。」

和陳茂榜談過後，施振榮考慮了幾天，決定向林森提出辭職。林森對施振榮一向都很器重，雖然榮泰財務陷於困境，他認爲可以度過難關，因此極力慰留施振榮，甚至提出讓施振榮擔任總經理的條件，希望施振榮留下來。

但施振榮去意已堅。施振榮向林森提出辭呈時，他正因多年來在榮泰從事研究發展的傑出表現，被提名參加全國十大傑出青年甄選，當他在八月得知他獲選爲當年度十大傑出青年時，榮泰財務週轉已十分困難，他爲了避免日後榮泰爆發財務問題，使十大傑出青年的形象遭到批評，自己跑去向主辦單位表示要放棄當選十大傑出青年，但主辦單位表示，榮泰經營不善不能掩蓋施振榮的研發成就，堅持頒給他十大傑出青年獎座。

施振榮決定離開榮泰時，對未來的直覺想法便是創業，他看出微處理機的前途，決定成立一家公司從事與微處理機有關的業務。這家公司在一九七六年九月一日成立，命名宏碁股份有限公司，是施振榮與當今宏碁集團事業的起始，對台灣資訊工業的發展造成極深遠的影響。

施振榮雖是宏碁的創辦人，但他並沒有立即在宏碁上班，爲了交接工作和在九月底以榮泰員工的身份領取十大傑出青年獎座，施振榮在榮泰待到九月底才離職。對施振榮來說，在自己從事的工作獲得肯定之際，卻得離開那個工作，心中的感受五味雜陳。

在一手創辦、經營的企業集團營業額成爲台灣第一大資訊公司，第三大製造廠商，全球第七大個人電腦公司之際，施振榮仍難掩對榮泰時期的緬懷之情，他說：「榮泰的技術和業務在當時都有了基礎，如果不是財務管理出了問題，今天宏碁的成果說不定是榮泰的。」

榮泰在施振榮離開後不久，宣布結束營業，積欠來往廠商和銀行的債務，林森家族完全扛起，並沒有要求曾經背書保證的施振榮負連帶償還責任，這點令施振榮十分感念。施振榮當年是個窮小子，微薄的創業資金全靠母親和妻子拚湊支援，根本無力負擔榮泰的債務。

榮泰因財務管理失當而倒閉，給了施振榮公私財務務必分明的啓示，宏碁剛創業時因爲沒有股東願意掌管財務，施振榮請他的太太葉紫華管理財務，等到宏碁發展到相當規模，大陸工程董事長殷之浩入股宏碁時，施振榮便請殷之浩指派財務主管，此後，葉紫華即不再管理財務。爲了避免宏碁日後走上家族企業的舊路，施振榮更多次在公開場合宣示，絕對不會將宏碁交棒給他的子女，「他們連進入宏碁工作都不會。」施振榮說。

第六章　創辦宏碁

初次接觸微處理機

一九七六年七月的某一天晚上，葉紫華正忙著侍候三個小孩吃晚飯，施振榮從公司下班回來，手中拿著一份資料，興沖沖地揮著對她說：「這個東西很好哦，以後大家都會用到它。」葉紫華一時弄不清楚怎麼回事，只顧著趕緊張羅施振榮的晚餐，沒想到沒多久，她就當上宏碁股份有限公司的董事長。

施振榮四月間聽過陳茂榜對榮泰的財務評估，就決定離開榮泰，自己創業，他拿在手上對葉紫華說的資料，是他的創業計畫，裡面寫的是他創業的標的物——微處理機。

一九七四年美國洛克威爾公司在洛杉磯舉辦一個新產品PPS4的研討會，邀請榮泰電子派人參加，這時施振榮是榮泰的副總經理，他對電子領域的新知一向求知若渴，便派自己去參加這個研討會。洛克威爾的主事人員一定想不到，他們例行的新產品研討會，竟在一個年輕人的心田播下創業的種子，爾後開花結果，在二十年後，茁壯成千億元的事業。

PPS4的全稱是Paralell Processing System 4bit，中文直譯爲並行處理系統，主要用做商業用計算機的基本中央處理機（CPU）。

這是施振榮第一次接觸到微處理機技術，他直覺地認爲PPS4所代表的處理機技術將導引電子工業進行一場革命性的改變。

自洛克威爾研討會回到榮泰後，施振榮開始四處蒐集微處理機的技術資訊，並且在榮泰推動研究微處理機的技術。

一九七四年前後，正是榮泰的業務情況最好的時候，施振榮網羅了許多有潛力的年輕人，包括現在擔任宏碁集團資深副總經理兼總財務長的黃少華、曾被宏碁員工尊稱爲「老師傅」的林家和（現任宏碁關係企業國碁電子董事長）、現在擔任明碁電腦總經理的李焜耀等人。

施振榮自美國受訓回來後，便召集榮泰研發部門的人研究微處理機技術，當時，國立工業技術學院的教授謝清俊和蔡新民是電子計算機的專家，同時對微處理機有一些研究，蔡新民是施振榮交大的同學，他便去說動他們到榮泰給黃少華等人上課，並且請他們儘量用英文講課，因爲施振榮準備送他們出國接受進一步訓練。

後來榮泰派黃少華及林家和前往日本參加美國英代爾公司（Intel）在日本舉行的模擬發展系統研討會，林家和回台灣後，參考PPS4模擬系統發展出台灣第一套四位元微處理機模擬發展系統，在一九七六年初巡迴台灣全省展覽，這是台灣電子業首次嘗試發展微處理機技術。

巡迴展結束後，榮泰與中國生產力中心合辦微處理機訓練課程，並且替台灣美國無線電公司（RCA）工程師辦了一個微處理機技術特別訓練班，此時，榮泰已儼然台灣微處理機的先進技術中心。當施振榮考慮創業時，微處理機便成爲不二創業目標，他一手帶起的榮泰研發團隊成爲最佳創業夥伴。

召集創業夥伴

施振榮向榮泰遞出辭呈時，榮泰的財務危機已經十分明顯，他向幾位共事的夥伴提出創業的構想，立即獲得熱烈迴響，負責研發的黃少華、林家和，專長工業設計的涂金泉都願意跟著施振榮出來創業，施振榮還找了當時常來榮泰銷售微處理機的邰中和參加，邰中和一口答應，並且拉來他的朋友沈立均。

就這樣，黃少華、林家和、涂金泉、邰中和、沈立均，加上施振榮和他的妻子葉紫華，組織成宏碁創業團隊。

七個人當中，黃少華和林家和是榮泰的研發團隊，施振榮網羅他倆，是為繼續微處理機相關技術的研發，顯示宏碁一開始就準備走高技術路線。

研發成果的商品化有賴工業設計的協助，涂金泉是榮泰的工業設計工程師，施振榮在榮泰的許多設計，例如電子錶筆、掌上型電算器等，都是涂金泉做的造型設計。

邰中和是施振榮交大的學弟，施振榮讀大四時，邰中和剛進去讀大一。邰中和有技術背景，銷售能力特強，是當時神通電腦的超級業務員，他所做的業績經常占神通全部微處理器業務的一半。

沈立均是邰中和的朋友，原本在貿易公司做事，外貿實務和英文能力很強，當時他正準備自己創業開貿易公司。施振榮雖是透過邰中和才認識沈立均，但他常開玩笑說：「沒有沈立均就沒有宏碁。」

施振榮說的是宏碁公司名稱的由來。宏碁成名後，很多人以為這名字是因為施振榮喜歡下圍棋才取的名字。其實，這名字不是施振榮取的，也與圍棋無關。「宏碁」原本是沈立均為他的貿易公司取的名字，並且已經完成登記。邰中和邀請沈立均與施振榮一起創業，大家覺得「宏碁」這個名字很好，就「横刀奪愛」，以變更股東登記的方式，成為大家一起創業的公司名稱。

宏碁創業時的英文名稱 Multitech 則確是施振榮取的。這個英文名字一直用到一九八七年，才因為與外國公司同名及為推展國際化，而找了外國行銷公司研究後，將英文名字改為現在大名鼎鼎的 Acer。

葉紫華是施振榮的妻子，施振榮讓她加入公司，是因為她有財務管理的專長，而且公司草創，請不起管理財務的人，只有自己的妻子才可能任勞任怨，承擔所有會計、出納、總務、甚至清潔的工作。在陪施振榮創業之前，葉紫華除了在新竹交大擔任短時間的助教外，就是在家照顧三個小孩，先生創業要她出來幫忙，她是滿心願意的，只是她沒想到就業的第一個職稱竟然是「董事長」，有趣的是，這個董事長每天得第一個到公司開門，有時還得一階一階洗樓梯，為的是給來訪的外國客戶好的印象。葉紫華擔任宏碁董事長大約四年，才因公司規模漸大，而把「位子」讓給施振榮。

創業資金一百萬元

一九七六年九月一日，葉紫華送施振榮出門到榮泰上班，安頓好三個年紀各差一歲的幼兒，帶著鑰匙趕到住家公寓前棟二樓開門。這一天，宏碁股份有限公司開張營業。

第一個來上工的是邰中和，他騎著摩托車，噗噗噗地停在公司樓下，走上二樓，從名氣響亮的神通電腦轉檯到一切從零開始的新公司，他深知眼前有條辛苦的路要走。邰中和在新公司的職稱是經理，肩負爭取微處理機代理權與開發國內市場的艱巨任務。邰中和和施振榮一樣是個工作狂，每天早早地就來公司，他在宏碁成立後的第一個月，代理了許多施振榮的工作，施振榮爲辦理工作交接，九月底才從榮泰完全離職。因爲這一段過程，邰中和總愛開施振榮玩笑說：「我在宏碁的資歷比你深。」

一九九五年宏碁企業集團的營業總收入超過一千五百億元，二十年前，七個年輕人的創業資金只有新台幣一百萬元。

這一百萬元大多數都是借來的。

施振榮一九七二年九月進入榮泰任職，一九七六年九月底離職，整整待了四年，雖然他由協理升到副總經理，但任職期間專心做研發，除了固定的薪資，沒其他收入，離職時，榮泰財務已經十分困難，施振榮的技術股形同廢紙，「當時我們的存摺裡只有一點錢，出資的五十萬元大多數是我婆婆拿出來的。」回想當年創業的處境，葉紫華對婆婆充滿感激，她常告訴她的三個孩子說：「家裡今天的錢都是用阿嬤（祖母）的錢賺來的。」

施振榮出資的五十萬元靠母親支援，其他五位股東各出資十萬元，黃少華向兄姊借，林家和跟家人借，邰中和跟他母親借，只有沈立均和涂金泉自己拿得出錢。

因爲資金有限，宏碁開業後，一切從簡。公司設在台北市民生東路與新中街口的公寓二樓（現爲金石堂書店），是向施振榮的岳父以特惠價而且免押金租的，三十幾坪的房子擠了七個股東、四個職員。爲了節省支出，施振榮用的辦公桌從家裡搬來，是葉紫華的結婚嫁妝。

約法三章

爲了公司的生存，施振榮在開業前和股東約法三章。第一，大家的薪水打折領取；第二，提高決策門檻；第三，必要時，股東要外出找工作賺錢養公司。

施振榮告訴創業夥伴，宏碁創業資金只有一百萬元，如果大家按照正常水準支領薪水，不到半年，創業資金就要被領光，因此，他要求大家同意打折領取薪水，也就是依照敘薪的金額，每人打七到五折，未領的部分當作借給公司，以後公司賺錢了再領回去，如果公司倒了，大家就認了。施振榮的提議獲得大家的同意，他並率先打五折領薪水，三萬元的月薪，只領一萬五千元。

施振榮認爲榮泰經營失敗的原因之一，是太過中央集權，因爲老闆把公司當成自己的，凡事都是自己做決定，一旦個人判斷錯誤，就把公司帶向危機。施振榮決意不讓相同的風險在宏碁出現，宏碁剛成立時，施振榮和葉紫華的股權合占百分之五十，施振榮擔心當公司有重要決策要表決時，以一般的多數決，他和葉紫華的態度將占絕對優勢，他擔心這將使公司陷於決策獨斷的風險，因此，他主動提議將他的決策權門檻提高，也就是公司重大決策必須要百分之八十的股權同意才可以通過，換句話說，公司的決策至少要五個股東同意，才能執行。也就是只要施振榮夫妻以外的五個股東中，有三個人不同意施振榮的意見，施振榮就不能做決策。

施振榮和股東的約定是從危機意識出發。他雖然對創業前途充滿信心，但世事和市場動向難料，因此，他要求股東有一個心理準備，就是萬一公司經營遇見困難，連大家七折的薪水都無法支付時，股東要有人暫時離開公司出去找工作，股權則保留，等經營環境改善了，再回來公司上班。

施振榮與股東約法三章，主要是公司資金太少，怕大家初期領不到什麼薪水，要大家有心理準備。果然，公司資金的消耗得十分快速。為了承包工業設計的業務，宏碁公司一開始就買了一台ZDS微處理機發展系統，這一套系統售價七十五萬元，以宏碁的資金來說，是買不起的，幸好，當時全亞電腦公司為開發發光二極體測試機，需要一台微處理機發展系統，兩家合起來買，各自攤三十幾萬元，這雖然使宏碁的資金免於立即陷入窘境，甚至讓宏碁不久後就靠這台機器陸陸續續有了收入，但第一年的營運還是陷於虧損，使幾位股東對微處理機失去信心而求去，也造成宏碁的股權變動。

第一筆訂單

施振榮決定自己創業時，曾冷靜地分析當時的環境，他瞭解，人才和技術是他的優勢，缺乏資金是最大的弱點，因此，他決定避重就輕，將宏碁創業初期的營運重點放在擔任研發顧問和代理銷售上，充分發揮技術優勢，避開製造業沈重的資金壓力。

宏碁的第一筆訂單是一件委託研發的案子，而且在宏碁正式成立之前就已經下單，並且預付訂金，是宏碁創業初期的主要收入。這個研發案的委託者是曾經得過世界橋牌賽亞軍的我國橋牌隊領隊魏重慶，委託開發的產品是橋牌機。

魏重慶是橋牌精準叫牌制的發明人，參加過世界各個重要的橋牌賽，對有些比賽的過程和結果總覺得不能釋懷，他認爲，如果能夠有人發明一種機器，讓參加橋牌比賽的人不必同在一室，沒有利用手勢打暗號的機會，這樣世界大賽就不可能有人作弊，也不會再有作弊不公的傳言。

魏重慶和當時擔任工業技術研究院院長的方賢齊是橋牌牌友，也都是施振榮交大的學長，魏重慶來找施振榮開發橋牌機時，施振榮表示自己即將離開榮泰，魏重慶當場表示「認人不認公司」的意思，施振榮便接下委託，在宏碁正式運作後，把橋牌機的研發工作交給林家和負責。

魏重慶當時在紐約經營輪船公司，對宏碁的研發出手很大方，總是一萬、兩萬美金的預付費用，對資金拮据的宏碁來說，非常受用。

宏碁開發橋牌機每完成一個階段，魏重慶都邀方賢齊來試打，兩人對產品的功能十分滿意，這個產品一共開發了三代產品，經歷四年，魏重慶花了很多錢，宏碁也費了很多心血，但產品在國際市場推廣不易，最後並沒有商品化。

橋牌機雖然沒有商品化，卻是宏碁創業頭兩年最大的研發案，這期間，宏碁爲了生存，採取的是小案多接的策略，許多工業設計的案子，五萬元、十萬元的委託案也都欣然接受。施振榮回憶當年承接的案子，至今仍印象鮮明的，包括電話機外型設計、替香港和台灣廠商設計掌上型電動玩具的機板、幫美國廠商開發電話線插頭和插座。

現在一般房子大概都設有隨接隨用的電話插座，只要向電信局申請話線，將買來的話機插頭插入電話插座即可。二十年前，台灣根本沒有電話插座與插頭，裝設電話都是由電信局將線拉進屋裡，再將電話線旋緊在電話機的接頭上，使用起來十分不方便。

宏碁成立不久，股東之一的沈立均在當時位於台北市南京東路兄弟飯店旁的美國貿易中心遇見一位美國商人，這位商人所屬的通訊零組件公司要在台灣找人開發電話插座與插頭的模具，對當時台灣的工業水準來說，這是非常精密的技術要求。沈立均爲了給公司增加收入，把案子接了回來，本來負責工業設計的人對這個案子有些遲疑，但美國商人願意先付訂金，而且支付的費用優厚，結果宏碁硬是把產品開發出來，並且做出令美商滿意的模具。

這個案子，宏碁賺到的利潤超過百分之五十，但也因此流失一位創業股東。引進這個案子的沈立均發現電話插座和插頭外銷前景可期，不久就離開宏碁，另立門戶，專做該項產品的外銷。

在銷售方面，宏碁主要做微處理機和發展系統的內銷。由於資金有限而且是新設的公司，宏碁初期並沒有取得微處理機的代理權，而且爲了財務安全，比較大的金額，都是請買主直接開信用狀給外國供貨廠商，宏碁扮演等於貿易商的角色。

取得Zilog代理權

一九七六年，宏碁成立時，台灣的微處理機市場幾乎為神通代理的英代爾所獨占，根本找不到第二個品牌。宏碁為了進入這個市場，想盡辦法取得與英代爾相容的 Zilog 微處理機的代理權，奠定宏碁在微處理機市場的基礎。

當時，Zilog 剛成立，重心擺在美國市場，規模很小，也沒有國際行銷的經驗，宏碁第一次向它下單購買微處理機時，Zilog 竟連出口貿易的手續都不會辦，後來宏碁採用一個變通的辦法與 Zilog 做生意，不但獲取較高利潤，而且逐漸贏得信任，不久就取得 Zilog 的代理權。

張國華是施振榮交大的同班同學，交大畢業後，張國華出國讀書，然後留在美國的惠普科技公司擔任工程師。一九七六年，施振榮創業不久，張國華返國，與施振榮聚首，施振榮邀請張國華幫忙，張國華考慮後，答應擔任宏碁在矽谷的代表，幫忙留意新的資訊和找尋商機。

由於 Zilog 對台灣市場不瞭解，對國際行銷也沒有經驗，施振榮便請張國華在美國直接向 Zilog 拿貨，也就是張國華以美國當地廠商的地位直接向 Zilog 批貨，因為是現金交易，而且以當地大盤商交易計價，比國際訂貨的價格便宜許多，宏碁所得的利潤更高，對客戶交貨也更迅速。

這樣的作法，對宏碁還有另一個好處，就是不必從台灣開信用狀到美國，因爲張國華同時扮演金主的角色，幫宏碁墊款，減輕宏碁很多資金壓力。

一九七七年宏碁與張國華決定合作成立宏碁美國公司，不久，張國華辭去惠普科技的職務，專職負責美國宏碁的業務，新公司股權張國華占六成，宏碁占四成，這個公司即是現在年營業額十五億美元的宏碁北美洲公司的前身。

由於 Zilog 的技術和經營團隊都來自英代爾，對英代爾的產品取向至爲瞭解，所開發的產品不但與英代爾相容，而且價格低廉很多。在物美價廉的優勢下，宏碁很快地爲 Zilog 在台灣市場爭得一席之地，憑著耀眼的銷售成績，邰中和飛到美國去找 Zilog 談台灣地區的代理權，本來 Zilog 有點遲疑，但邰中和畢竟是微處理機的超級業務員，在展現專業技術和對台灣市場的掌握能力後，邰中和爲宏碁取得了 Zilog 的代理權。

邰中和在神通賣微處理機時，他一個人的業績是整個英代爾微處理機業務量的一半，宏碁取得 Zilog 代理權後，邰中和將他的業務才華發揮得淋漓盡致，沒有多久，宏碁 Zilog 微處理機的業績就和神通代理的英代爾平分秋色，最後並使英代爾將獨家代理政策改爲多家代理，宏碁也因此成爲英代爾的代理商之一。

第七章　看準微處理機潛力

代理德州儀器ＩＣ

代理Zilog，讓宏碁賺了不少錢，大約一九七八年，就是公司成立的第三年，宏碁就已經轉虧爲盈，但眞正讓宏碁大發利市的，是代理美國德州儀器公司（Texas Instruments）的半導體元件。代理德州儀器不但使宏碁成長過程與電動玩具結上一段緣分，也促成日後宏碁投資德碁半導體，跨入精密高科技的領域。

一九七七年前後，宏碁除了賣Zilog微處理機，也賣一些半導體元件，但掌握市場有限。這時，美國摩托羅拉電子公司（Motorola）台灣代理商星強公司負責人蔡騰村，覺得摩托羅拉的TTL（小型積體電路）在市場上有點競爭不過德州儀器，便跑來找施振榮，希望與宏碁合作爭取德州儀器TTL在台灣的代理權。

經過討論，宏碁與蔡騰村合資成立一家新公司——東肇股份有限公司。這家公司果然取得德州儀器公司TTL的代理權，但是當時市場還沒有打開，東肇經營得不好，雙方便拆夥。施振榮覺得這樣失去德州儀器的代理權太可惜，便爭取由宏碁代理德州的TTL，宏碁從此因爲代理德州儀器而財源滾滾，奠定了穩定的財務基礎。

宏碁成爲德州儀器的獨家代理商後，台灣正好流行電動玩具，那時街頭巷尾到處可以見得到電動玩具的檯子。製造電動玩具的廠商大發利市，曾經躬逢其盛的郭家電子老闆郭滄隆回憶當時的盛況：「爲了搶新的遊戲機板，電動玩具店的老闆天天拿著現金到工廠排隊，那時，還有紅色的十元紙鈔，製造電動玩具的工廠都是用痲袋收錢，一痲袋一痲袋裝著擺在牆角。」

宏碁沒有製造電動玩具，它是電動玩具廠商的上游——提供電動玩具機板所需的零件，主要是德州儀器生產的產品。

與電玩大王合作

當年電動玩具的大本營在台北中華商場，中華商場有一個「電動玩具大王」黃德仁，是電動玩具零組件的大盤商。由於宏碁是德州儀器的獨家代理，黃德仁只得來找宏碁合作。

黃德仁零件銷量大，週轉快，財力又雄厚，他透過宏碁向德州儀器訂貨，不但給訂金，而且給的是現金；此外，他的購買量大，付款乾脆，雖然將宏碁的利潤殺得很低，但週轉快，累積起來，宏碁還是賺得很多。掌管財務的葉紫華至今都難忘當年與黃德仁合作的盛況：「宏碁向德州儀器訂的貨，常常七、八成是黃德仁的，我們自己只占二、三成。為了交貨方便，零件從海關領出來後，我們請貨運行直接運到黃德仁家，當場銀貨兩訖，剩下的貨我們再自己載回來。」

宏碁銷售電動玩具零組件的數量雖然非常龐大，本身倒沒有製造電動玩具，不過，為了服務「客戶」，不免應客戶要求，為他們破解從日本帶回來的遊戲機板子的線路圖，這種稱為「可程式邏輯線路組合」（Program Logic Array, PLA）一旦被解碼，電動玩具廠商便可以拿去仿冒。宏碁的工程師因為接觸許多電動玩具的機板，最後也承接許多電動玩具的設計案，那時有許多香港廠商便委託宏碁設計電動遊戲機，現任明碁電腦研究發展總監的李昆銘，當年便是設計電動遊戲機的一把好手。

宏碁與黃德仁的合作持續了好多年，一直到一九八二年左右，政府下令全面取締電動玩具才逐漸停止。

宏碁和黃德仁的業務合作雖然因爲環境改變而逐漸減少，施振榮夫妻對黃德仁一直心存感激，雙方一直保持親切的友誼，到了民國一九八八年宏碁電腦公司股票上市前，施振榮特別邀請黃德仁成爲宏碁的股東，讓他分享宏碁成長的果實。施振榮遺憾的是，黃德仁已於前幾年過世，不能看到當年他曾幫助過的「小小宏碁」近幾年在國際市場上的成就。

回歸微處理機

因爲與黃德仁的這段合作關係，電子業界曾流傳「宏碁靠電動玩具起家」的說法，甚至說：「宏碁是因政府取締電動玩具，不得不轉向發展電腦，而因禍得福。」

宏碁投入電腦工業的領域，在施振榮選擇微處理機做爲創業項目時，就已經註定，後來的發展，似乎是水到渠成的結果。

施振榮從創業開始，念茲在茲的便是微處機的技術和市場。在一九七八年宏碁與黃德仁合作大量銷售電動玩具零組件的同時，宏碁與全亞電腦公司合作成立「宏亞微處理機研習中心」，這是台灣第一個電腦補習班，專門訓練電腦工程師；同一年，宏碁開辦台灣第一份微電腦月刊雜誌，並且成立「微處理機俱樂部」，在一九八二年三月行政院宣布全面查禁電動玩具之前，宏碁已經投入開發成功中文電腦終端機，並且投入當今個人電腦的前身「小教授電腦學習機」的研發，和朱邦復合作開發「向量組字輸出法」及推廣「倉頡輸入法」更促成後來中文電腦的蓬勃發展。

施振榮在榮泰開發出有記憶功能的科學用電算器時，便夢想有一天可以用微處理機加記憶體做出某種奇妙的產品。那時，個人電腦還沒有出現，最新的是四位元的微處理機，大家都覺得這個產品可能對未來的科技發生很大的影響，但不確知發展的方向會是什麼，換句話說，「大家都在摸索。」

施振榮也在這個摸索的行列中，在摸索的過程，正好與宏碁合買微處理機發展系統的全亞電腦公司開發出一套命名為EDU－80的電腦學習機，雙方為推廣這個產品，合作成立「宏亞微處理機研習中心」，講授最新的電腦知識和技術。透過宏亞研習中心，施振榮和宏碁的工程師彷彿都變成海綿，熱切地吸收有關電腦的最新資訊，再將這些資訊反芻整理後，擠出來傳授給別人。

開班授課

宏亞微處理機研習中心教室設在宏碁公司的地下室，剛開始除了施振榮主講微處理機原理及應用外，從外面請了許多專家來授課，後來報名上課的人愈來愈多，宏碁的工程師也加入講師陣容，不久師資就全由宏碁的工程師負責。那時宏碁的工程師林家和、黃少華、李焜耀、吳廣義幾乎都是白天上班，晚上上課，工作壓力很大。

由於宏亞研習中心是當時民間唯一教授微處理機知識的地方，宏碁又藉代理 Zilog 微處理機之便，擁有最新的微處理機發展資訊，因此來上課的人愈來愈多，許多大型企業如聲寶等，並且邀請宏亞到他們公司開班，中國生產力中心也與宏亞合辦好幾期的研習班。施振榮後來估計宏亞在一九七八至八一年之間，至少訓練了三千名電腦工程師，撒下了台灣日後發展資訊工業的種子。

宏碁以自己的工程師擔任微處理機課程的師資，本是師資難覓，不得不爲的作法，沒想到造成晚上課堂上的教師變成白天賣微處理機發展系統的業務員，相對的晚上的學生變成白天的客戶，雖然「老師」和「學生」對這種情況都有點尷尬，這種特殊的關係對 EDU－80學習機及微處理機發展系統的銷售有利，很快地，EDU－80推廣到中南部，爲了順應市場的需求，一九七九年八月宏碁在台中和高雄分別成立分公司，張光瑤、邱英雄、林銘瑤、林憲銘、梁秋生便是在這個時期先後加入宏碁公司，同時負責爲宏亞研習中心授課。

林憲銘當時負責宏碁高雄分公司，他還記得當時因爲分公司辦公室太小，沒有辦法授課，只好到高雄市的「記者之家」開課，但上課的人實在太多，第二期就改到華王飯店二樓的會議廳上課，「借一次場地一千元，剛開始花得很心疼，」林憲銘說，「後來上課的人愈來愈多，竟然把那個場地長期租下來，實在很豪華。」由於工業界對微處理機求知若渴，宏亞還曾應邀爲中山大學和海軍單位開特別班。

梁秋生是林憲銘在高雄的搭擋，張光瑤、邱英雄、林銘瑤是台中分公司的台柱，他們都是用入股的方式加入宏碁。

就像與張國華合資成立美國宏碁公司一樣，施振榮讓林憲銘和張光瑤等人分別共同擁有分公司百分之六十的股權，宏碁則占百分之四十的股權。施振榮這種讓「當地股東占較多股權」（local majority）的作法，後來成爲宏碁國際化的重要策略，一九九四年初，施振榮提出廿一世紀宏碁集團將在全球有二十一家上市公司（21 in 21）的口號，就是源自「由當地股東占過半股權」的理念，有別於一般跨國企業的模式。

由於來上微處理機課程的人實在太多了，宏碁對工程師的「壓榨」無所不用其極，吳廣義因為剛從學校出來，手中有較多的資料，所以被要求上最多的課，李焜耀到美國超微半導體公司（AMD）參加三天研討會，回來後竟被要求給所有工程師上課三天作為「回饋」。吳廣義對這種日夜不停工作的生活難以忘懷，事隔多年後，仍不忘消遣施振榮拿他們當「廉價勞工」。

其實，從一九七六年創業到一九八八年宏碁股票上市為止，宏碁員工夙夜匪懈的情形比比皆是，高級主管不講排場，上下員工甘為公司做額外付出，是宏碁早期的企業文化之一。

老闆娘洗樓梯

宏碁剛成立時，全公司只有一輛施振榮的岳父為慶賀他榮獲全國十大傑出青年送的裕隆轎車，這輛車被用來做為宏碁的公務車，但也不是每次公務都能使用，大部分是用來接送外國客戶。

那時業務員最普遍的交通工具是機車，宏碁的第二號人物邰中和便騎著一輛老爺機車，機車雖老，卻很受歡迎，每次他要到中山科學研究院去洽公，宏碁的會計就高興得不得了，因為有便車可以搭著去收帳，要不然得要到北門搭客運車到石門水庫，再走遠遠的路進到中科院。邰中和的老爺機車連「施太太」葉紫華都坐過，為的是收帳。

葉紫華在施振榮離開新竹到台北加入榮泰後，便辭去交大助教的職務，專心當家庭主婦，施振榮出來創業宏碁時，她已經生了三個小孩，分別是二、三、四歲。

本來是個家庭主婦，因為先生要創業，只得跟著出來管帳，家裡公司兩頭跑，十分辛苦，這還不打緊，有一回宏碁希望爭取美國超微半導體公司（AMD）的代理權，對方的代表要來公司看看，葉紫華為了給AMD的人好印象，挽起袖子，趴在樓梯間，一階一階地洗樓梯。

宏碁創業最初半年，施振榮因為草創經營壓力大，葉紫華為了不讓小孩子吵到他，每次施振榮一到家，她就將小孩帶得遠遠地。「我們有半年多是『分居』的，」施振榮說，「那段時間，她（葉紫華）怕小孩吵我，就跟小孩睡另一個房間，另外，岳父反對男人進廚房，所以她要忙小孩、忙公司、還要做家裡所有的事。」

一九七九年宏碁台中和高雄分司分別成立，負責當地業務的林銘瑤、邱英雄、張光瑤、林憲銘、梁秋生等人親自上陣授課，邱英雄的回憶：「教課是為賺錢回來付分公司員工的薪水。」

在台北，現在擔任宏碁國際公司總經理的盧宏鎰剛進公司時，因為薪水太低，只得借住在施振榮岳父的空屋裡，葉紫華為他買了棉被、行軍床，後來又住進來好多單身漢，這樣的日子持續了好多年。

⬆台北市民生東路與新中街口的金石堂文化廣場二樓是二十年前宏碁創業的所在(邱田山攝於1996)。

⬆施家三兄妹合影(1976)。當年施振榮剛創辦宏碁，經常熬夜工作，葉紫華怕吵到他，特地在大床邊接上單人床，晚上由她帶著三個小孩睡，讓施振榮單獨睡另一房間。

一九八〇年，宏碁的營運逐漸上了軌道，公司也有了不錯的盈餘，但員工間仍維持勤儉的風氣，曾擔任第三波文化事業總經理的黃瑞雲這時奉派到中南部辦 Micro 80巡迴展覽會，十幾個人總共只帶了二萬元，出門前大家互相揶揄：「省著點用，錢不夠就睡地板。」

那時也正是宏碁開始投入開發小教授系列電腦的時期，研發部的人員經常熬夜加班，實在太晚了，就住在公司裡，連女生也不例外。這種熬夜加班的風氣一直維持到十六位元甚至更高階的產品研發，現任華碩電腦公司副董事長的童子賢任職宏碁研發部時，便經常睡在公司裡，他離開宏碁創業之後，把這個風氣帶到華碩，早期華碩研發部兼生產線的角落便搭了一間通鋪，裡面擺著棉被和盥洗用具，讓研發人員留宿供用。

現任明碁電腦總經理李焜耀一九七八年到美國 AMD 受訓，這是宏碁創業後，施振榮以外第二個出國的人，全公司的人興奮地集體到機場送行，李焜耀回國後，「被迫」開課三天以為回饋，從那次起，李焜耀每次出國都選星期六出發，星期天回到台灣，原因是不影響上班時間，他甚至每次回國都先進辦公室處理積壓的公文才回家，這樣的習慣逐漸成為宏碁高層主管出國的模式。

一九八六年，宏碁創業滿十年，公司規模漸大，由創業十一人成長到二千人，公司為加速國際化而大量引進空降部隊，一九八八年公司股票上市後，許多員工一夜之間成為百萬、甚至千萬富翁，宏碁早年建立的勤奮文化遭到嚴重衝擊。有一回施振榮想買一輛車平日自己開，到敦化北路的奧迪汽車（Audi）展示間看中一輛售價不到一百萬元的車子，沒想到第二天奧迪汽車的業務員就接獲許多宏碁員工的埋怨：「你們把不到一百萬元的車賣給我們老闆，叫我們開什麼車啊？」原來當時有許多宏碁員工準備要買BMW了。

園丁的話

宏亞微處理機研習中心成立不久，宏碁開辦了一份刊物，名爲《園丁的話》，沒想到這份剛開始只印兩頁的刊物，幾年後竟綠樹滿蔭，開花結果爲《0與1科技雜誌》、《第三波電腦雜誌》、《新電子科技雜誌》，進而成立第三波文化事業公司，出版電腦叢書、應用軟體，在電腦教育文化市場舉足輕重。

宏碁在一九七六年成立後的兩年內，先後代理Zilog微處理發展系統和全亞微處理機學習機，這兩項產品在部中和帶動衝刺及宏亞微處理機研習中心的推廣下，業績鼎盛，業務人員忙得不亦樂乎，但也引來許多舊客戶的抱怨，指責宏碁賣了機器就不理他們。

部中和將客戶的抱怨告訴施振榮，兩人討論好幾次，研究怎樣兼顧新舊客戶的需求。正好那時宏亞研習中心的學員愈來愈多，每期都要準備許多講義和資料，施振榮靈機一動，想到可以辦一份刊物，登載與微處理相關的技術和市場資訊，既可做爲微處機研習班的的參考資料，也可以寄給原有客戶和潛在客戶，一舉三得。施振榮便將這份刊物交給黃少華和施崇棠去做。

黃少華早在榮泰時期就和施振榮在研發部門共事，與施振榮共創宏碁後，開始接觸其他部門的工作，其中一項工作是負責支援業務部門的工作需求。施崇棠和前後加入宏碁的李焜耀、王振堂是台大電機系的同班同學。施崇棠後來又去讀交通大學的工業管理研究所，說起來也算是施振榮的學弟。

施崇棠那時剛從學校畢業，在學校獲取的技術知識正新鮮，《園丁的話》主要由他主筆、編輯。施振榮創辦《園丁的話》，原本就是爲服務舊客戶，爭取新客戶，用意在推廣宏碁代理的微處理機發展系統和學習機，所以免費贈閱。

《園丁的話》初期只有兩頁，卻是全台灣唯一一份資訊類專業雜誌，而且傳播最先進的微處理機知識，刊物發行後，立即獲得歡迎，幾乎每天都有人來函要求贈閱。

《園丁的話》除了登載最新的微處理機資訊，施振榮也經常自己撰稿發表他對微處機工業發展的看法和感想。

有一回，施振榮和邰中和到中山科學研究院去拜訪在那裡做研究員的周誠寬（後來離開中山到資策會任職，升任資策會副主委一段時間後離職），施振榮本想向周誠寬分析微處理機的功能和發展，沒想到才剛開口，周誠寬就說：「微處理機的重要我比你清楚，我跟你說，我們這一代如果不發展微處理機技術，會成為歷史的罪人。」

施振榮和周誠寬談過以後，心有所感，便寫了一篇題為：「莫做歷史罪人」的文章登在《園丁的話》，內容大致是說：瓦特發明蒸氣機引致的第一次工業革命，亞洲國家沒有跟上，使歐美國家的國力長久以來凌駕亞洲國家；微處理機將引發第二次工業革命，現代的中國人若不能掌握微處理機的技術，將使中國人的技術更加遙遠落後歐美，成為歷史的罪人。」

施振榮的這篇文章和以後所寫的其他呼籲重視微處理機技術的文章，都引起許多研發工作者的共鳴，更多的人來索閱《園丁的話》，到了一九八〇年下半年，《園丁的話》發行量已超過兩萬份，比許多當時流行的雜誌發行量多。這時剛從交大畢業的黃瑞雲加入宏碁，接棒主編《園丁的話》。

一九八〇年下半年，神通電腦公司籌辦一份月刊，取名《微電腦雜誌》，接受訂閱和零購。這時《園丁的話》已膨脹到二萬餘份，紙張、編輯、各項行政費用加起來已是不小的負擔。施振榮於是要黃瑞雲調查讀者改為訂閱的意願，發現讀者並不介意以付費方式獲取雜誌更多的內容，於是《園丁的話》在一九八一年元月改版發行，以《0與1科技雜誌》的新面貌重新創刊，從《園丁的話》轉爲《0與1科技》的訂戶約有六、七成，一萬多戶。

由於訂戶移轉成功，加上早先累積的編輯經驗和業務基礎，《0與1雜誌》一開始就財務平衡，很快地就有獲利，帶動後續雜誌的開辦。

第三波

在《園丁的話》時期，宏碁與倉頡輸入法發明人朱邦復合作開發出倉頡輸入法和向量組字輸出法，爲推廣中文輸入法，宏碁曾在《園丁的話》長期大量地刊登中文字拆碼遊戲。《園丁的話》改爲《0與1科技》後不久，宏碁先後開發出當今個人電腦的先期產品——「小教授一號」和「小教授二號」，爲了推廣「小教授」系列產品，宏碁在一九八二年九月創辦第二份雜誌——《第三波雜誌》。

這份雜誌發行十分成功，一開始就每期印行二萬多份，但因爲初期定位在教導讀者如何使用「小教授」，編輯立場不夠中立，無法吸引廣告客戶，因此收入不佳。不過，小教授時代結束後，《第三波雜誌》編輯取向改爲軟體專業，客戶委刊廣告便源源不絕，成爲一份極爲賺錢的雜誌。

《0與1科技》與《第三波雜誌》兩者加起來的發行量近五萬份，爲了編務和發行、廣告業務，宏碁進用了不少人手，施振榮眼見相關業務愈來愈龐雜，便在一九八三年十一月成立「第三波文化事業股份有限公司」，由黃瑞雲負責，統合所有雜誌和叢書、軟體、應用手冊發行業務。

當時IBM相容電腦才剛在台灣出現，個人電腦產業的前景並不清楚，第三波所投入的業務，都是拓荒性的工作，不過，也因爲投入得早，很快就成爲國內最大的電腦科技雜誌、圖書公司。

在施振榮的分工理念裡，第三波除了經營上自給自足，還負有推廣電腦知識與觀念的任務，因此第三波十幾年來舉辦了許多公益性的活動，包括：「第三波金軟體排行榜」、與應昌期圍棋教育基金合作舉辦「國際電腦圍棋大賽」、成立「台灣電腦鼠俱樂部」推廣電腦鼠比賽、舉辦「世界電腦鼠比賽」等。近年則爲推廣多媒體軟體舉辦「金袋獎」。

個人電腦工業帶動台灣半導體和其他電子零組件蓬勃發展後，第三波在一九八六年五月發行第三本專業雜誌——《新電子科技雜誌》。和宏碁其他關係企業動輒數億、數十億元的營業額相比，第三波的營業額看起來微不足道，不過，它曾經長期高占宏碁所有事業體獲利能力的第一名。

第三波到了一九八八年宏碁電腦股票上市後，利潤率仍在百分之八到百分之十之間，也就是每做一百元生意，就賺八到十元。第三波做的是買賣生意，週轉很快，五百萬元的資本一年便可以做到上億元的生意，換句話說，第三波曾長期獲利爲資本額的倍數。

由於獲利豐碩，第三波曾經想要自立門戶，擴大營業項目，希望朝股票上市的方向努力，沒想到栽了一個大筋斗，一年內被倒帳上億元，施振榮不得不介入收拾，要求第三波從此嚴守企業整體策略指導，不要盲目橫衝直撞。

隨著電腦產業環境的變化，第三波文化事業近幾年的發展走向國內外軟體的代理和推廣，依照施振榮的想法，第三波應朝多媒體電腦軟體開發和代理的方向走，成爲多媒體電腦軟體的集散中心。

爲了協助第三波達到這個目標，宏碁成立了一個一億元的「多媒體軟體開發種子基金」，交給第三波新任總經理杜紫宸負責與多媒體業者合作開發及推廣軟體，杜紫宸原任資訊工業策進會情報資料中心主任，一九九五年十月才轉到第三波任職。

第八章　開發中文終端機

和朱邦復合作

在經營宏亞微處理機研習中心和電腦雜誌的同時，宏碁和發明倉頡輸入法的朱邦復合作，以向量組字法「改造」Zilog 微電腦，創造了「天龍中文電腦」，並導引出中英文軟體的「透通性」觀念，主導了日後中文電腦系統的發展。

宏碁和朱邦復的合作關係起於朱邦復向宏碁買了一部 Zilog 微處理機發展系統，當時朱邦復已經發明完成「倉頡字母輸入法」，準備進一步發展「中文組字輸出技術」，但 Zilog 微處理機交貨後，朱邦復卻發現他根本不會操作這台他自以爲「可以自修學會操作」的機器。

賣 Zilog 給朱邦復的是宏碁的銷售工程師朱和昌，他把朱邦復的問題告訴施振榮，建議由宏碁和朱邦復合作開發，施振榮爲進一步瞭解狀況，便領著研發工程師施崇棠和朱和昌一起到朱邦復位於內湖的辦公室看朱邦復示範他發明的倉頡輸入法和有關組字法的研究。

朱邦復是一個對電腦中文化十分狂熱的人，在與施振榮見面之前，他已經用了八年研究電腦中文化的問題，發明了倉頡輸入法，突破當時中文輸入的問題。

在台灣廠商投入發展個人電腦（一九八三年）之前，台灣已經有許多機關和學校使用電腦，這些電腦都是外國廠商開發製造的，多半是大型電腦（Mainframe），外商在台灣銷售電腦，必須設法幫客戶解決處理中文的問題，而最基本的是中文的輸入和輸出問題。

電腦原本是設計來做快速運算的，它只使用0和1兩個數字代表所有的符號，並且採用「二進位」運算，當數字大於1即進位，在二進位的世界裡，阿拉伯數字「0，1，2，3」分別由「00，01，10，11」代表。

一般人最常聽到的電腦術語「位元」（bit），由英文的 binary digit 縮寫而來，是指二進位法的「位數」，在電腦裡，一個位元只可以表示0和1兩個數字，但兩個位元的組合，就可以出現00，01，10，11四個表（爲二的平方個）組合，可以代表四個符號，當位元數提高到八個位元，更可以代表二百五十六個符號（二的八次方）。

在電腦術語裡，八個位元稱爲一個位元組（byte、或稱字元），由於一個位元組可以代表二百五十六個符號，因此一般阿拉伯數字和英文字母以一個位元組就可代表，這使得電腦處理英文資料十分容易和快速，但面對中文時，因爲當時沒有中文作業系統，外商電腦公司，只得將中文當作圖形處理。

當年外商電腦公司爲使電腦能處理處理中文資料，大都以點矩陣繪成圖形的方式將每個中文字預先儲存起來，由於筆畫繁複，一個中文字至少需要三十二個位元組的記憶容量，一萬二千個中文常用字所需的記憶容量高達三十九萬三千一百十六個位元組，不但造成電腦記憶體的沈重負擔，處理速度也非常緩慢。

朱邦復當時的研究重點在設計一個新的中文組字法，讓中文字型不要占據那麼大的記憶空間，依照朱邦復當時的構想，只要新的組字法開發出來，儲存二萬二千個中文字，只需六萬四千位元組（六十四KB），所占記憶體不到當時一般儲存方法的十分之一。當年記憶IC十分昂貴，施振榮認爲，如果朱邦復的構想是可行的，這個研究便值得投入。離開朱邦復的辦公室，施振榮便請施崇棠對是否與朱邦復合作進行評估。

經過幾天的研討，施崇棠認爲這項開發案在技術上可行，投資風險也不是太大，施振榮便做成決策，一九八〇年四月左右和朱邦復簽約開發中文輸出入技術，由施崇棠負開發全責。

爲了趕著將產品開發出來，參加當年的電子展，施崇棠帶著研展部工程師不分晝夜工作，連中秋節都沒有休假，有的人乾脆在公司打地鋪，施振榮只好請葉紫華給同仁買棉被、帶宵夜，由於經常有人兩三天沒有闔眼，葉紫華只好買人參給大家補充體力。

創新中文組字輸出入技術

經過四、五個月不眠不休的工作，成果終於在九月出現，施崇棠帶領的研發團隊，完成兩片中文儲存字型的中文卡，附加在 Zilog 電腦的主機板上，配合朱邦復的倉頡字母輸入法和向量組字輸出法，可以使二萬二千個中文字只占用六十四 KB 的記憶體。

這項發明使得中文處理不再大費周章，當時電腦處理中文的瓶頸，除了中文字形占用太多記憶空間外，中文輸入裝置也是一個大問題。

在宏碁與朱邦復合作的成果出來之前，電腦輸入中文的方式分爲拆字組合與非拆字組合。拆字組合是將中文字拆解之後經標準鍵盤輸入，再由電腦將字根組合成中文字，顯現出來；非拆字組合，則是以大鍵盤將中文字直接輸入，一般大鍵盤分成好幾張字表，每張表上有二千多個中文字或符號，使用者大都為報社或專業打字工作者。另外一種非拆字組合法是以字碼輸入，例如電報明碼。

至於拆字組合法則依拆解的方法分為字根輸入法、筆順輸入法、形碼輸入法、混合輸入法等。

倉頡輸入法屬於字根輸入法，依照哲理、筆畫、人體、字形等，定出二十四個中文字母，取碼規則由外而內，由上而下，由左至右，由於符合國人拆字的習慣，與當時其他輸入法比較，屬於易學易用的一種。

宏碁和朱邦復合作，除了開發運用向量組字輸出法所需的中文卡，也改良倉頡輸入法，在倉頡原有二十四個字母外，再加上五十五個輔助字形，取碼順序與倉頡輸入法相同，宏碁將這個輸入法稱為「天龍中文輸入法」。

一九八〇年，宏碁推出由一台微電腦、一台終端機、一具標準鍵盤，加上宏碁的中文卡和軟體組合而成的「天龍中文電腦」，由於突破外商中文電腦在記憶容量和輸入方式上的限制，立即在電腦市場引起轟動。

突破中英文軟體間的障礙

天龍中文電腦推出後十分轟動，但是叫好不叫座，總共賣不了幾部。天龍中文電腦一舉解決了電腦儲存中文字型和輸入的問題，在技術上是成功的，但商品化卻是失敗的，問題出在軟體支援上。

天龍中文電腦雖然解決了電腦儲存中文字形和中文輸入的問題，但對電腦的作業系統來說，這些字形仍然是一些圖形的資料，只不過體積不再那麼龐大，天龍中文電腦的實用意義似乎只是可以在以比較小的記憶體做速度比較快的中文顯示而已，並不能以中文直接做文書處理或其他工作，原因是與英文的作業系統不相容，無法用現有的英文應用軟體來處理中文資料。

花了四、五個月做出來的電腦賣不出去，施崇棠和研發人員心情的難過可想而知，為了不服輸，施崇棠絞盡腦汁，終於想出脫困的方法，他提出「透通性」（Transparency）的觀念，即是將中文卡撤離電腦主機板，改裝置在終端機上，也就是將中文字形的輸出入全交給終端機，由終端機負責中英文的轉換工作，對電腦而言，只是在資料處理量上有些不同，在電腦裡，一個位元組（byte）可以代表一個英文字，天龍終端機送到電腦的資料，則是兩個位元組才能代表一個中文字。

由於天龍終端機承擔了處理中文字形的工作，「英文電腦」與中文字形之間不再有障礙，也就是兩者之間有了「透通性」，電腦可以自在地使用原有的應用軟體，再透過天龍中文終端機指揮中文字形做輸入和輸出的工作。換句話說，透過天龍中英文終端機，電腦使用者可以在原先的「英文電腦」上處理中文資料，比較起來，第一代的天龍中文電腦只能做中文輸出入，等於只是將中文電腦化，改良後的第二代中文電腦——天龍終端機則是將英文軟體改爲中文環境，達到電腦中文化的境界。

天龍中英文終端機推出後，因爲實用性大增，受到許多外商電腦公司的歡迎，紛紛採購做爲各該廠牌的終端機，尤以大衆電腦公司買的最多（做爲該公司代理的 Prime 電腦的終端機）。

這一年（一九八〇年），宏碁不只是天龍中英文終端機賣得好，Zilog 微處理機和宏亞 EDU－80學習機也都業務鼎盛，代理 TI 的零組件更是大發利市，全年的營業額高達一億六千萬元，比前一年的七千二百萬元，成長一倍多，員工人數也從創業時的十一人增爲一百餘人，辦公室雖然還在民生東路的公寓裡，但已從租用一間三十幾坪，加租到十幾間，共四百餘坪，幾乎把施振榮岳父所有的房子（共十六間）全租了。

⬆施陳秀蓮與孫子施宣麟(左)、施宣榕(右)攝於鹿港家門前，施陳秀蓮曾擔任宏碁在鹿港的經銷商，店名就叫振榮電子商行(1982)。

遭謠言打擊

就在宏碁開發成功中文終端機，業務蒸蒸日上時，宏碁遭到創業以來最大的一次打擊。

一九八一年二月某日，工商時報一版頭題標題報導：「業界盛傳宏碁財務困難，神通即將併吞宏碁」。見報當天，來往銀行和同業紛紛打電話詢問詳情，有的廠商甚至派人前來宏碁一探虛實。

工商時報的報導見報沒幾天，宏碁還在為闢謠忙得團團轉，微電腦雜誌竟也刊出以「業者盛傳宏碁生存堪慮」為題的大篇報導。

由於當時神通的營運規模比宏碁大很多，又有家族財力支援，報章報導「神通將併購宏碁」，對同業而言，很有說服力，許多敏感的上游廠商，立即停止對宏碁供貨，其他廠商也不斷對宏碁員工旁敲側擊，彷彿宏碁已經病入膏肓，弄得不明究裡的員工人心惶惶。

那一年，施振榮只有三十七歲，年輕的他沒有碰到過這種情況，也沒聽過什麼危機處理，他在工商時報見報當天打電話回鹿港給母親施陳秀蓮，施母問他：「有沒有跟人家借錢？」施振榮回答：「沒有！」「那就不要怕，咱鹿港的人都知道我們母子不會欠人錢，報紙要寫讓他寫！」

母親告訴施振榮，只要自己行得正，不要在意別人怎麼寫，「日久知人心」，事業自然可以做下去。

聽了母親的話，施振榮的心情篤定了許多，他心平氣和地去工商時報拜訪撰稿的記者和報社的主管，跟他們說明宏碁的財務沒有問題，也不會出售給神通；然後，他和妻子葉紫華商量，與廠商的往來通通以現金交易；接著，他一一寫信給來往的同業，澄清謠言的內容。

在沈著的應對下，工商時報刊出訂正的報導，銀行沒有抽銀根，同業繼續正常往來，停止供貨的廠商也很快地恢復供貨，一場無妄之災化險爲夷。

事後施振榮檢討這個事件發生的原因，可能是當時宏碁代理德州儀器的電動玩具零組件，因爲每月進口數量龐大，引起同業對宏碁業績眼紅及對週轉能力的懷疑，加上宏碁成立四年多，每年營收都倍數成長，因而成爲業界「揣測」的對象。

台灣社會有一種很特殊的商業文化，就是放帳，也就是接受買方以遠期支票買貨，這種情況在各行各業都很普遍。宏碁以一百萬元起家，爾後雖然多次增資，一九八〇年時，資本額也不過一千萬元，但那年宏碁做了一億六千萬元的生意，在習於放帳的同業眼裡，宏碁的財務當然充滿風險。

對這點，施振榮早就有先見之明。他小時候，看到母親做的雖是販賣鴨蛋、茶葉等小生意，但出價公道，寧願少賺，絕不接受賒帳，因爲「讓人賒帳就是把錢借人，錢借人就可能拿不回來，」施振榮從這裡體會出「放帳不但有收不回來的風險，而且是將週轉用的短期資金做長期積壓，財務運作會有問題。」

有了這樣的體認，施振榮從創業開始就小心翼翼，除了政府機關、學術單位與大型企業，其他往來一律以現金交易，若不能支付現金，便必須辦理資產抵押，才能提貨。施振榮與中華商場「電動玩具大王」黃德仁的來往便都是現金交易，而且施振榮特重庫存管理，早年葉紫華的辦公桌就在倉庫門口，時時盯著倉庫，不讓貨物在倉庫待太久，單價比較高的 IC 組件甚至就擺在桌下，準備隨時出貨。

健全的財務和庫存管理使宏碁當年的營運不但沒有受到謠言的打擊，而且繼續大幅成長，一九八一年的營運結算結果，宏碁營業額達到二億八千八百萬元，比前一年的一億六千萬元成長近一倍。

於新竹科學工業園區設廠

在這一年內，施振榮一口氣獲得「青年創業楷模」、「全國優良商人」、「全國優秀青年工程師」三個大獎，宏碁以政府和社會的肯定澄清惡意的謠言。

最重要的是，宏碁在這一年（一九八一年）進入新竹科學工業園區設廠。

新竹科學工業園區是嚴家淦擔任副總統時，於一九六七年左右前往美國開會帶回來的觀念，原本一九七一年左右就要設立，因爲時機和經費的關係，遲到一九七八年才大力推動。

新竹科學園區成立的動機是爲吸引跨國高科技公司及海外學人回國創業，帶回創新科技移轉給台灣廠商。當時宏碁代理 Zilog 微處理機，施振榮基於引進微處理機技術的想法，趁著 Zilog 董事長斐健來台的機會，將斐健介紹給新竹科學園區籌備處主任何宜慈（後來出任第一任園區管理局長）認識，並且和何宜慈開著吉普車四處去看地，「雖然當時科學園區預定地一片荒涼，大家的心情卻十分興奮。」施振榮回憶當時的情形。

後來 Zilog 因故沒有來台灣投資設廠，宏碁反而因緣際會進入科學園區。

施振榮早就想設廠自己生產微處理機產品，創業初期限於資金有限，無法實現夢想，到了一九八〇年，宏碁營收已有突破一億元的實力，公司也累積不少資金，加上陸續開發出中文電腦、中文終端機、電腦語言模板等產品，已有條件建立自己的生產線。

這時，原本供國外高科技公司投資設廠爲主的新竹科學園區政策性地接受國內廠商申請入內設廠。政府爲吸引留美學人和外商到科學園區投資，提供了許多優惠措施，包括：低價租地、代建廠房、減免稅優惠、以及盈餘轉增資緩課所得稅等。

宏碁在一九八〇年底接獲國科會核准進入園區的申請，隔年一月登記成立「宏碁電腦股份有限公司」，登記資本額一千萬元。同年五月廠房興建完成，是園區代爲設計、建造的標準廠房，爲兩層樓建築，廠房面積按資本額分配，宏碁資本額一千萬元，只獲分配一百坪。

由於廠房太小，宏碁的研發部門又設在台北，宏碁電腦廠房剛開始只有幾張桌子圍起來權充工作區，並沒有眞正的生產線，一直到一九八一年十月開發完成「小教授一號」電腦學習機，新廠房才開始做一些裝配，但隨後小教授二號、天龍中英文終端機開發完成，一百坪的廠房便不敷使用，一九八二年四月宏碁電腦擴建新廠，第一期建坪八百四十坪，宏碁電腦並隨即增資爲新台幣三千萬元。

新廠在一九八三年十月落成啓用，這時宏碁開發的「小教授二號」家用電腦已經行銷二十幾個國家，八百四十坪的廠房配置三條設備精良的生產線，不久宏碁電腦就增資爲九千萬元。

在分工上，宏碁股份維持創業時內銷代理和貿易的角色，宏碁電腦則從事電腦產品的研發製造，小教授系列和隨後跟上的 IBM 相容電腦，將市場焦點逐漸集中於宏碁電腦，造就宏電「青出於藍而勝於藍」的結果，最後並且地位互換，在股票上市前一年（一九八七年）宏碁電腦合併所有關係企業股權，當年創業主體的宏碁股份則改名爲宏碁科技股份公司，成爲宏電的子公司。

⬆宏碁成立七週年，當時的總統嚴家淦(左)，親自前來參加酒會，與施振榮夫婦和母親合影(1984)。

⬆施振榮獲選第一屆世界十大傑出青年，與家人合影(1983)。

第九章　跨入電腦領域

「小教授」電腦學習機

開發天龍中文終端機，使宏碁的電腦技術更上一層樓，對宏碁的企業和技術形象有很大的助益，但真正將宏碁導入個人電腦領域的則是「小教授電腦」系列。

施振榮似乎是一個喜歡在飛機上思考的人。一九七五年他在從瑞士回台灣的飛機上想出電子錶筆的點子，一九八一年在從日本回台灣的飛機上，他的意念奔騰，覺得發展一個體積輕巧，可以隨身攜帶的電腦學習機，時機已經成熟。

施振榮對掌上型的科技產品一向興趣十足，台灣第一台桌上型電算器和第一台掌上型電算器都是他發明的。一九七六年選擇微處理機爲宏碁創業的業務標的，在潛意識裡，藏著開發更強大功能掌上型微電腦學習機的雄心。

一九七六年時，電子零組件還沒有達到輕薄短小的階段，宏碁剛創業，資金上也不允許宏碁做大手筆的研發投資。宏碁只得先從事微處理機發展系統與學習機代理銷售。

宏碁代理的EDU-80電腦學習機，在宏亞微處理機研習中心和《園丁的話》月刊配合業務人員的推廣下，業績良好，但產品的體積太大，售價太貴，新台幣一萬多元的價位，在當時只有公司和少數工程師才買得起。

施振榮在飛機上思考這個問題，他衡度當時的產業環境：零件工業因爲積體電路技術的不斷進步，已使得許多電子產品逐漸可以做到輕薄短小，而美國蘋果電腦公司開發的蘋果二號（Apple II）電腦風行全球，學習電腦在台灣的專科以上學生蔚爲風潮，顯示台灣市場對個人電腦的需求潛力十足。

施振榮認爲，宏碁開發微電腦的時機已經來臨，如果宏碁能夠利用代理Zilog微處理機與TI零組件的優勢，推出輕薄短小，物美價廉的電腦學習機，一定可以大受歡迎。

施振榮一回到公司，立即找部中和、林家和、黃少華等人討論他的構想，結論是宏碁可以有能力做出構想中的產品，而且成本可以壓到一百美元以下。

當時，全亞 EDU-80電腦學習機的市場售價超過一萬元，蘋果二號仿冒品的售價則在一萬元左右，施振榮和他的幹部對發展一個輕薄短小的電腦信心十足，大家並且同意，一旦這個產品開發出來，就取名叫「小教授」。

施振榮認爲，「小教授」的英文 Micro-professor 和微處理機的英文 Micro-processer 只差一個英文字母，而且讀音相近，是「非常有創意、有意義的命名。」

林家和很快就將「小教授」的硬體開發出來，施振榮希望「小教授」可以參加當年的電子展，可是那時距離十月的電子展只剩不到兩個月的時間，想要開發出「小教授」的作業系統，並且完成測試，時間上是來不及的。

經過討論，施振榮決定向當時在另一家公司擔任工程師的陳義誠購買他所開發的軟體。

陳義誠是台大電機系畢業的高材生，對電腦十分有興趣，他自己私下開發完成一套類似EDU-80的電腦學習機，但推廣情況不佳，當宏碁向他提議購買他開發的學習機軟體時，陳義誠爽快地答應了。

在軟硬體配套下，「小教授」終於趕上十月的電子展。這台看起來像一本大字典的電腦學習機，採用十六進位顯示，體積雖小，卻直接將鍵盤設計在機體上，且功能比其他學習機完整，定價只有功能類似的EDU-80售價的三分之一，在電子展一出現，便引起轟動，展覽期間就賣出數百台。

「小教授」不只在台灣的電子展出風頭，宏碁將它送到美國的「西部電子展」（Western show）和日本東京晴海電子大展，也都引來一片叫好之聲，宏碁的形象和知名度直接獲益，員工的士氣也大受鼓舞，在一九八二、八三年分別推出「小教授二號」、「小教授三號」，連續三個產品爲宏碁賺進大把利潤，使宏碁有能力投入IBM相容電腦的研發和產銷。

兩段插曲

宏碁開發和推廣「小教授一號」時，有兩件趣事值得一提。一是陳義誠的技術費不翼而飛，二是「小教授」的訂單搞錯對象。

「小教授一號」的作業系統是陳義誠開發的，宏碁爲了縮短「小教授」的開發時間，向陳義誠購買作業系統，代價新台幣十萬元，這筆錢在施振榮與陳義誠簽約後，由施振榮的太太葉紫華親手將現金交給陳義誠。可是陳義誠卻沒享受到這筆錢。電子業界流傳的說法是：陳義誠拿到十萬元後，想留下來當私房錢，就藏在書本裡，沒想到有一天，偷兒光顧家裡，把那十萬元給偷走了。

陳義誠丟了十萬元是眞的，但不在家裡被偷的。陳義誠是個名士派的人，那天，葉紫華交給他現鈔十萬元，厚厚的一疊百元大鈔，體積就像一本大字典，陳義誠對這筆「巨款」似乎沒有特別的感覺，出了宏碁大門，就將它擺進機車的置物箱裡。

那時的機車可不像現在這樣的流線型，是那種老式的，車架和手握把都簡單的鋼管造型，前後兩個大輪子沒什麼遮掩，在後輪邊上掛著一個，或兩邊各掛一個塑膠置物箱，通常是用來置放雨衣。

陳義誠把一大疊鈔票隨意放進箱子裡，就逕自「噗噗噗」騎著回家去，等到了家門，要取出鈔票時，才發現箱蓋早就開了，任他翻遍整個箱子，怎麼也找不到那十萬元。

十萬元在當時可不是個小數目，大約抵得上一個新進工程師七、八個月的薪水，陳義誠弄丟這筆錢，並沒有太難過，也不張揚，電子業界知道這個故事的人不多，就連施振榮也是最近才聽說。

陳義誠後來離開艾德蒙，與倫飛電腦公司負責人蔣清池一起創辦倫飛電腦，由副總經理升任總經理幾年後，離開倫飛，轉任飛利浦旗下一家企業的總經理。

有關「小教授」的另一個趣事與宏碁的英文名字 Multitech 有關。

施振榮當年取這個英文名字，本是爲凸顯宏碁的技術取向，沒想到，後來成立的許多公司也都朝這個方向給公司取名字。新竹科學園區知名的科技廠商全友電腦的英文名字便叫做 Microtek。

一九八一年底宏碁將新開發的「小教授」電腦學習機送到日本東京晴海電子展參展，因爲產品設計精巧，售價低廉，當時國際市場電腦學習機的合理售價約三百到四百美元，「小教授」的報價（FOB）只有七十美元，引起參觀者和媒體的注意。

西德的電腦專業雜誌 Chip，對「小教授」大感興趣，在雜誌上大做報導，不想竟將宏碁的英文名字 Multitech 寫成全友的 Microtek，結果大批訂單和詢問電話從海外擁入全友，幸好施振榮和全友當時的總經理王渤渤熟識，全友主動將訂單和詢問電話轉回宏碁，才沒有宏碁因爲媒體弄錯公司名字而錯失商機。

這段弄錯公司名字的插曲，給了施振榮很深的印象，是促成宏碁日後將英文名字改爲 Acer 的原因之一。

給不懂電腦的人用的電腦

宏碁推出「小教授一號」時，美國「蘋果二號」（Apple II）電腦在台灣正流行，「小教授」雖然獲得工程人員和學生的歡迎，但畢竟是學習機，功能比不上Apple II。看著Apple II在市場上搶手的情形，公司內部興起分食Apple II市場的聲音，但也有人認爲台灣應用電腦的氣氛還未成熟，而且當時市場上的蘋果電腦都是仿冒品，宏碁即使做得出功能可以和Apple II競爭的產品，價格恐怕打不過仿冒廠商。

在同仁的爭議中，施振榮再一次當機立斷，他決定開發「小教授二號」，功能上要能接得上顯示器，並且能處理中文資料。一九八二年六月宏碁舉行「小教授二號」的產品發表會，由於功能明顯超越「小教授一號」，具備處理中文的能力，又能使用適度改寫後的Apple II應用軟體，引起電子業界人士的讚嘆，不過，資訊工業策進會的專家卻提出鍵盤太小的問題。

鍵盤太小是一個問題，售價是另一個問題。

「小教授二號」是參考Apple II設計的，許多功能比Apple II要強，例如處理中文的功能，但是，鍵盤太小，使用起來不方便，看起來也比較沒有價值感，另外，「小教授二號」缺乏自己的應用軟體，它固然可以將 Apple II 的應用軟體修改後拿來使用，但對使用者來說等於多一道手續，而且修改軟體需要技術，不是每個人都做得到，這使得「小教授二號」的高功能硬體設計「英雄無用武之地」。

此外，市場充斥 Apple II 的仿冒品，製造仿冒品的成本便宜，隨時可以降價競爭，市場環境對「小教授二號」十分不利。

雖然如此，施振榮的信心並沒有被打垮。他緊急召集幹部會議，重新擬定「小教授二號」的行銷策略，決定避開與 Apple II 正面交鋒，將「小教授二號」定位爲「給不懂電腦的人用的電腦——從七歲到七十歲都會使用」，強調產品具備的遊戲和學習功能，這是全世界第一次出現以「家用電腦」爲訴求的市場策略。

「小教授二號」的家用電腦訴求果然奏效，在電腦展期間反應熱烈，幾天內就接到三千台訂單。隨後宏碁舉行「小教授二號」全省巡迴展，前來參觀的人潮不斷，許多人拿著現金來預約，加上電腦展期間的預約台數超過一萬台，連知名作家高陽都買了一部，高陽因爲買了「小教授二號」而學習倉頡中文輸入法，成爲台灣最早以電腦寫文章的作家之一。

「小教授二號」不但在台灣搶手，也開始接獲外銷訂單，循著前一年「小教授一號」所建立的經銷管道，一九八三年五月宏碁在台北舉辦第一屆全球經銷商會議，已經有二十幾個國家四十幾位經銷商前來參加，「小教授二號」在國際市場上搶手的情況不難想見。施振榮記得當時，還有一家英國雜誌以「小教授二號」做封面，背景是一面中華民國國旗。

在「小教授二號」之後，宏碁緊跟著推出「小教授三號」，主要是盯緊蘋果電腦新推出的 Apple II-e（enhance）。「小教授三號」訂價一萬多元，以當時的國民所得和物價來說，屬於高價品，但市場反應仍然熱烈，讓宏碁的營收和盈餘再一次大豐收。

從一九八一年「小教授一號」推出到小教授二號、三號，整個系列熱銷了四、五年，後來因為應用軟體支援不繼，不得不功成身退，但小教授系列使宏碁營業額從一九八一年的二億八千萬元，年年大幅成長，到一九八四年時，營業額已達三十億元，三年間成長超過十倍。

加入相容電腦陣營

一九八二年十一月施振榮到美國拉斯維加斯參觀秋季電腦展（Comdex Fall），感受到宏碁創業以來最大也是最重要的震撼。在這個展覽會裡，美國康栢電腦（Compaq）推出全世界第一台與 IBM 個人電腦相容的電腦產品。

施振榮記得當時進了展覽會場，只聽到場內到處有人在說 compatible（相容的）這個詞。對施振榮來說，「相容」不是一個陌生的觀念，宏碁先前與朱邦復合作開發中文輸出入軟體，便是爲克服電腦處理中文的相容性問題；後來開發的家用電腦（小教授二號），雖然暢銷，但後續市場卻因爲與蘋果二號電腦（Apple II）不相容，不能應用蘋果電腦的軟體而後繼無力。

儘管施振榮對相容的觀念不陌生，而且正與工程師研究如何克服不相容的問題，但第一次聽到 Compatible 這個詞，還是讓他大受震撼，「會場上，IBM 個人電腦隨處可見，可是大家都只談 Compaq，」施振榮回憶當時的情景，「Compaq 推出一台可以手提的個人電腦，這是第一次有電腦可以離開桌面，這當然也是產品的利基，不過，重點是 Compaq 宣稱這台電腦與 IBM 相容，就是說，可以在 Compaq 電腦上執行 IBM 個人電腦使用的應用軟體。」

在那個時代，個人電腦並不是高不可攀的技術，IBM 在一九八一年以前就已經推出 XT 級的個人電腦，美國和日本的許多廠商，如 WANG、HP、NEC、Fujitsu 也都推出自己設計的個人電腦，大部分都和 IBM 一樣，採用英代爾公司的中央處理器，並且採用微軟公司（Microsoft）的 MS-DOS 作爲電腦的作業系統。

雖然各家電腦採用相同的中央處理器和作業系統，但產品之間不能相容。施振榮分析不相容的原因，主要是各家硬體設計不同，「這除了當時大家缺乏相容的觀念外，各自的『優越感』是最重要的原因。」

施振榮記得大約一九八四年，宏碁跟進推出IBM相容電腦不久，日本NEC公司的小林會長來台灣演講，施振榮向他發問：「NEC是要不要做IBM相容電腦？」

NEC是世界主要電子科技廠商，所生產的超級電腦（Super Computer），功能與市場都是世界數一數二，施振榮發問時心想：「如果NEC加入IBM相容個人電腦市場，以日本人的技術和行銷能力，台灣廠商恐怕很難與之競爭。」

令人意外地，小林會長對施振榮的發問，輕描淡寫地表示NEC不會做相容電腦，言下頗有：「NEC是何等公司，豈會追隨別人的標準？」之意。

施振榮回想當年Compaq推出IBM相容電腦的市場環境，「整個技術和市場的大方向朝著個人電腦是確定的，不只是美歐日大廠都做個人電腦，就是宏碁當時所推出的小教授、二號、三號也是一種個人電腦，只不過大家各做各的，沒有軟體支援，」施振榮說，「一直到Compaq做出與IBM相容的電腦，既解決了軟體支援的問題，售價又遠比IBM低，一舉打開市場，引起其他廠商跟進，個人電腦產業從此風起雲湧，莫之能禦。」

經過十幾年的競逐，開風氣之先推出IBM相容電腦的美國Compaq電腦已蟬聯多年全球個人電腦市場銷售冠軍，一九九五年預計銷售六百萬台，銷售金額爲一百四十億美元；當年當機立斷加入相容電腦陣營的宏碁，一九九五年銷售四百萬台電腦，是全球第七大個人電腦廠商。

宏碁如今雖然成爲世界 IBM 個人電腦的重鎮，宏碁生產的第一台相容電腦卻不是自己開發的。

施振榮參觀完一九八二年的 Comdex Fall，在回台灣的飛機上，腦子裡滿是展場洶湧人潮談論相容電腦的影象，他仔細評估宏碁產品組合的未來走向，一回到公司，就召集邰中和、林家和、施崇棠等人開會討論開發 IBM 相容電腦的事宜。

經過討論，大家對發展相容電腦獲得共識，問題是，那時公司所有人力都投入在小教授三號，沒有多餘的人力開發新產品。施振榮和邰中和進一步討論後，決定委託工業技術研究院電子研究所（ERSO）代爲開發 IBM 相容電腦。

爲了把握時間，宏碁很快和電子所談妥合約，由宏碁給付電子所一千五百萬元的技術費用，電子所除了負責開發硬體，還包括基本輸出入（BIOS）軟體。

電子所的動作也很快，大約用了一年時間，在一九八三年底便開發出來與 IBM XT 相容的電腦，準備依照合約將技術移轉給宏碁，這時，擔任工業局組長的宋鐵民有了意見，他要求電子所不得將技術獨家移轉給宏碁，必須開放給其他有意生產個人電腦的廠商。

宋鐵民的要求以現在的標準來說，是不可思議的，因爲宏碁既已付給電子所技術開發費，就應按照合約將開發出來的技術獨家移轉給宏碁。不過，當時的產官關係與現在不同，既然官方有意見，施振榮為產業共榮共存，和諧發展，便同意了工業局的要求，由電子所將開發出來的技術同時移轉給包括宏碁在內的五家廠商，技術費用由五家廠商平均分攤，電子所退給宏碁一千二百萬元的技術費。

宏碁取得電子所開發的技術後，立即開線生產，跨入IBM相容電腦的生產行列，有人認為這是宏碁建構今日電腦王國的起步，施振榮對這樣的說法，總是不厭其煩的說明，宏碁早在開發小教授時就已跨入個人電腦產業，一九八〇年生產IBM相容電腦，是「進一步跨入個人電腦的主流市場。」

第十章　分散股權

與殷之浩合作

一九八三年政府為促進產業升級，開始推動創業投資公司設立，意外地促成殷之浩與宏碁的合作關係。

宏碁在一九八一到八三年間為因應營業需求，資本和企業體都大幅擴充。一九八一年在新竹科學園區成立的宏碁電腦，短短兩年間，資本額由一千萬元增資到九千萬元，宏碁電腦、宏碁股份有限公司、第三波文化事業三家公司的總營業額在一九八三年達到十六億六千餘萬元，比前一年成長百分之一百五十，超越原本執電腦業牛耳的神通電腦，一躍而為台灣最大的電腦公司，並且初具集團企業的雛形。

儘管業務蓬勃發展，前途看好，四十歲的施振榮卻為關係企業的未來發展感到憂心，他檢討宏碁發展的歷程，若不是持續發展新產品與新企業，同一個屋簷下絕不可能成長這樣的規模，「宏碁若不能不斷創新，就不可能繼續成長。」

剛好，那時政府為促進產業升級，希望在國內推動創業投資事業，擔任財政部長的徐立德邀請具有資金實力和技術背景的廠商代表一起到美國考察創業投資，施振榮是被邀請的對象之一。

到了美國，施振榮發現，美國矽谷有許多成功的高科技公司都是靠創業投資基金創業的，而創業投資基金主動尋找人才提供資金供其創業的作法，和宏碁以合資方式和屬意的人才共同設立台中和高雄分公司的模式相近。施振榮當下認為，成立創業投資基金，結合更多的人才，引進更多的技術，擴充更大的經營範圍，可以提供宏碁不斷成長的空間。

創業投資是資本事業，宏碁成立七年來，雖然獲利豐厚，但賺到的錢全都投入在擴充營運，手上根本沒有閒錢，施振榮想到了殷之浩。

殷之浩畢業自上海交通大學，他所經營的大陸工程公司是台灣數一數二的大營造廠，不但資金雄厚，而且形象良好。在交大在台復校後，殷之浩長期擔任校友會會長，施振榮則在一九七六年當選中華民國十大傑出青年時，獲選為交大校友會的理事，因此和殷之浩結識。

殷之浩從事公共工程營造，施振榮做電腦，兩人的事業原本扯不上關係，也許是基於提攜後進的心情，殷之浩多次在校友會開會閒聊時，跟施振榮說：「有沒有需要幫忙的，如果需要資金，可以找我投資。」施振榮原本將這些話當作寒暄，沒有放在心上，但徐立德回國後，財政部很快地推出「創業投資管理條例」，對創業投資基金提供許多租稅優惠。施振榮想起殷之浩講過的話，便去徵詢他的意見。

施振榮向殷之浩說明成立創業投資基金的構想，殷之浩聽得津津有味，當場同意投資。當時，創業投資管理條例對創業投資基設立的門檻是二億元，殷之浩表示，二億元基金全由他個人提供，基金的管理則由施振榮負全責。

雙方經過進一步磋商，決定將這家創業投資公司取名為「宏大」，表明是宏碁與大陸工程合作的公司，並定一九八四年元月一日正式成立。

雖然殷之浩同意投資創業投資基金時，表示二億元的資金全由他出，但施振榮認為合作事業應該共同分攤風險，便決定以宏碁的股權和殷立浩交換宏大的股權。

這時，宏碁的股權和資產都有了相當的變化，當年一百萬元的資本額，經過多年的盈餘和現金增資，到一九八三年底，創業時成立的宏碁股份公司資本額已增為三千萬元，一九八一年在新竹科學園區成立的宏碁電腦股份有限公司的資本額已增爲九千萬元，加上第三波文化事業的資產，宏碁關係企業的總淨值約爲二億元。

施振榮於是向殷之浩提議，雙方互換百分之十五的股權。即宏碁以全部關係企業百分之十五的股權交換殷之浩出資二億元成立的宏大創投百分之十五的股權，不過，爲了表示對成立宏大創投的信心和負責，宏碁另以借支的方式，占宏大另外百分之十五的股權，換句話說，宏碁實際承擔宏大創投百分之三十的風險。

讓員工認股

宏碁與殷之浩互換股權時，本身的股東結構也已發生變化，當年創業的七個人，沈立均和涂金泉兩人在創業次年離開，依照創業時的約束，離職時將股權賣還公司，公司安排由新加入宏碁的葉泰德和在美國負責宏碁業務的張國華承接沈、涂兩人的股權。

葉泰德是葉紫華的弟弟，成功大學電機系畢業，他在宏碁擔任業務工作一段時間，因爲父親要他回去幫忙經營事業而辭職，離職時遵照宏碁的規定將股權退出。由於這時宏碁的淨值已經數倍於資本額，於是由施振榮和葉紫華以淨值向葉泰德買下他所持有的百分之十的股權，再折價兩成賣給公司，公司則再折價，以淨值百分之五十的價格將葉泰德退出的股權分配給施崇棠、盧宏鎰、李焜耀、李昆銘、蔡國智五個人。

施崇棠等人成爲公司的股東後，施振榮爲增加員工對公司的向心力，決定將公司股權向員工開放，實施員工入股制度，一般員工只要任職滿三年，主管任職滿一年，就能入股，職務愈高，認得愈多。

施振榮實施的員工入股制度，採取淨值計算，而且員工不需立即拿錢出來，而由財務部逐月扣取百分之十的薪水，年底時再扣取年終獎金的百分的三十到百分之五十的金額，等於是以分期付款的方式繳納股款。

爲了擴大員工對公司股權的參與，施振榮儘量放棄現金增資的認股機會，因此到了一九八四年殷之浩投資宏碁時，施振榮夫妻在宏碁的股權已由創業時的百分之五十縮減到百分之三十左右，宏碁的股東也由創業時的七個人增加到數百人。

在磋商成立宏大投資公司的同時，美國宏碁公司取得美國ITT公司的電腦訂單，但當時新竹科學園區宏碁電腦正忙著生產自己的個人電腦和爲美國NCR公司的一家子公司ADDS代工生產，根本無法抽出生產線，而且也不適合爲兩家業務上有競爭的美國公司同時代工生產。

由於宏碁不可能放棄NCR／ADDS的訂單，施振榮靈機一動，「何不另外成立一家公司，專爲ITT代工，讓ITT更放心。」

施振榮將這個主意向殷之浩提起，殷之浩表示願意支持，雙方討論後決定成立明碁電腦公司，定初期實收資本額三千五百萬元。

由於ITT趕著要交貨，明碁電腦來不及自己建廠，先在桃園龜山租下一座閒置的工廠，積極購置生產設備及進行人員訓練，短短幾個月就開工生產，在這之前，因爲ITT催貨太緊，明碁曾以交通車載工人到新竹科學園區，借用宏碁的廠房趕工生產電腦。

由於施振榮在創辦宏碁之前，曾親身體驗他賣力工作的榮泰電子財務被家族企業拖累的慘痛經驗，因此殷之浩投資宏碁和明碁後，施振榮認爲是宏碁脫離家族色彩的最佳時機，便請殷之浩指派人選接替他的妻子葉紫華掌管財務。

雖然因爲新任財務經理人的石化業背景一時不能適應資訊業快速變動，組織分散的特質，而使宏碁的財務交棒工作在初期進行得不太順利，不過，大家對財務管理專業化、獨立化的認知是一致的，經過不斷的調整，終於使宏碁建立今天完全獨立運作的財務制度。

首次外銷出師不利

宏碁自電子所移轉技術後，藉著小教授系列打下的名號，很快就接獲來自美國 NCR 子公司 ADDS 的訂單，這是中華民國第一次外銷 IBM 相容電腦，沒想到出師不利，一九八四年二月，宏碁數百台電腦在西雅圖遭扣關，原因是宏碁電腦隨附的基本輸出入軟體（BIOS）有侵害 IBM 著作權的嫌疑。

宏碁生產的這批電腦，是向電子所移轉技術來的，軟硬體都是電子所開發的，電子所在開發的過程，雖然盡全力讓產品與 IBM 相容，但 IBM PC XT 使用的 MS－DOS 下的 BIOS 比較複雜，當年的研究發展還沒有潔淨室（clean room）的觀念，電子所在開發時，爲了使軟體相容而參考了 IBM 的 BIOS，IBM 便認爲電子所侵犯該公司的著作權，而要求美國海關扣留宏碁出口的電腦。

電腦被扣關，施振榮急如熱鍋上的螞蟻，到處奔波設法，勞心到夜裡都夢到產品清關（扣關理由消失，從海關將產品提出）。

後來美國海關弄清楚 BIOS 不是宏碁自己開發，加上電子所並非營利單位，態度不再那麼強硬，最後並同意美國海關將電腦退回台灣。

宏碁雖然取回出口的電腦，但軟體的問題沒有解決，貨交不出去，公司的信用和營運都會發生問題，宏碁得要儘快找到電子所 BIOS 的替代品，否則生意做不下去。

這時，生產 IBM 相容電腦的廠商不多，即使可以向微軟公司授權取得 MS－DOS 的使用權，但還是得自己開發 BIOS，否則就會有侵犯 IBM 著作權的問題。施振榮爲了掌握商機，決定向 DRI（Digital Research Inc.）公司授權該公司的 CCP／M 作業系統。

CCP／M 具備多工處理（multi-tasking）的能力，功能比剛起步，single tasking 的 MS－DOS 強，施振榮花了三千萬元取得 DRI 同意授權，在當時（一九八四），這是一筆很龐大的費用，宏碁從工研院電子所取得硬體授權不過花費三百萬元，一九七六年宏碁創業資金才一百萬元，第一年的營業額還不到三千萬元。

建立智財權觀念

施振榮同意以三千萬元向 DRI 取得 CCP／M 的授權，公司內部有人認爲不值得，但施振榮認爲掌握商機最重要，同時首批 IBM 相容電腦出口就被扣關，讓施振榮想起「小教授二號」被美國蘋果電腦公司指控侵權，產品被美國海關沒收的往事，因此，施振榮堅持接受 DRI 的條件，付費取得授權。

「小教授二號」是在一九八三年初出口到美國時，被蘋果電腦公司以侵犯該公司著作權而要求美國海關扣關。施振榮回想這件往事，仍覺得冤枉，不過，「對宏碁的智慧財產權觀念產生了啓迪的作用。」

蘋果電腦當時指稱宏碁的「小教授二號」仿冒 Apple II 的軟硬體設計，「小教授系列是宏碁重新設計的，研發過程雖然不是 clean room，但以當時的環境來說，蘋果電腦公司的指控是很難成立的，」施振榮說，「不過，我們有個小辮子被他們抓到。」

問題出在「小教授二號」的說明書。

原來，宏碁爲了減少消費者對電腦的恐懼，請人畫了一本「看漫畫學電腦」的說明書，隨附在小教授系列產品的包裝裡，這本漫畫說明書的內容有一部分自 Apple II 的說明書翻譯而來，台灣當時對外文書著作權沒有保護，翻譯 Apple II 的說明書，並不違法。

可是，「小教授二號」出口時，將這本漫畫說明書也附進去，而且在文字說明部份照錄了部分 Apple II 的英文說明，蘋果電腦公司據以爲把柄，要求宏碁自市場回收所有的「小教授二號」，並要求宏碁對已售出的「小教授二號」，按數量計算，賠償蘋果電腦公司每台二十美元。

爲了這件事情，施振榮開始接觸美國的律師，公司內部也成立專案工作小組，除了法律事務的折衝外，經銷商所受的衝擊也得一一撫平，一直到年底，因爲蘋果電腦公司找不到更積極的證據證明宏碁仿冒，整個事件才不了了之，不過，被扣關的「小教授二號」一直沒能取回來。

小教授二號和MPF－PC（宏碁對其所推出的IBM XT相容電腦的編號）先後被扣關，給施振榮很大的啓發，他因此在公司成立法務部門，特別注重智慧財產權的研究和防範。這個法務部門在後來與IBM公司談判專利授權和引進潔淨室（clean room）研發程序上，扮演極重要的角色。

對「相容性」堅信不移

小教授二號和MPF－PC被扣關事件落幕後，一連串關於產品相容性的問題，造成施振榮很大的困擾，但也令他從中獲得啓示，對「相容性」建立堅定不移的信念。

宏碁以三千萬元取得DRI授權CCP／M作業系統後，MPF－PC開始循著小教授系列建立的管道行銷國際，CCP／M雖然是多工系統，可以模擬MS－DOS，而且功能比MS－DOS強，但執行起來，竟然與MS－DOS不完全相容，這使宏碁在推廣MPF－PC時，遭遇和小教授系列相同的問題。

小教授二號定位在家用電腦，強調學習電腦語言和電腦遊戲的功能，所使用的應用軟體大都是蘋果電腦的軟體改寫而來；小教授三號原希望藉模仿 Apple II-e 達到相容的效果，但畢竟做不到。

這種因爲不相容，使電腦可用軟體有限的現象，逐漸引發消費者的不滿，也使小教授二號、三號的市場逐漸爲 Apple II 的仿冒品所侵蝕，最後竟被逐出市場。

宏碁因爲產品與「市場主流」不相容而吃虧的例子不只於此，一九八〇年，宏碁與朱邦復合作開發出「天龍中文電腦」，便因爲與其他電腦系統不相容，沒有應用軟體可以使用，在市場上無功而返；一九八四年宏碁以 MPF 爲基礎，推出「第四代中文電腦／天龍五七〇」，雖然與 IBM 相容，但是所使用的宏碁自己開發的「天龍中文系統」卻與市場主流的「倚天中文系統」不完全相容，許多以倚天中文系統爲基礎開發的中文應用軟體在宏碁個人電腦上不能順利執行。

領受從小教授系列以來的教訓，施振榮從此對跟隨市場主流非常重視，他不但以 MS－DOS 取代 CCP／M，中文系統也不再堅持一定要用自己開發的天龍中文系統，改讓消費者自己選擇自己熟悉的倚天、國喬或其他系統。

近幾年，個人電腦的發展出現新架構的相互角力，各種標準紛紛浮上檯面，爲了爭奪市場主導權，都想爭取宏碁加入陣營，甚至蘋果電腦也一改以往獨享專利，不對外開放的態度，表示願意授權宏碁生產蘋果麥金塔系列電腦，施振榮對此都持保留態度，主要便是以往在「不相容」的路上付出太多代價，如今再不願在產品標準上特立獨行。

第十一章　IC失竊造成危機

驚傳竊案

一九八四年三月，當宏碁上下為解決MPF個人電腦在美國被扣關的問題，忙得焦頭爛額之際，位在新竹科學園區的宏碁電腦廠房遭竊，價值四千萬元的積體電路（IC）被偷走，這個台灣有史以來金額最大的電子零組件失竊案，對宏碁的財務和生產造成斷炊的危機。

一九八四年三月十八日星期天上午七時三十分，住在新竹科學園區工地宿舍的工人周正統準備上工時，瞥見宏碁公司廠房後側庫房的窗戶敞開，地上散落著一些IC，周正統心覺不妙，三步併兩步跑去告訴宏碁值班的警衛劉繼昌和廠務楊金發，三人趕到庫房一看，心都涼了半截，發現庫房內的零件幾乎被搬一空，停在庫房外的一輛福特載卡多小貨車和一輛保稅廂型車也不見了。

劉繼昌和楊金發趕緊打電話通知主管工廠的副總經理林輝玉和副理陳威伸，並向科學園區的保警中隊報告。

這一天的上午八時，施振榮和宏碁副總經理以上的幹部在台北市復興北路的總公司門口集合。那一年的元月一日宏碁與殷之浩合作成立宏大創業投資公司，施振榮考慮到公司日後發展的需要，希望找一塊地興建公司總部和廠房，殷之浩贊成施振榮的想法，建議施振榮去看看大陸工程位於新店安康地區的一塊地是不是適合宏碁的需要。

宏碁電腦廠房失竊報案當時，施振榮和宏碁的幹部正要上車前往新店勘察設廠地點，接到新竹員工打來電話報告「廠房遭小偷」，大家不以爲意，認爲大概是一般的小竊案，就請林輝玉和葉紫華兩位副總經理先去新竹看看，其他的人行程照常。

十一時半左右，施振榮一行人回到台北，聽到失竊的是IC，才知道事態嚴重，一群人立即趕往新竹。

失物價值四千萬元

到了現場，發現庫房放置冷氣的窗口被破壞，公司的兩輛車也不見了，經過清點，一共失竊價值一百萬美元（當時新台幣兌美元匯率爲四十比一）的IC，項目包括CPU、IO、TTL、RAM等等。

宏碁失竊的這批IC是正加緊生產的IBM相容電腦的零組件，IBM相容電腦在Compaq首先推出後，成爲當時市場當熱的產品，上游的IC因爲生產不及而缺貨，價格也因而暴漲，一套十六位元電腦系列TTL（小型積體電路），FOB報價高達六十七美元，現貨市場的售價更高達FOB價的五倍以上。

由於有厚利可圖，在宏碁遭竊之前，電子業界已發生多起失竊案，報案的有百生、帝季、韋康、仁欽等數十家；另有更多的失竊案，因爲廠商擔心銀行抽銀根和保稅品失竊必須先補稅的規定，而不願報案。

宏碁當然也有銀行抽銀根的顧慮，因爲失竊IC的價值高達四千萬元，估計必須立即補交的稅額便達七、八百萬元。

施振榮大約當天下午一時抵達竊案現場，當時大批警方人員正分頭在收集指紋、線索和製作筆錄，宏碁大部分主管包括黃少華、葉紫華、林輝玉、林毅、葉福海、陳威伸、謝宏波都在現場瞭解狀況。聽到損失金額可能高達數千萬元，施振榮心裡十分難過，但現場氣氛有點混亂，施振榮馬上意識到這個時候，他絕不能慌張，最重要的是穩住陣腳。

施振榮立即召集現場人員開會，除了安慰大家的心情外，並初步分配善後處理的工作給每個人，包括如何向銀行說明，如何向國外客戶解釋，如何緊急補購 IC 等。會中並且決定提供二百萬元獎金給提供線索而破案的人。

開完會，郃中和與宏碁合作關係密切的黃德仁也趕到現場，黃德仁一向透過宏碁採購 IC，對這件事十分關心，大家正在討論案情，台北方面傳來消息：有人在三重河堤發現兩輛被焚毀的廂型車，可能與宏碁 IC 失竊案有關。

聽到這個訊息，施振榮和郃中和趕緊驅車上高速公路，到了現場一看，果然是宏碁的車子，竊賊爲了湮滅證據，將車子燒得面目全非，雖然如此，仍然可以辨認出是宏碁的車。現場警方在焦黑變型的車身上採取指紋的情景，令施振榮至今難忘。

到了晚上，新竹傳來消息，失竊的 IC 總數確定爲六十六萬個，價值超過四千萬元，是台灣電子業界有史以來金額最大的竊案。

當天晚上，電視新聞做了報導，許多同業和朋友紛紛打電話向施振榮詢問詳情。從朋友和同業的談話裡，施振榮發現竊案衍生的猜測傳言對宏碁的不利影響可能超過竊案本身，他當下決定第二天要舉行記者會，把事情說清楚，以免竊案被無謂渲染，對公司造成更大的傷害。同時，宏碁失竊的IC上除了原廠的批號外，沒有宏碁的標誌，宏碁若不能很快將竊案內容和失竊IC的批號公告週知，竊賊將很容易銷贓。

三月十九日一大早，新竹科學園區擁入大批記者，刑事警察局、新竹縣警局都派人前來調查，科學園區管理局也召開會議討論如何保護園區廠商的財產安全。下午四時，施振榮在台北總公司舉行記者會，來自各大電視台和報社的記者擠滿會場，鎂光燈、人影到處晃動，宏碁創業以來，從沒有受到媒體這樣的關注。

施振榮在記者會上簡單地報告竊案發生的經過和損失的情形，描述IC的外型和用途，呼籲政府有關單位協助查緝，防止竊賊將贓物運往國外。當時全球市場都缺IC，竊賊若將贓物運出國門，不怕賣不掉，一旦IC被運到國外，想找回來將比登天還難。

為了儘快找回失竊的IC，宏碁印製大批的IC相片，提供給各媒體和有關單位，施振榮並在記者會中宣布，懸賞二百萬元給提供破案線索者。

記者質疑監守自盜

施振榮舉行記者會，原是爲尋求記者的協助，讓社會大衆儘快知道竊案的詳情，藉媒體傳播的力量，阻止竊賊出脫贓物，沒想到會場竟有記者當場質疑：「竊案是不是宏碁財務有困難而自導自演？」「會不會是內賊所爲？」

記者的反應令施振榮極爲震驚，這是他第一次面對這麼多記者，「我相信我的員工，」施振榮猶記得當時他強掩住心中的不快，「宏碁的財務沒有問題，也絕不會做騙人的事！」他語氣堅定地回應記者的質疑。

施振榮從小就被母親灌輸「吃虧就是占便宜」的觀念，長大後，他處處對人尊重，創業以來，從不要求員工上下班打卡，因爲他相信「人性本善」。

施振榮事後檢討,記者質疑竊案是不是員工監守自盜,可能是探聽得知宏碁工廠有幾位員工有前科，而且被警方列爲調查對象。警方的調查和記者的質疑令這幾位員工十分難過，公司也有一些耳語，施振榮側面瞭解這幾位員工的工作表現和爲人後，在爾後與警方和記者談及案情時，都主動強調他相信員工都是淸白的。後來這個案子偵破時，這幾位曾經被質疑的員工高興、激動地掉下淚來，工作得更賣力、更認眞。

記者會結束後，施振榮接待聞訊前來的殷之浩。殷之浩知道遭竊 IC 價值四千萬元，而且全無保險，非但沒有責備的意思，反而頻頻安慰，「有什麼需要就說，不要客氣。」殷之浩的長者風範令施振榮既感動又抱歉，因爲兩個多月前，殷之浩才拿出兩億元和宏碁以換股的方式成立宏大創業投資公司，如今新公司一點業績都沒有，殷之浩持股的宏碁卻一夜之間損失了四千萬元。

除了殷之浩親來慰問，當時擔任行政院政務委員的李國鼎（現任總統府資政）也打電話給施振榮詢問詳情，問施振榮「有沒有需要幫忙的地方。」總統嚴家淦先生也透過管道向警政單位表示對竊案的關切。

警方成立專案小組

記者會隔天，全國各大報都以顯著版面大幅報導宏碁 IC 失竊的消息，宏碁失竊 IC 的消息家喻戶曉，許多宏碁員工搭計程車時，發現司機對竊案的內容知之甚詳，可見這件案子有多轟動。

總統關切，媒體大幅報導，加上立法委員簡又新在立法院質詢，要求政府遏阻竊風，警方很快成立了「三一八專案小組」，全力偵辦本案。有關單位也通令各港口、機場海關及海防部隊，緊密封鎖，嚴防贓物被偷渡到國外，施振榮回憶當時的情景，似乎不曾有過一件竊案讓政府如此布下天羅地網。

「三一八專案小組」蒐集了宏碁工廠所有員工的指紋和被焚毀廂型車上取得的指紋一一比對；多次大批人馬到庫房做地毯式搜索，希望找到有助破案的蛛絲馬跡；甚至重新調查以往發生的竊案資料，和對宏碁離職員工、與宏碁有競爭的廠商進行調查。

儘管警方投入大批人力，案情卻陷入膠著，衝著兩百萬元破案獎金打電話提供線索的人不少，經過查證，沒有一條線索有幫助。

案情膠著固然令人心焦，如何維持公司正常營運是更重要的課題。原本擔心竊案曝光後，銀行會抽銀根，沒想到銀行非但沒有「雨天收傘」，竊案發生的第三天，美國商業銀行來電主動對宏碁增加融資一百萬美元，交通銀行與中國國際商銀也表示願意增加五十萬美元的融資。

銀行增加融資，解決了宏碁財務週轉的燃眉之急，IC被竊造成生產線停頓的問題則有待尋找貨源彌補。施振榮緊急派人前往香港面見美國超微半導體公司（AMD），請求提撥現貨供應，獲得了AMD的支持。

在銀行和供貨商的支持下，宏碁一度陷於混亂的財務和生產，很快恢復正常，尤其是施振榮多次發表絕對相信員工的談話，充分發揮穩定軍心的效果，基層員工感受到受到老闆完全尊重與信任，工作起來更是賣力，除了努力追趕受 IC 失竊影響而落後的生產進度，閒暇不忘思考、討論可能的線索。公司上下在沈靜中流動著一股熱切期待破案的氣氛。

曙光乍現

一九八四年四月十六日下午，施振榮接到一通由總機緊急轉來的電話，是一位小姐打來的，聲音有點緊張地說：「我好像看到了你們丟的東西。」

施振榮剛開始對這通電話有點遲疑，因爲前不久才有人打電話說知道宏碁被偷的 IC 藏在那裡，要求宏碁把破案獎金放在開往宜蘭的某班火車的最後一節車廂，經過施振榮多問兩句，對方就露出馬腳。

但這通電話有點不一樣，因爲打電話的人不但聲音緊張，當施振榮問她姓什麼？在那裡看見宏碁的 IC？這位小姐都不願意透露，而且聲音裡明顯聽得出不安的情緒。施振榮約這位小姐見面，她表示考慮一下，「明天再打電話來。」

放下話筒，施振榮心裡有點興奮的感覺，「莫非八爺眞的發揮了神威？」前一天夜裡，施振榮奉母命，連夜趕到鹿港，一大早就去城隍廟拜「范將軍」北上協助辦案，「范將軍七點鐘才進駐廠房，下午就有檢舉電話進來，難道只是巧合？」爲了避免節外生枝，施振榮不敢多談檢舉電話的事，但晚上告訴妻子葉紫華時，兩人都覺得這個電話可能有希望，對第二天充滿期望。

第二天（四月十七日），那位小姐果然打電話進來，這次她同意和施振榮見面，雙方約定在台北市某處見面。

隔不久，施振榮和檢舉人在約定地點見了面，「我看見他們三更半夜鬼鬼祟祟地搬東西，很奇怪，通常商店都是把商品搬進來，他們卻把東西搬出去，而且一箱一箱的，不像他們平常賣的東西。」檢舉者說，她剛好從那地方經過，覺得好奇，多看了幾眼，「回到家後，想起報紙寫你們公司丟掉許多 IC，我想，那一箱一箱的，可能就是你們的東西。」檢舉者向施振榮強調，她不認識搬東西的人，也不知道搬的是不是就是宏碁的 IC，她爲了要不要「雞婆」打電話給宏碁，「考慮很久，因爲不知道那些人有沒有看到我。」語氣中充滿不安。

施振榮聽了檢舉者的叙述，安慰她宏碁一定會對她的身份保密，然後問清楚她看到竊嫌搬貨的地點和商號名稱，留下檢舉者的連絡電話和姓名，道謝後，便立即將獲得的情報通知「三一八專案小組」。

專案小組研判案情後，當天深夜調集刑警局偵一組人員持搜索票前往位於台北市忠孝東路五段的金鼓平價商店，找來房東和鄰長一起入內搜索。

警方人員一進入商店就覺得不尋常，因爲店內貨架空空，顯然很久沒有營業，而通往地下室的樓梯卻散落著紙箱碎片，顯示曾經有人在很倉促的情形下從地下室搬走東西。警方人員循著紙箱碎片下到地下室，赫然發現大批的廢紙箱和成堆的紙屑、垃圾。

警方人員首先仔細檢查現場的紙箱，發現一個紙箱上寫著「To MICF」及「To 楊春燕」，經宏碁公司人員證實是宏碁工廠使用的紙箱，另外，警方人員從現場紙屑拼湊出一張宏碁公司的進出貨記錄卡及印有宏碁英文名字縮寫的紙箱貼紙，經宏碁公司人員鑑定指出，都是工廠內使用的物品。

警方整理好現場發現的線索，回到辦公室已是十九日清晨，隨即分析已經掌握的資料，發現這家平價商店是一位姓陳的年輕人所承租，租期到五月三十一日，但陳姓店東卻在最近悄悄搬走，沒有通知房東，連十萬元押金也沒有要回。陳姓店東搬走後，曾有一對陌生夫婦前來繼續經營超級商店，不過十天後，就僱車把店內商品通通載走，並且拉下鐵門不再營業。

專案人員進一步清查陳姓店東的身份，發現他的妹妹在一家貿易公司擔任業務主任，最近曾經手買賣大批IC，而陳姓店東搬走後，前來短暫經營商店的夫婦則是一個二十餘歲的林姓年輕人所僱用。警方再清查，發現這名姓林的年輕人曾犯竊盜、贓物罪，被判刑坐牢。

至此，案情已經逐漸明朗，警方一方面動員人力追查陳姓店東與林姓前科犯的下落，一方面報請檢察官指揮偵辦。

破案

隔天（十九日）上午，新竹地檢處主任檢察官林朝榮率領檢察官蔡王金全抵達當時位於台北市寧夏路的刑事局，簽發拘票及搜索票交由刑事局偵一隊及保二總隊人員前往陳姓店東妹妹服務的貿易公司，果然查獲兩箱宏碁公司失竊的IC，隨即又在陳姓店東位於汐止的家中查獲三箱IC。陳姓店東並於當晚由警方人員在台中拘逮捕到案。

經過偵訊，警方發現，主嫌並非陳姓店東，而是他的妹妹和林姓慣竊。林姓慣竊因爲欠陳姓店東妹妹一筆錢，經過指點後，以偷竊IC交給陳姓女子的方式抵帳。總共全案涉案人員多達十一人，其中涉嫌收取贓物，初審被判刑一年十個月的貿易公司負責人竟是施振榮在交大的研究所學長。

根據警方調查，林姓主嫌原本即與陳女認識，並積欠陳女金錢。林嫌知道陳女在貿易公司擔任採購，經常經手電子零組件的買賣，便提議由他行竊電子零組件交給陳女銷贓，所得的一部分用以抵債。

林嫌自一九八三年起在台北地區行竊，竊得的電子零組件交給陳女銷售，到了一九八四年初，因爲竊案頻傳，台北地區的廠商提高警覺，警方也根據報案積極偵辦，林嫌愈來愈難找到目標下手，陳女便提醒他可以到新竹科學園區尋找對象。

三月十五日星期四，林嫌帶著詹姓、黃姓同夥到新竹科學園區觀察地形，並選定宏碁爲下手對象。

三月十七日星期六晚間，林姓主謀指示黃姓及兩名詹姓的同夥在士林租一輛福特轎車，準備前往做案。

三月十八日凌晨一時，三名歹徒開車抵達宏碁電腦工廠外，林姓主謀退居幕後，留在台北。凌晨二時，黃某以接線方式先發動宏碁公司的福特載卡多小貨車，然後破壞庫房鋁門窗，進入庫房將IC一箱箱搬出，兩名詹姓同夥在外接應，過了大約一小時，裝滿了載卡多小貨車，三人開著載卡多和租來的轎車循來路離開園區。

因爲行竊過程太順利，兩車開到高速公路交流道時，三人起意再偷一次，大約三時左右，三人開車回到宏碁電腦牆外，黃某以同樣手法啓動宏碁公司的保稅廂型車，這次改由兩名詹姓歹徒中之一，進入庫房搬貨，大約三時，三人分別開著三輛車，經高速公路開回台北。

大約清晨六時，三車開抵三重一家汽車修理廠，打電話與林姓主謀連絡，上午七時左右，三人將IC運到林姓主某台北市民權東路的住處卸貨。林某囑咐三人將宏碁公司的兩輛車處理掉。

上午八時，三人將宏碁的兩輛車開到蘆洲堤岸焚毀，然後開著租來的轎車回到林某住處改換IC的包裝。

隔天（三月十九日）星期一一早，林某與陳女連繫後，於下午三時將IC運到台北市忠孝東路五段，陳女哥哥所開的金鼓平價商店地下室藏放。陳女並在當天以一百二十五萬元先向林某購入十五萬個IC。

三月二十日星期二，林某再賣三批IC給陳女。

三月二十三日，陳女公司的蔡姓負責人看到她低價買進的IC，雖然意識到是宏碁公司失竊的贓物，當場卻未置可否。

三月二十八日，蔡姓老闆與施振榮在一個座談會碰面，蔡某心中一直掙扎著是否要把事情告訴施振榮，最後一念之差，沒有說出口。

四月十二日，因爲警政單位透過八號分機持續全面偵察宏碁IC竊案，林某竊得的IC無處脫手，而且風聲愈來愈緊，於是在台北市吉林路租下一間一樓的公寓，將未出售的IC從金鼓平價商店地下室移來存放。

四月十六日，施振榮接到祕密證人的檢舉。

四月十七日，施振榮與祕密證人見面後，將線索提供「三一八專案小組」。

四月十八日，警方循線搜索金鼓商店地下室，尋獲宏碁公司紙箱、包裝紙條、貼紙及進出貨管制卡片。

四月十九日，警方搜索陳女服務的公司，查獲宏碁公司失竊的 IC，並在台中逮捕藏匿贓物的陳某。

四月二十日上午，警方逮捕主犯林某，中午宣布破案，下午又陸續逮捕其他作案歹徒，總計有六人落網。

警方宣布破案後，又陸續逮捕相關人犯，總計最後共有十一人被依竊盜、收買贓物罪起訴及判刑。

破案當天，宏碁派物料課員工到警察局清點追回來的 IC，女職員們看到失而復得的 IC，緊緊摟在懷裡的情景，透過記者的鏡頭刊登在第二天的報紙，讓好多人看了感動莫名。而破案的消息傳到宏碁工廠時，鞭炮聲、歡呼聲不絕於耳，員工大家互道恭喜，興奮之情溢於言表，比過年還熱烈。最高興的莫過於最初被警方懷疑涉案的員工，他們的嫌疑被洗清，從此更賣力的工作。施振榮這件事體會到員工向心力的可貴，也更堅定他對「人性本善」的信念。

宏碁公司事後檢討竊案得以偵破的原因，除了祕密證人提供關鍵線索外，宏碁在案發後立即舉行記者會公告周知，令歹徒銷贓不易；包括總統在內政府高級官員的關切引起警方及海關海防重視，全力查緝歹徒，都是竊案得以迅速偵破的原因。

IC竊案剛發生後，宏碁在財務和生產的調度上曾遭遇不便，但竊案也有令宏碁因禍得福的地方，除了員工的向心力外，公司知名度也因而大幅提升，當時任職行銷部的康弘明曾煞有介事地計算宏碁「三一八事件」的損益，得出包括追不回來的IC、額外增加的保全費用、祕密證人獎金、捐贈警方偵防設備、香油錢、員工配合警方調查及各級人力、產銷的機會成本，宏碁共損失了一千八百八十三萬元，但宏碁因此事件而頻頻在報紙和電視媒體曝光，以廣告版面和時間費換算，至少價值一千八百九十二萬元，損益平衡後，「稅後淨利還有九萬元。」

第十二章　神明辦案傳奇

母親爲竊落淚

在宏碁 IC 失竊案偵破過程，有一段「神明辦案」的插曲，至今令宏碁人津津樂道。

「媽，新竹工廠的零件被偷了！」案發當天中午，施陳秀蓮接到兒子施振榮的電話。

「丟了多少，要緊麼？」「大概兩百萬元。」「這麼多哦，有沒有報警啊？」施陳秀蓮心頭一緊，兩百萬可不是個小數目，但又不敢說什麼，怕給兒子造成壓力，只得儘量說些安慰的話，「花錢消災，東西丟了就算了，你們自己要多小心。」

「鈴…」施陳秀蓮接起電話，又是兒子打來的，莫非是抓到小偷了。「媽，掉了四百萬元。」施振榮在電話裡著急地說。

「鈴…」又是一通電話，「媽，偷走的超過一千萬元！」施陳秀蓮開始害怕接到電話，施振榮服完兵役留在北部工作以來，幾乎每天都會打電話向母親問安，接兒子的電話早成爲施陳秀蓮每天最重要的事，現在，她卻對電話鈴聲感到恐懼。許多老主顧來買鴨蛋順便聊天，施陳秀蓮一點心情也沒有，「我兒子的工廠遭小偷，損失眞重。」施陳秀蓮坐立難安。

「神明啊！求你保祐，讓警察趕快抓到小偷，讓振榮可以化危爲安…」一整個下午，施陳秀蓮不時跪在家中的神桌前，向神明祈求保祐，傍晚以後，施更是長跪不起，因爲兒子在那時候打來的電話裡說，損失可能超過四千萬元。「這可怎麼辦？公司那有那麼多錢可以『了』（損失）。」施陳秀蓮口中喃喃唸著。

第二天，施陳秀蓮顧不得做生意，一大早就搭車到平日膜拜的埔里地母廟。「地母啊！您要保祐啊！」走在通往廟門的石子路上，施陳秀蓮祈求著，心頭倏地一緊，眼眶一酸，竟然淚如雨下，「從我丈夫死後，我不曾哭過，」施陳秀蓮回憶當時的心情，「振榮是我的命，他的公司發生這款的事，我的心眞艱苦，我一直哭著走到地母神像前，跪到站不起來。」

許多人來勸她。自從施振榮離家求學以來，施陳秀蓮就常到地母廟祈求保祐兒子平安，由於經常大筆大筆地捐錢建廟，又熱心廟務，施陳秀蓮被選為地母廟管理委員會的常務委員之一。施陳秀蓮在衆人的勸說下逐漸平復，大家知道宏碁遭竊的事，都幫著施陳秀蓮在神明前祈求保祐。

施陳秀蓮回到家後，向祖先和家中供奉的神明祈求問卜，擲出的筊杯卻很混亂，神明似乎不願做出指示。

連著好幾天，施陳秀蓮到好幾個廟裡燒香問卜，神明都沒有給肯定的指示，這段期間，警方的偵辦工作也陷於膠滯，施陳秀蓮每天和兒子通電話，口氣總是充滿憂慮，施振榮反過來安慰她。

范將軍出馬

到了四月初，鹿港龍山寺對宏碁失竊案指示了一支籤，內容是：「錦上添花色愈鮮，運來祿馬喜雙全，特人莫道功名晚，一舉登科四海傳。」籤註：「守舊變新遂平生志，護有雙親盡皆是命。」廟祝解釋這籤是「錦上添花之象」。

神明另外對施振榮個人指示一支籤：「晨昏全賴佛扶持，須是防危且不危，若得貴人相引處，那時財祿亦相隨。」廟祝告訴施陳秀蓮，這籤是「凡事平穩大吉之象」。

卜到了這兩支籤，施陳秀蓮心情篤定了許多，說也奇怪，原本在家裡擲來零亂的筊杯，在施陳秀蓮卜得這兩支籤文之後，竟然變得順暢起來，這時，警方偵辦的案情仍無突破，施振榮心情有些煩躁，施陳秀蓮便常安慰他：「我們從不做虧心事，神明一定會保祐的。」

神明透過籤詩說此案會化凶為吉，可是警方的進度遲遲沒有突破，施陳秀蓮想起鹿港地方上傳說城隍廟的「范將軍」專辦難案，只要將范將軍請到發生事情的地點，無案不破。

施陳秀蓮趕緊趕到城隍廟去請示范將軍，經過擲杯，范將軍同意出差到新竹科學園區，於是施陳秀蓮急忙通知施振榮四月十五日晚上趕回鹿港，四月十六日清晨五點多便到城隍廟迎請范將軍出馬。

當天早上七時多，宏碁高級幹部齊集在新竹科學園區廠房迎接范將軍，宏碁特別整理一間房間做為范將軍的行館。八時半，舉行祭神儀式，施陳秀蓮和宏碁員工虔誠祭拜，擲杯結果，范將軍表示，竊案一週內會破，他預定四月二十一日要返回鹿港。

說來奇怪，范將軍進駐宏碁的當天下午，施振榮就接到檢舉電話，這位祕密證人提供的線索引導警方偵得證物，全案在四月二十日（范將軍指示返駕鹿港的前一天）宣布偵破。

四月二十一日，范將軍在宏碁員工恭送下，由施陳秀蓮迎回鹿港。神明破案的故事令員工嘖嘖稱奇，有人讚嘆其靈驗，有人說是巧合，施振榮則心存感激地「寧可信其有」。

雖然宏碁對這段「神明辦案」的插曲沒有刻意強調，但從此公司高級主管，每年都會一起到鹿港的各個廟裡走走，公司的員工福利委員會更把廟宇祈福列入旅遊活動的行程，受到許多員工的歡迎。

雨過天青

一九八四年三月十八日發生的IC失竊案，在四月二十日宣布破案；二月出口，在美國被IBM擋關的數百台十六位元個人電腦，也因爲錯不在宏碁，而獲退回。這兩個事件圓滿解決，使施振榮和宏碁員工的信心和士氣大受鼓舞，公司上下在個人電腦領域全力衝刺，兩年後（一九八六年）領先IBM推出世界第一台三十二位元個人電腦，營收逼進百億元，成爲台灣最大的電腦公司。

這時IBM公司推出採用Intel八〇二八六中央處理器（CPU）爲基礎，內外部的線路都是十六位元設計的AT級個人電腦，運算速度比內部十六位元，外部八位元的XT電腦要快很多，但價格卻逐漸拉近，極具市場競爭力。

施振榮看清楚 IBM 個人電腦的軟體支援優勢，將使它確保市場主流的地位，因此決定跟進八〇二八六的市場，他指派蔡國智主導宏碁的「A計畫」，負責推動 AT 相容電腦。

在開發八〇二八六電腦的同時，宏碁不斷修正已經上市的 XT 個人電腦，在一年內通過美國 UL 安全檢驗、聯邦通訊委員會（FCC）的測試、加拿大 CSA 安全檢驗，是當時唯一同時獲得三項國際檢驗合格的台灣廠商。

接續研發 XT 級電腦的技術，「A計畫」很快有了成果，一九八六年初，宏碁推出八〇二八六電腦，並且大量外銷，爲宏碁締造輝煌的營運成果。

宏碁自加入 IBM 相容個人電腦行列，營業額即大幅成長，一九八四年營收三十億元，一九八五年爲四十八億元，一九八六年因爲 AT 電腦加入，營業額激增至八十餘億元，遙遙領先其他同業。

一九八六年，宏碁在技術開發上獲得了創業以來最大的成就。由施崇棠領導的研發團隊開發成功世界第二台（Compaq 最早推出）三十二位元個人電腦，令 IBM 大爲意外，爲宏碁日後領導世界個人電腦技術奠定基礎。

一九八三年施振榮和當時的財政部長徐立德一起到美國考察創業投資事業，回國後，施振榮和般之浩在一九八四年元月一日成立了宏大創業投資公司，投資標的設定在與電腦技術有關的高科技公司。那年，施振榮找到石克強、徐乃丁、闕若潮等電腦和半導體專家，由宏大出資，在美國矽谷成立 Suntek 公司，希望發展前瞻性的電腦技術。

電腦業界習以電腦中央處理器的位元數來區分電腦的等級。中央處理器爲六十四位元以上的稱爲大型電腦（Mainframe），三十二位元的屬於迷你電腦（Mini Computer），十六位元以下的稱爲微電腦或個人電腦（Micro Computer or Personal Computer）。

施振榮和在矽谷成立 Suntek 的動機之一，在爲宏碁的電腦技術尋找升級的機會，當時，摩托羅拉（Motorola）三十二位元的六八〇二〇中央處理器被電腦業界看好，施振榮思考宏碁未來的發展，認爲發展以摩托羅拉六八〇二〇中央處理器爲基礎的多人多工功能的迷你電腦，應是宏碁產品升級的方向。

一九八四年底，施振榮派施崇棠領著研發部門的陳漢清（後來離職創辦精英電腦公司）、周建志、劉汝勇、陳欽宗到矽谷 Suntek 去參與研發工作，目標放在摩托羅拉六八〇二〇中央處理器相關技術上。

後來施振榮發現英代爾（Intel）的八〇三八六的機會更大，便指示施崇棠等人在矽谷就近與英代爾公司配合，施崇棠在矽谷待了半年多，幾乎足不出戶地研究技術，回到台灣後，結合台灣的研發人員，在一九八六年十月開發出全世界第二台以 Intel 八〇三八六 CPU 爲基礎的三十二位元電腦。

三十二位元電腦的匯流排設計，使電腦可以一次抓取、處理三十二位元的資料，這就像將原本十六線道的高速公路拓寬為三十二線道，交通流速大大加快，三十二位元電腦處理資料的速度也比十六位元大為提高，到了今天，三十二位元電腦的功能已足以擔任伺服器的角色。

施崇棠等人開發出三十二位元個人電腦的可貴之處，在於沒有晶片組支援的情況下，自己設計整個電腦的架構，以一顆顆 IC 組合出三十二位元的電腦功能。

IC 工業由最初的小型積體電路進步到超大型積體電路（VLSI）後，以往主機板上密密麻麻擠成一團的 IC，逐漸由幾顆經過特殊設計的 IC 組成的晶片組所取代，也就是以往幾十顆 IC 湊在一起才能發揮的功能，現在只要幾顆，甚到單一 IC（single chip）就能解決。

IC 技術的進步，促成許多專業 IC 設計公司出現，解決了電腦廠商設計複雜電路的麻煩。每當 Intel 推出新 CPU 不久，就有 IC 設計公司推出晶片組配合，以幾顆 IC，甚至一顆 IC 取代以往數十顆，甚至數百顆 IC 的功能，這讓廠商只要就產品所要表現的功能特色在主機板上做若干特別設計，就能推出自己的電腦產品，甚到連主機板也不需設計，只要利用晶片組廠商設計的或主機板廠商提供的「公板」（一般功能，大家通用的主機板），就能組合成電腦出售。稍有電腦知識的消費者，甚到可以自己到台北市的中華商場、光華商場採購主板、CPU、記憶體和其他零組件，自己組裝電腦。

但一九八六年，宏碁團隊研發三十二位元電腦時，晶片組只供應到八〇二八六，也就是說，整個三十二位元電腦的技術領域仍處於一片荒漠，他們必須根據 Intel 八〇三八六中央處理器的規格，用大量功能互異的 IC 去組合出所要發揮的功能，這樣的工程十分繁雜、龐大、而且困難重重。

宏碁推出三十二位元個人電腦之前，已經四次得到國內最傑出產品設計獎，分別是一九八〇年得獎的天龍終端機、一九八二年的小教授二號、一九八四年的十六位元個人電腦、一九八五年的中文電腦天龍五七〇；施崇棠和藍瑞元、劉汝勇、廖敏雄等人所開發的三十二位元個人電腦讓宏碁在一九八七年五月，使宏碁第五度得到中華民國最佳產品設計獎，同一年，該項產品在西德漢諾威電腦展獲得「最佳工業設計獎」，宏碁的電腦技術得到國際性的肯定。

三十二位元個人電腦推出後，引起世界主要電腦公司的注意，大筆 OEM 訂單擁到，美國的 UNISYS 和英國的 ICL 都向宏碁下單採購三十二位元電腦，UNISYS 後來爲爭取美國政府部門的標購案，爲符合在美國製造的採購規定，向宏碁要求移轉三十二位元電腦的生產技術，並且授權該公司在美國生產，施振榮在廣結善緣的考慮下，同意將技術授權給 UNISYS，首創我國電腦廠商授權美國廠商的記錄，宏碁並因此收入數百萬美元的權利金。

第三部　龍騰國際

第十三章　立志國際化

面對智財權挑戰

宏碁推出三十二位元電腦後，氣勢大振，許多以電動玩具起家的中小型廠商也轉型成功，使台灣的資訊產業結構初具垂直整合的型態，產業前景欣欣向榮，此時，IBM 公司的專利授權要求，突然大軍壓境，令廠商措手不及，宏碁也在這波專利鎮壓中付出沈重代價。

一九八七年，台北市福華飯店四樓一間會議室裡，台灣 IBM 公司法務經理盧正源邀集了數十位資訊業者開會，會畢，走出會場的業者，個個臉色凝重。在這之前，施振榮已經接獲通知：

IBM 認爲台灣資訊廠商生產的個人電腦及相關週邊產品侵犯 IBM 擁有的專利，IBM 要求台灣廠商向 IBM 公司取得專利授權，否則將依法追訴。盧正源邀集廠商開會，正是向廠商傳遞這個訊息，並且透露 IBM 授權權利金的大致算法。

IBM 的動作對當時的台灣廠商來說，眞是晴天霹靂。當時許多個人電腦廠商雖然外銷規模很大，但本身主要是做組裝的工作，也就是主機板、電源供應器、磁碟機、鍵盤、外殼通通外購，工廠只是將這些採購而來的零配件組裝成全套個人電腦，「東西都是向別人買的，怎麼說我是仿冒？」許多廠商大惑不得其解，就連主機板廠商也說：「PC 板是別的廠商做的，IC 是從國外進口的，我只是將 IC 插上 PC 板，那裡是仿冒？」

可是依照 IBM 公司的觀點，不論你是零件製造商或是系統銷售商，只要從你的工廠或商品銷售出去的商品侵犯到 IBM 的專利，就是侵權，如果沒有支付 IBM 權利金，就得面對法律。而 IBM 當時宣稱其在電腦技術上擁有的專利多達三萬種，這些專利有如天羅地網，綿密得令台灣廠商根本無處可躲。

IBM 當時開出的授權權利金算法大致分爲兩種，一種是以整套個人電腦售價的固定百分比爲計算基礎，譬如，一套個人電腦售價五萬元，若權利金百分比爲百分之二，廠商即須支付一千元給 IBM；另一個計算方法是採分項計算，即有使用到專利的產品才需要支付，譬如一套電腦中，使用到 IBM 專利的產品只有記憶體控制、繪圖線路，就依照這兩個部分的成本的百分比計算權利金，不過，單項計算的百分比要比總項計算的高出很多。

IBM 向廠商發布要求專利授權的訊息後，台北市電腦公會立即舉行一連串的會議討論如何因應，施振榮也運用個人影響力，呼籲政府高層重視此一事件對台灣資訊業的不利影響。

可是 IBM 畢竟是世界電腦霸主，當時廠商所生產的個人電腦又都是它的相容產品，不論是自己開發或是外購公板及零配件組裝，想要不冒犯 IBM 的專利，根本是不可能。施振榮和電腦公會的理監事們對台灣廠商在這個事件上的處境十分明白，設法與 IBM 週旋，只不過藉機拖延，讓廠商有時間適應新的處境，同時爭取較佳的授權條件而已。

台灣 IBM 很快識破了電腦公會的策略，便從專做電腦外銷的貿易商和規模較小的製造商著手，很快地簽下一些授權合約，對其他廠商造成莫大的壓力。施振榮眼見處境愈來愈艱難，便聯合神通、精業、詮腦等共五家廠商聯合委託美國知名的 Gramham & James 律師事務所和美國 IBM 談判，另方面繼續找政府主管經濟與科技事務的官員出面與 IBM 溝通。

這樣雙管齊下努力了一年多，終於取得 IBM 在授權條件上讓步，主要的成就包括：一、專利授權範圍從原本只限個人電腦領域的技術，擴大爲涵蓋所有電腦的技術；譬如當時個人電腦的技術只發展到十六位元，IBM 在合約上授權的範圍原本也只到十六位元的層級，經過談判，

IBM同意將授權的技術範圍擴大到六十四位元的技術專利。

二、IBM原本在合約中規定，只要申請授權的廠商出現授權範圍外的侵權行爲（仿冒），IBM可逕行停止對其原有的授權。經過談判，IBM同意除了給予涉嫌仿冒者自通知日起九十至一百二十天的改善期外，必須知會我國經濟部後才得終止授權合約。

施振榮說，當時，五家廠商聯合去爭取這兩個條件，主要是考慮電腦技術日新月異，如果不把授權的範圍擴大，日後廠商每次推出更進階的產品都得重新向IBM申請授權，將處於極不利的地位；而IBM認定廠商侵權並不等於廠商眞的侵權，如果不設定一個緩衝的期間和地帶（改善期和通知政府同意），IBM將可對廠商予取予求。

五家廠商在談判結束後和IBM簽了授權合約，沒想到不久後，這兩個條件就發生了效用，巧的是，當事人正是宏碁本身。

IBM索賠三千萬美元

一九八九年五月十一日，施振榮在辦公室正忙著隔天要宣布與美國德州儀器公司合資成立德碁半導體的事，忽然一通電話進來，竟是IBM公司來通知，宏碁銷售的八○二八六（AT級）

個人電腦涉嫌侵犯了IBM輸出入軟體程式（BIOS），IBM要求施振榮親自面會商如何解決。

隔天（十二日），在主持宣布成立德碁半導體的記者會前，施振榮先趕赴台北市來來飯店與IBM亞洲法務的主管人員共進早餐。席間，施振榮強調宏碁八〇二八六電腦的BIOS是以五萬美元從美國AWARD公司買斷，而且宏碁已經根據自己產品的需要做過修改，不應有侵權問題，但IBM公司的人員強調，經過IBM研發人員的比對，宏碁修改過的BIOS確實侵犯到IBM的著作權，「甚至連AWARD的BIOS都有問題。」

為了趕著主持宣布和德州儀器合作的記者會，施振榮和IBM法務主管沒有深談，不過，他答應派人前往日本和IBM進一步磋商。

當天記者會結束後，施振榮思考如何解決這個問題。他心想，八〇二八六已經幾乎不出貨了，即使有侵犯到IBM的著作權，也是已經過去的事，而當時出貨大宗的三十二位元電腦已使用宏碁自己以「潔淨室（Clean room）」方式開發出來的BIOS，應該不再有侵權問題，IBM要指控的事不影響當前的營運，不如先採緩兵之計，慢慢地談。」

施振榮於是派執行副總經理童虎去日本和IBM談。施振榮想，童虎是IBM出來的人，對IBM文化有深刻的瞭解，派他去談應該沒有問題。施振榮派童虎去談時，心中已經有了與IBM和解的腹案，他想：「大不了賠個一兩百萬美元了事。」但沒有把這個數字告訴童虎，心裡期待童虎能夠談個更好的數字回來。

沒想到，隔幾天童虎回來一進到施振榮辦公室，整個人就垮在沙發上，兩個人關起房門密談，幾十分鐘後，童虎頹喪著臉走出來，見到的人都知道事情不妙。

幾天後，電腦業界開始盛傳宏碁與IBM發生著作權糾紛，IBM要求數千萬美元的賠償。媒體記者去問施振榮和童虎，兩人不是否認，就是不表示意見，宏碁內部對這件事雖然議論紛紛，但當時宏碁股票已經上市交易，大家對外噤若寒蟬，深怕消息走漏會影響股價。

初時，宏碁高層，包括施振榮在內對IBM開出的價碼感到非常不滿，但不久，研發部傳來訊息：「以『潔淨室』方式開發的八〇三八六BIOS中，與鍵盤驅動程式有關的部分，證實也可能侵害到IBM的程式。」

這個訊息令施振榮大爲洩氣，但也因此決定面對現實，與IBM進行談判。

一九八九年五、六月間正是宏碁股票上市不久，營運表現與企業形象最好的時刻，施振榮深怕與IBM的著作權糾紛曝光，對企業形象與商譽造成打擊。「幸好那時我們與IBM的授權合約已經簽定，內容規定，IBM若認爲對方有合約授權內容以外的侵權行爲時，必須給予九十天到一百二十天的改善期及獲得經濟部同意後，才能停止授權。」施振榮說，「有了這項保障，宏碁在與IBM談判時，心情比較篤定，不必擔心IBM隨時把路堵死。」

宏碁與 IBM 的 BIOS 著作權糾紛談判進行了將近一年，雙方都動用各種資源，希望取得對自己有利的談判結果，宏碁一面全力和 IBM 討價還價，一面擔心 IBM 得知八〇三八六電腦的 BIOS 也有問題，處境相當艱難，後來在主管工業發展的政府高層官員幫忙下，終於與 IBM 談妥賠償九百萬美元。

雖然宏碁始終不願透露 IBM 最初開出的價碼是多少，業界則言之鑿鑿地說：「三千萬美元！」

龍騰十年發展計畫

一九八六年五、六月間，宏碁在全國各大媒體刊大幅廣告，標題是：「龍夢成眞，指日可待。」

這個廣告和施振榮的夢想有關。他從創業開始，就期待宏碁有一天「縱橫全球，名揚國際」。

要「縱橫全球」，先要「走出台灣」，這一點，施振榮做得很早，宏碁幾乎一成立，就與國際市場沾上關係，從三角貿易開始，施振榮爲宏碁的零件行銷建立國際網路的雛形。

一九八一年「小教授一號」一開發出來，施振榮就忙不迭地將它推向國際市場，從此風塵僕僕於世界各國。「一年至少有五分之二的時間在國外度過。」他緊抓住每個可以推銷宏碁的機會，在自己辦的或他人舉行的展覽會中主動接近記者，「我敢說，除了新聞局，沒有人比我開更多的國際記者會。」從一九七六年創業到一九八六年刊登「龍夢成眞」系列廣告，剛好十年，宏碁從一個小公寓中七人創業的公司到營業額逼近百億元，其中外銷金額超過一半，施振榮的夢想似已成眞。但他尙不滿足。

在「龍夢成眞」系列廣告刊登前，施振榮剛向他的員工宣示「龍騰十年發展計畫」，聲稱宏碁關係企業的總營業額十年後將達到一千兩百億元。

龍騰十年發展計畫分成兩個五年計畫：第一個五年計畫從一九八六年到一九九一年，將宏碁關係企業的總營業額推升到四百億元；第二個五年計畫從一九九二年到一九九六年，總營業額達到一千兩百億元。

施振榮規劃龍騰十年發展計畫當年（一九八六）宏碁的營業總額約八十億元，依照他的想法，宏碁只要在第一個五年計畫內，每年營業額平均成長百分之二十五，第二個五年計畫平均每年成長百分之十五，就可以輕易達成目標。

不過，施振榮的宣示，似乎沒有引起共鳴。「龍騰十年發展計畫」內容公開後，業界嘩然。

「怎麼可能？」台化公司協理王文淵就曾當面向施振榮表示不相信宏碁可以連年高幅成長。

王文淵的質疑自有考慮，當年台灣資訊工業年產值不到五十億美元，廠商才幾百家，除了宏碁、神達少數幾家規模還可以，其他大多是中小企業，而國內電腦市場才剛起步，整個產業環境看不出宏碁十年內有創造一千兩百億元的實力，而且，「十年太遠了，要做多少（營業額）誰說得準呢？」不少宏碁員工竊竊私語，「施總（經理）不過在畫大餅（充飢）而已。」

施振榮對友人及員工的質疑不以爲意，他很清楚，宏碁的前途不靠內銷，靠的是國際市場，宏碁八十億元的營業額，有一大半靠外銷，整體資訊工業產值更有九成以上依賴出口，而當時整個台灣資訊工業的產值不過占世界市場幾個百分點。施振榮認爲，宏碁和台灣資訊工業的發展的空間都無限廣大，「不過，機會在國際市場。」

施振榮相信，只要按照他的策略去做，龍騰十年發展計畫一千兩百億元的營業目標不難達成，他舉出四個字做爲整個策略的主軸，那就是——「龍騰國際」。對施振榮來說，龍騰國際是手段也是目的，透過龍騰國際，宏碁可望實現他創業時的夢想—「縱横全球，名揚國際」。

在宣布龍騰十年發展計畫的同時，施振榮已經擬定龍騰國際的具體執行步驟，「龍夢成眞，指日可待」系列廣告廣徵國際化人才只是其中之一，接下來的有強化自有品牌、併購國際企業、廣設國際據點、引進國際資金、設立大貿易商、以大筆經費建立國際企業形象等。

⬆施振榮夫婦與殷之浩夫婦親自前往東南亞展銷宏碁產品(1985)。

第十四章　引進空降部隊

需才孔急

施振榮既然將實現龍夢的希望寄託在國際市場，首先要做的便是找尋及培養足夠的人才拓展國際業務。「龍夢成眞」系列廣告基本上是徵求人才的企業形象廣告，雖然所徵求的不限國際市場行銷人才，但求才中心思想是明確的，所徵求的是能夠協助宏碁龍騰國際的人。

龍夢成眞系列廣告共引進了一百多名中堅幹部，他們在宏碁日後深化企業國際化的過程發揮了一定的作用，但論影響，則不及施振榮自己引進的「空降部隊」。

施振榮在推出「龍夢成眞」徵才廣告之前，就開始引進空降人才，這些人才包括從香港回國的陳正堂、當時擔任前瞻公司總經理的童虎、台灣惠普科技公司（HP）副總經理吳傳誠、美國國善電子總經理莊人川、電信總局的黃秀園博士、中國嘉通副總經理殷允中、新格公司副總經理王秀二、黑幼龍、曾任職美國IBM的麥肯錫（Steve Mckenze）、最後並引進IBM大名鼎鼎的劉英武。

回顧當時宏碁的國際化歷程，可以瞭解何以施振榮如此求才渴。

施振榮在追溯宏碁國際化的歷史時，常以創業不久即開始的三角貿易爲起點。那時，宏碁代理TI、AMD的零件，因爲數量大、成本低，歐洲同業紛來調貨，宏碁即將所有「下游」的需求計算在內，現金向美國取貨後，空運到台灣，再分裝直接運往歐洲各地，賺取其中的差價。這種三角貿易，讓宏碁建立自己的全球零件供需網絡，吸取國際化的布點經驗。

到了一九八一年，宏碁開發出小教授一號電腦學習機，施振榮便忙不迭要把產品賣到國際市場。他帶著小教授一號到美日等國參加展覽，並且向各國廠商投遞推銷信，曾經被新加坡廠商以「台灣不是生產電腦的地方，我們不會向你購買電腦」回絕，不過，他一點也不氣餒。一九八三年，小教授二號家用電腦推出後，宏碁已經在二十幾個國家擁有了四十幾個經銷商。

一九八五年元月施振榮親率領宏碁多位高級幹部，邀請剛投資宏碁的大陸工程董事長殷之浩夫婦同行，進行了一趟東南亞拓銷之旅，巡迴東南亞各國主要城市的觀光飯店，舉辦宏碁電腦產品的發表會，這在當時是破天荒的做法，即使是美國電腦廠商也不曾到東南亞國家做這種展示會，宏碁的做法非但開台灣廠商風氣之先，對建立宏碁在東南亞國家的知名度也有很大的幫助。

東南亞巡迴展後不久，宏碁便在新加坡、馬來西亞、印尼、泰國建立行銷據點，曾經對宏碁饗以閉門羹的新加坡，在一九八五年卻有百分之二十的電腦是宏碁的產品，並將宏碁與IBM、APPLE並列爲教育局指定的廠牌。這時，宏碁的國際版圖已擴增到三十幾個國家。

一九八五年，宏碁十六位元電腦外銷如火如荼，施振榮派呂理達到歐洲設點，選定杜塞道夫設辦事處，另外爲了配貨的需要，選定荷蘭阿姆斯特丹設發貨倉庫，這時，宏碁一九八四年的業績從前一年的十六億元增加爲三十億元，增加的營收主要來自外銷，隔年（一九八五），歐洲的市場也逐漸打開，宏碁預估營業額可以再成長六成以上，達到五十億元，這時的宏碁，規模和創業時十一個員工的規模已不可同日而語，非但營業額大幅成長，比創業第二年一千兩百萬元營業額成長四百餘倍，關係企業也多達五個（宏碁股份、宏碁電腦、明碁電腦、宏大創投、第三波文化事業），員工數超過千人，但主要經營團隊卻仍是九年前創業時的夥伴邰中和、林家和、黃少華、葉紫華等人，客觀環境的劇變使施振榮擔心一成不變的經營團隊會流於閉門造車，而他自前一年（一九八三）開始接任台北市電腦公會理事長，有許多事務需要參與，分身乏術的處境，加上對國際市場的憧憬，令施振榮對求取國際化人才感到非常急迫。

多方挖角

童虎是施振榮爲宏碁國際化最早引進的空降部隊之一。

童虎原在美國 IBM 公司任高級主管，政府推動新竹科學園區時，應邀回國擔任園區管理局副局長，後來轉任 IBM 與資訊工業策進會合資的前瞻公司總經理，經驗和資歷完全符合施振榮當時求才的條件。

施振榮和童虎談過數次後，想請他擔任宏碁的執行副總經理，但施振榮考慮，要讓童虎進來宏碁擔任僅次於他的職位，應該先徵求邰中和、黃少華、林家和等創業夥伴的意見，施振榮於是先徵求擔任宏碁股份公司（負責內銷及代理業務）總經理的邰中和同意，再請擔任宏碁電腦研展部副總經理的林家和與資財部副總的黃少華，一一「面試」童虎。

童虎進來是要擔任林家和與黃少華的上司，施振榮的做法創下「以下試上」的先例，這種下屬口試上司的情形在後來「龍夢成眞」徵才活動時，不時出現，算是宏碁一個特別的企業文化。

林家和與黃少華口試童虎後，肯定童虎的國際觀和才學，同意他進入宏碁當他們的上司，童虎對下屬的口試也不以爲意，進入宏碁後，將姿態大爲放低，對宏碁進行了一些改革。

在童虎之後，施振榮又陸續邀請吳傳誠、黃秀園、殷允中、王秀二、劉英武等人加入宏碁，這些外來的高階幹部，一進宏碁就獲授權「獨當一面」，他們帶來與宏碁創業夥伴及當時員工大相逕庭的思考與工作模式，促成許多經營管理上的變革，但也對企業文化造成一些衝擊，有一些影響至今仍有爭議。

吳傳誠原本是台灣惠普科技公司（HP）的副總經理，代表惠普科技擔任台北市電腦公會常務理事，而與施振榮認識。吳傳誠在惠普科技負責亞洲地區的電腦業務，有豐富的國際市場經驗，符合當時施振榮求才的標準。

根據吳傳誠的回憶，施振榮早在一九八五年，也就是「龍夢成眞」徵才廣告前一年就向吳傳誠提過「龍騰國際」的概念，並隱約表示邀請吳傳誠到宏碁「幫忙」的意思。後來兩人乘著電腦公會開會之便經常碰面交換意見，到一九八六年二月講定吳傳誠到宏碁擔任副總經理職務，不過，由於惠普科技職務上交接的問題，吳傳誠到當年的十月才正式進入宏碁，職稱是資深副總經理。

由於吳傳誠的國際事務背景，施振榮指派他負責整合宏碁電腦的業務和行銷工作。吳傳誠首先協助在宏碁建立產品經理（Product manager）制度，這項以產品爲導向的管理制度使宏碁的業務範圍大為增加，由原本只有幾項產品朝電信通訊、網路、電腦週邊產多元化發展，並促成黃秀園、殷允中等人加入宏碁。

一九八七年初，宏碁決定跨入網路和電信產品領域，當時在中國嘉通擔任副總經理的殷允中在大型電腦（Mainframe）和迷你電腦（Mini Computer）的作業系統與不同電腦之間的連線十分專精，經由吳傳誠的引介，與施振榮原本就熟識的殷允中同意接受施振榮的邀請，進入宏碁擔任負責網路業務的副總經理。

黃秀園原本任職電信研究所，有深入的電信技術背景，在與施振榮幾次面談後，同意到宏碁負責電信產品業務，職稱也是副總經理。

這時施振榮已對內外宣布「龍騰十年發展計畫」，提出第一個五年的營業目標（一九九一年）四百億元，第二個五年營業目標（一九九六年）一千兩百億元，公司上下在施振榮的壓力下全力衝刺，除了全力開拓美國市場，也將目標對準新興的歐洲市場，剛好這時施振榮將原本奉派到歐洲設點的呂理達調回來擔任特別助理，負責國際行銷業務的吳傳誠便建議將德國杜塞道夫的辦事處升格為歐洲分公司，由盧宏鎰負責。吳傳誠同時建議從與日本新力（SONY）關係密切的新格公司挖來副總經理王秀二，代表宏碁前往日本成立分公司，這是台灣電腦業首次在日本成立分公司。

宏碁在歐洲和日本布建之後，吳傳誠以美國爲全球最大的電腦市場，大膽建議施振榮仿效日本新力的會長盛田昭夫當年親自「深入虎穴」進駐美國的作法，親自督導美國業務，施振榮考慮到整個關係企業的決策需要他做整合，對吳傳誠的意見持保留意見，吳傳誠便自告奮勇，於一九八七底前往美國擔任宏碁美國公司的副總經理。

吳傳誠調到美國前，施振榮已透過宏碁美國的負責人張國華的引介和美國康點電腦公司（Counterpoint）談妥併購事宜，並且在當年（一九八七）十一月完成併購，吳傳誠到達美國公司，大家經過討論，爲了對美國市場和美國員工及經銷商的管理本土化，透過高級人力仲介公司找到在美國 IBM 擔任十幾年行銷主管的麥肯錫進入宏碁美國公司擔任總經理。

在全力追求國際化的指導原則下，施振榮對空降部隊的引進已不只於本國人才，連外國創業者和專業經理人都引進宏碁（康點電腦的創辦者梁珮玲雖是上海出生的華裔，卻是自小在美國成長，十足美國性格）。

除了麥肯錫和梁珮玲這兩位在美國延攬的人才，還有兩位重要人才是施振榮分別從香港、美國禮聘回來台灣開創新事業。一位是從香港請回來的管理專家陳正堂，一位是美國國善電子請回來的莊人川博士。

陳正堂原本是香港著名康力電子集團（Conic）旗下一家公司的總經理，一九八四年時，康力要派他前往大陸發展新事業，當時海峽兩岸關係尚未解凍，陳正堂是在台灣出生、成長的知識份子，對當時的處境感到疑惑，便先回到台灣。

陳正堂與施振榮因爲同爲交大前後期同學並同爲排球校隊，兩人原本就認識，剛好那時宏碁與殷之浩換股成立宏大創業投資公司，需要一個瞭解高科技行業的人來管理，兩人見面一談，施振榮便敲定陳正堂來擔任宏大的總經理。

宏大成立後所投資的的第一個案子是美國矽谷的 Suntek，接下來是美國國善電子公司在新竹科學園區成立的國善電子，這兩個案子，宏大初期都投資一百萬美元。

美國的國善電子是留美學人顧德凱和莊人川成立的，在新竹科學園區成立公司的目的在開發隨機存取記憶體（DRAM），但因時機不對而失敗，施振榮因爲宏大投資國善而認識莊人川，新竹科學園區的國善電子結束營業後，施振榮便邀請在美國的莊人川回台灣創辦揚智科技，從事特殊用途積體電路（ASIC）的設計業務。

這些人才大約自一九八四年開始陸續進入宏碁，由於他們一進入宏碁就擔任副總經理或總經理的職位，因此被員工戲稱爲「空降部隊」。

引進劉英武

一九八九年四月施振榮引進了宏碁歷來最高階的空降部隊，施振榮為他不惜「大權旁落」。這個人便是「厲害的鸚鵡」——劉英武。

劉英武在宏碁擁有最大的權力，也戮力改革，宏碁的企業文化和管理制度在他任內遭到最大的衝擊，他所建立的一些模式和典型至今仍對宏碁發生助益，可是宏碁也在他任內發生巨額虧損，劉英武最後只得辭職負責。

一九八九年四月正是宏碁氣勢最盛的時候，股票在前一年的十一月上市，由於之前併購康點電腦成功，成為國內首家併購外國公司及跨入迷你級電腦領域的電腦公司，國外據點在「龍騰國際」的指導政策下紛紛成立，出貨量持續成長，施振榮因為經營事業成功，成為第一位應邀到總統府動員月會演講的民間人士，由於投資人看好宏碁發展遠景，股價一度衝上一百三、四十元。

在這種氣勢上，施振榮突然將經營權交給一個從國外請來的專業經理人，自然引起各界極大震撼。而各界震撼之餘，不禁要問：「劉英武何許人也？」

劉英武在美國電腦業界赫赫有名，幾乎是當時中國人在美國電腦業界最有名，地位也最高的專業人才，他在美國取得普林斯頓大學電腦博士學位後，一九六九年加入IBM，三年後即獲拔擢擔任IBM聖荷西（San Jose）研究所電腦部主管，然後先後擔任通訊程式業務部門主管、總公司組織部主管、辦公室系統及工作站副總裁等職務，他所領導開發的關連性資料庫語言(SEQUEL)成爲電腦程式的標準語言之一，影響深遠。

施振榮與他接觸時，他正擔任IBM聖泰瑞莎（Santa Teresa）事業群總經理，這個部門員工多達數千人，負責開發IBM最精密複雜的軟體，等於是IBM的智庫，一般相信，劉英武是歷來中國人在IBM職位最高者。

施振榮是透過李宗南的介紹認識劉英武，但在那之前，對他已經有耳聞，而且十分仰慕。李宗南是從台灣到美國讀書的留美學人，由於對美國科技界十分熟悉，新竹科學園區初創時，曾委請他推荐留美學人回國創業，他本人是創業投資專家，經營一個算盤創投公司（Abacus V.C.）施振榮一九八三年隨當時的財政部長徐立德前往美國考察創業投資業務時認識李宗南。一九八六施振榮提出龍騰十年發展計畫後，四處求取國際化人才，李宗南得知施振榮求才若渴，便向他舉荐劉英武，施振榮聞訊十分興奮，認爲以劉英武在IBM的經歷和世界電腦業界的地位，若能加入宏碁，對宏碁的國際化一定有龐大的幫助。

施振榮記得他和劉英武見面是在紐約一家中國餐廳，那時是一九八八年夏秋之交，宏碁股票還沒有上市。劉英武風度翩翩，對電腦技術與市場的發展趨勢和管理，侃侃而談，劉英武對這個行業實在是太瞭解了，而且那時 IBM 仍是電腦世界高不可攀的霸主，施振榮對劉英武所展現的專業和信心大爲折服，當下力邀他加入宏碁共創大業。劉英武答應有空時返台瞭解狀況。

劉英武在該年聖誕節假期返台，當時宏碁股票上市交易不久，整個公司的士氣高昂，令劉英武印象深刻，而且劉英武自小在台灣長大，他的父母長住台灣，父親劉大柏當時擔任福特六和汽車公司董事長，他在台大電機系的同班同學胡定華、邱再興、謝清俊那時在台灣電子業界也都是有頭有臉的人物，他要瞭解宏碁的虛實一點都不困難。

劉英武與宏碁高級幹部晤談後，雙方都留下良好印象，劉英武決定回美國安排離開 IBM 加入宏碁，一九八九年四月，施振榮爲表示對劉英武的禮遇，特地舉行記者會宣布劉英武加入宏碁，擔任宏碁關係企業的總經理，同時擔任宏碁美洲公司董事長兼總經理，原任宏碁美國公司董事長張國華改任榮譽董事長。

施振榮將總經理職位交給劉英武後，自己以董事長身份兼任新設的總裁職位，實際的經營決策權則交給劉英武。這是宏碁創業以來，權力結構的最大變革，凸顯施振榮追求國際化義無反顧的決心。

劉英武加入宏碁後，立即動手改造宏碁，在宏碁引起陣陣波瀾，和他的改革同樣引起注意的是他的待遇，外傳施振榮爲了挖角劉英武，提供大量的股票給他。

事隔多年後，施振榮表示，劉英武在IBM地位崇高，待遇和福利當然比台灣的水準高出很多，宏碁要請他來，總不能叫他吃虧，施振榮承認，宏碁給劉英武不低的年薪，另外爲了補償他離開IBM的損失，也提供給他相當數量的股票，不過，「不像外界想像的多，大致就是不輸他在IBM的（收入）水準。」

劉英武加入宏碁後首先調整公司的部門組織採取利潤中心制，這個制度對宏碁員工形成當頭棒喝，接著，他在一九九〇年主導併購了高圖斯電腦公司（Altos），沒想到竟導致宏碁創業以來最嚴重的虧損，使宏碁陷入長達三年的黑暗期，施振榮爲此向董事會提出辭呈，劉英武也因此負責下台。

第十五章　自創品牌

被迫更改公司名稱

一九八七年九月，宏碁電腦突然舉行記者會，宣布公司英文名稱及商標 Multitech 即日起改爲 Acer，並且提出紅藍色塊搭配的新商標設計，宏碁當時已是世界知名電腦公司，突然更換使用十幾年的英文公司名及商標，驚動國內外，業界紛紛打聽到底發生了什麼事？

對於外界的質疑，施振榮和宏碁高級主管均不願多作說明，僅強調新英文名稱易讀易記，新商標醒目突出，有助宏碁推動國際化。

推動國際化當然是宏碁選擇 Acer 爲公司英文名的原因，這個動用全球無數人力從數萬個名字中挑選出來的名字，比原有的 Multitech 強有力的多，不過，眞正的原因是宏碁遭到同名公司的壓力，要求宏碁更改名字，換句話說，宏碁是在不得已的情況下，更改公司英文名稱，並趁改名之便，推出全新的商標及企業識別系統（CIS）。

事情發生在一九八六年，宏碁領先開發出三十二位元個人電腦，Multitech 成爲市場關注的焦點，一家美國的數據機廠商透過律師通知宏碁，指宏碁侵犯該公司商標權，必須即日起停用 Multitech 爲公司及品牌名稱。

這樣的律師函對宏碁可不得了，Multitech 用了十年，驟然改名，不但十年來花費的金錢和心血白費，因爲被指侵犯商標權而改名，對公司的形象也會造成不利影響，更何況宏碁當時正準備申請股票上市。

可是經過查證，這家名爲 Multitech 的美國數據機製造公司在美國確實擁有商標權，而且在歐洲許多國家也都早宏碁一步完成登記，商標權的問題如果沒有解決，宏碁的自有品牌 Multitech 在歐美一些國家恐怕寸步難行。

Multitech 數據機公司的律師函在宏碁電腦公司內部造成極大的震撼，有人主張「長痛不如短痛，乾脆改名字算了，」也有人建議「花錢消災」，和 Multitech 數據公司談判，請其割愛

Multitech。

經過折衝，美國這家 Multitech 數據機公司還是堅持宏碁不得使用 Multitech，施振榮和律師及公司高級幹部會商後，決定壯士斷腕，全面更改公司及自有品牌的英文名字，同時設計全新的企業識別系統。

早就自創品牌

更改公司名稱和品牌對一般人來說，也許不算什麼，反正產品只要賣得出去就行，有沒有自有品牌「有什麼關係？」對施振榮來說，卻大有關係，他就是要「自創品牌」，這和他的性格有直接關連。

施振榮中學時期是數學理化的資優生，曾經得到象徵數理能力的愛迪生獎，當時的社會觀念認爲當醫生最有出息，施振榮的外公便建議他去報考醫學院。雖然從小就和外公感情親近，施振榮還是堅持自己讀理工的志願，並且不惜跟外公說出「逼我讀醫，就不參加聯考」的話；後來施振榮上了交通大學，功課一直名列前茅，當時，優秀學生流行出國留學，施振榮卻不爲所動，執意留在國內就業。

施振榮經營事業有成後，不免有人問他當年爲何不學醫，不出國，施振榮的回答很簡單：「不喜歡一窩蜂。」有人問他爲什麼不專做 OEM，比較輕鬆，風險也比較小，他的回答也是：「不希望跟人一窩蜂。」

廠商做 OEM，可以不必煩惱行銷通路、廣告支出、售後服務，經營和財務風險也都比較小，許多廠商因而樂於做 OEM，不只傳統工業產品，連電腦廠商也有許多靠 OEM 起家、壯大。

其實，宏碁的壯大、成長，與 OEM 業務也脫不了關係，一九八四年宏碁第一次外銷十六位元電腦，便是來自美國 NCR 電腦子公司 ADDS 的 OEM 訂單，後來，還特爲承接美國 ITT 公司的 OEM 訂單，而緊急成立明碁電腦。

OEM 業務最多時曾占宏碁全部營收的一半以上，在一九九〇、九一年，宏碁營業不順時，公司的利潤大多來自 OEM 業務。施振榮不諱言 OEM 業務是宏碁壯大的主因之一，不過，他總是不忘強調：「宏碁以自創品牌起家，從創業第一天起，宏碁就做自有品牌。」

「我從小就想做跟別人不一樣的事，所以別人讀醫我不讀醫，別人出國（讀書）我不出國，」施振榮說，「我創辦宏碁是因爲當時沒有什麼人成立公司做研究開發的工作，我想來做別人不做的事，後來我發現自有品牌和國際形象的事也沒有人做，我就想，那我可以來做。」「其實，我在榮泰做事時，就已經在做自有品牌的事了。」

施振榮在榮泰電子工作四年，做了許多電子計算器的外銷生意，剛開始大部分是 OEM 訂單，後來，「我們用老闆林森取的品牌 Qualitron 推廣，最多的時候，自有品牌的營業額占總營收的一半。」榮泰在一九七五、七六年是績優外銷廠商，Qualitron 能占營業額的一半，在當時算是傑出的自有品牌了。

一九七六年施振榮創辦宏碁初期，公司營運以代人研發及進口貿易爲主，談不上自有品牌的業務，不過，到了一九七八年左右，宏碁開始代理小量電子產品出口時，施振榮便忙不迭地冠上自有品牌。

宏碁在一九七八年起嘗試幫聲寶、大同等公司生產的顯示器拓展外銷，當時，生產廠商爲了節省成本，接到 OEM 訂單後，自己並不開模生產顯示器外殼，而只組裝內部構造（chasis）直接交給下單的廠商附加外殼。宏碁向各廠商取得的便只是這種稱爲 chasis 的內部構造，不過，施振榮還是在它上面貼上自有品牌「MATEK」，這是施振榮當時覺得宏碁的英文名字 Multitech 九個字母太長，而另取的品牌。只是，這個品牌用不了幾次，因爲代理顯示器外銷沒有顯著的成績而中斷，MATEK 這個品牌也就不再使用了。

到了一九八一年，宏碁開始嘗試以 Multitech 爲品牌，外銷 EDU-80電腦學習機的外銷，便以 Multitech 爲自有品牌推廣，剛開始也不順利，一封寄到新加坡的推銷信，被回以「台灣不是生產電腦的地方，本公司不會向你們購買電腦。」令宏碁上下感受不小的挫折。

同年底，宏碁開發成功小教授一號電腦學習機，再以 Multitech 爲品牌到日本參展，結果大受歡迎，打開宏碁自有品牌外銷之路，到了一九八二年推出小教授二號家用電腦，Multitech 在國際市場已經小有名氣，那時宏碁至少已在二十幾個國家以 Multitech 行銷小教授系列產品。

到了一九八三年底，宏碁開始生產十六位元個人電腦，雖然一九八四年初首批出貨是美國 ADDS 的 OEM 訂單，不過，宏碁很快透過國內外經銷系統全力推廣自有品牌，到一九八七年，宏碁營業額突破百億元時，自有品牌的業績占了將近一半，Multitech 在台灣家戶喻曉，在國際市場也算是叫得響的名號了。

這時，宏碁卻因 Multitech 與別的公司同名，被迫改名。

Acer

「宏碁」是公司創業夥伴之一的沈立均取的名字，Multitech 則是施振榮所取。Multitech 好唸、好記，寓意又清楚，在宏碁的推廣下，很快成爲電子資訊業的知名品牌，不過，因爲當時大家給公司取名字都強調技術（tech），Multitech 難免發生與其他公司名稱讀音相近的困擾，例如 Suntek、Logitech、Unitech、Microtek、Mitac 等。

宏碁一九八一在日本展出小教授一號電腦學習機後，便發生大批訂單因爲公司英文名字讀音相近，誤下到新竹科學園區全友電腦公司的趣事。原來是西德的 Chip 雜誌報導宏碁時，將宏碁的 Multitech 寫成全友電腦的英文名字 Microtek，幸好宏碁與全友的高層主管互相熟識，這些訂單最後都順利轉到宏碁。

如今經過十年努力，Multitech 成爲台灣首席品牌，在歐洲和東南亞市場的知名度也都名列前茅，卻突然被迫要改名，施振榮在情感上實在有些不能接受。不過，情勢逼人，不得不爾，施振榮能做的就是要求新的公司英文名稱要比原來的更好，更響，也更前瞻。

施振榮不惜成本，將更改公司英文名稱及商標的工作交給在台灣有分支機構的跨國廣告公司——奧美廣告。爲了創造一個具有國際品味的品牌名稱，奧美動員紐約、香港、英國、日本、澳洲、台灣分公司的創意工作者，運用電腦從四萬多個名字中篩選，挑出一千多個符合命名條件的名字，再由宏碁召集各關係企業相關人員開會討論，經過七、八個月的討論，終於決擇定 Acer 這個名字。

宏碁選擇 Acer 做爲新的公司名稱與自有品牌有以下幾個原因：一、Acer 源於拉丁字，代表鮮明的、活潑的、敏銳的、有洞察力的，這些意義和宏碁所從事的高科技行業的特性十分吻合。

二、Acer 在英文中，源於語根 Ace（王牌），有優秀、傑出的涵意。

三、許多文件在列舉廠商或品牌名稱時，習慣按英文字母順序排列，Acer 第一個字母 A，排列最先，第二個字母 C 也排在前面，取 Acer 為名，有助宏碁在報章媒體的資料中排行在前，增加消費者對 Acer 的印象。這項考慮後來果然讓宏碁在許多展覽名錄和各國提供的電腦廠商資料中排名最前面，達到強化印象的效果。

四、Acer 只有兩個音節，四個英文字母，易讀易記，比起宏碁原英文名稱 Multitech，顯得更有價值感，也更具國際品味。

宏碁決定採用 Acer 為新的英文公司和品牌名稱後，負責設計商標的澳洲公司便開始從「A」去發想，最後完成了現在聞名世界的商標，這個商標的左半部是一個箭的標誌，代表衝力與速度，右半部是一顆閃亮的鑽石，代表「堅實」與「價值」，整個商標的形狀看起來像是一顆半導體晶片（Chip），代表尖端科技的意思，與宏碁當時全力強調的產品價值不謀而合。

在決定採用 Acer 的過程還有一個插曲。根據參與改名工作的吳傳誠回憶，本來 Acer 這個源自拉丁文的名字篩選出來後，美國宏碁方面一直有意見，他們希望能在 Acer 後面再加一個 a，好讓它讀起來更像英文；另外一個考慮的因素是股之浩先生的意見，他是大股東，又是榮譽董事長，雖然他平時不干預經營，像更改英文名字和商標這樣的大事總要經過他的同意，但Acer剛挑出來時，殷之浩未置可否。

後來，宏碁科技公司在台北來來飯店舉行經銷商會議，宏碁便試做了一個Acer字樣的霓虹燈放在會場，試試經銷商的反應。結果，經銷商對宏碁新的英文名字和商標大表滿意，殷之浩方面也適時傳來好的評價，Acer這個名字和商標才終於定案。

Acer定案後，各種企業識別的配合設計和在各國的商標登記積極進行，一九八七年九月二十三日宏碁舉行記者會宣布新英文名字與商標時，距離最初著手動腦更名的時間已經七、八個月，宏碁爲了更名和設計新商標及宣傳共花費新台幣三千多萬元，在當時，許多知名廠商全年的廣告促銷費用都用不到這麼多錢，可見施振榮爲了自創品牌，是多麼不惜工本。

「影子」促銷

施振榮對品牌的用心還不於此。

宏碁在台灣市場是領導廠牌，媒體曝光率高，宣布新英文名稱和商標後，本地市場很快地接受宏碁的改變，但國外市場則顯得並不順利，一直到一九九〇年，一項對美國商業人士所做的調查，Acer 的品牌知名度只有百分之二，在歐洲只有百分之五，這和 Compaq、AST 動輒百分之七、八十的知名度相比，相差有如雲泥。不過，行銷界人士分析，Acer 的知名度陷於低檔，可能和它不曾大手筆進行廣告活動有關，與它的由 Multitech 更改爲 Acer 的關係不大，因爲在 IBM、Compaq、AST、HP、NCR 大量廣告的夾殺下，Multitech 在美國市場本來就不是個知名品牌。

Multitech 改爲 Acer 時，施振榮已提出龍騰十年發展計畫，跟著大量引進國際人才，爲了讓 Acer 龍騰國際，宏碁在一九九〇年宣布要在一九九一年使用二千萬美元（依當時的匯率，相當於新台幣六億元）進行全球性的廣告活動，目的是將 Acer 的知名度由百分之二提高到百分之四十。

爲了這項台灣有史以來最大手筆的廣告活動（一九九〇年中華航空公司花費的全球廣告費約一千二百萬美元），宏碁愼重其事，把所有的創意、製作全都交給外國廣告公司負責。經過長時間的討論、定位、修正，宏碁在一九九〇底公布名爲「影子」（shadow）的廣告促銷案，並選定美國商業週刊、經濟學人週刊、時代週刊、華爾街日報、金融時報、各種電腦專業雜誌等媒體爲刊登對象，每一媒體都編列至少數十萬美元的預算。

這項花費龐大的促銷案所以稱爲「影子」，是因爲在廣告表現上有一個手提公事包的白領階級的背影，宏碁的電腦產品也用影子處理。這樣的設計意念是源於電腦可以解決上班族的壓力，提升工作效率，甚至有電腦可以取代人力的寓意。

「影子」推出後，引起很大的迴響，也出現一些爭議，有人認爲整個廣告案所表達的意念太過模糊，宏碁內部高層主管並且有人認爲以人影爲表現手法，沒有考慮到台灣與部分東南亞國家的文化認知，因爲「飄忽不定的人影給人鬼魅的聯想。」

儘管「影子」受爭議，但媒體的曝光率對提高知名度還是有直接效果，Acer 逐漸在歐美市場打出名號，宏碁整體企業形象也獲得提升，一九九二年美國財星雜誌評選 Acer Computer 爲「值得注意的創新產品」（product to watch）。

↑李登輝(右)擔任副總統時，由施振榮陪同參觀宏碁產品(1986)。

➡宏碁美國總公司擴建辦公室，施振榮主持簡單的動土儀式，右為當時宏碁美國總經理張國華，左為經理蔡國智(1986)。

第十六章　併購跨國企業

康點電腦公司

中國人向來習以成敗論英雄，今天從宏碁在國際上所擁有的形象和地位來看，施振榮推動國際化的成就無疑是傲人的，不過，從他推動國際化的過程切片出來觀察，卻可以發現有許多的冒險。一九八六年施振榮提出龍騰國際的口號後，他推動宏碁國際化的急切，已經到了「恨不生爲外國人」的地步，最後他決定「不能擁有外國品牌，就買下外國品牌」。

一九八七年十一月，就在宏碁宣布更改英文名字和商標爲 Acer 之後兩個月，施振榮宣布購併美國康點電腦公司（Counterpoint）。

康點是美國一家新興的迷你級電腦公司，創辦人梁珮玲是在上海出生的美籍中國人，所開發的多人多工電腦除了以自有品牌 Counterpoint 行銷世界，也接受美國 AT&T 公司的 OEM 訂單，宏碁是康點在台灣的代理商，由於其產品可靠度高，在台灣迷你級電腦市場銷售和口碑都不錯。

宏碁和康點的合作關係到了一九八六年時，由代理關係進步成爲代工關係，康點的公司生產線規模小，因此將一部份代工訂單委託給宏碁，從代工中，施振榮發現迷你級電腦的附加價值極高，對當時生產十六位元電腦爲主的宏碁而言，是絕佳的升級方向，此外，Counterpoint 的美國品牌形象也令施振榮心儀。

一九八七年，康點一筆金額數千萬美元的訂單被 AT&T 取消，使康點面臨財務週轉上的問題，梁珮玲有意找康點在台灣的另一家代理商大同公司協助解決，宏碁美國公司的負責人張國華得知這個消息，建議施振榮買下康點。

這時，施振榮正全力推動宏碁的國際化，並且設法打進美國市場，康點的技術有助宏碁的產品線向上伸展，對宏碁的技術和企業形象也有立即的助益。

雙方自當年的七月開始接觸談判，施振榮親自飛往康點公司會見康點的員工和股東，接受外國式單刀直入式的質詢，也向他們說明宏碁的背景和有意併購康點的動機，經過幾個月的溝通，包括數個法人機構在內的股東及員工進行是否同意被宏碁併購的投票，結果有百分之九十八的股權支持併購案。

宏碁併購康點是採取一部分現金與一部分股票交換的方式。宏碁支付一百萬美元的現金及一部分股票給康點的員工，另外設定一個產品權利金的比率，即依宏碁產銷康點迷你電腦的數量，分期支付權利金給康點的原有股東。

併購案完成後，隔年（一九八八）九月，宏碁推出第一台迷你電腦，並另取自有品牌爲康瑟（Concer）寓意 Counterpoint 與 Acer 合併的結晶。

宏碁將康點迷你電腦取名 Concer 曾在公司員工間引發趣談，指 Concer 名字取得不好，讀音接近 cancer（癌症），又像是 cancel（取消），容易引起不好的聯想。

沒想到員工的笑談竟不幸成眞。本來施振榮併購康點是爲向上延伸宏碁的產品線，從而提高 Acer 的國際知名度與形象，但沒想到個人電腦技術提升快速，三十二位元電腦很快大行其道，在軟體的配合下，也能具備多人多工的功能，康瑟電腦的市場空間大受擠壓，不久即失去生產價值。

康瑟電腦的失敗並沒有影響施振榮對國際化的信心，到了一九八九年，施振榮又遇見另一項併購國際知名廠牌的機會。美國慧智電腦公司（Wyse）因爲財務週轉困難有意找人接手。慧智是當時世界響叮噹的品牌，在新竹科學園區設有工廠，也下許多OEM訂單給台灣廠商。慧智有意出售部分股權的訊息是美國H&Q創投基金的負責人徐大麟通知施振榮的，徐大麟和台灣資訊電子業界關係深厚，H&Q又是宏碁的股東，因此想到宏碁可以併購慧智，立即擁有世界級的品牌。

一九八九年劉英武已經加入宏碁，擔任宏碁關係企業及宏碁電腦的總經理，同時兼任宏碁北美洲總公司的董事長兼總經理。施振榮對慧智的興趣濃厚，劉英武也認爲慧智值得購買，但是他堅持要將慧智全部吃下，以擁有絕對的經營權，這一點和慧智談不攏而告吹，後來徐大麟找到當時擔任聯華電子董事長的張忠謀出面，號召包括國喬石化、神達電腦等廠商出面收購了慧智的股權。

高圖斯電腦公司

差不多在宏碁接觸慧智案的同時，美國摩根史坦利銀行主動詢問宏碁是否有興趣併購美國高圖斯電腦公司（Altos）。

高圖斯電腦成立於一九七七年，從事三十二位元網路多人使用電腦系統的製造和銷售，產品行銷全世界，有極強的行銷網路，已在全球六十幾個國家銷售十二萬八千台迷你電腦系統。

施振榮當時對高圖斯的產品技術及加值型經銷商系統頗爲心動，因爲那正可以滿足宏碁電腦技術升級的需求，同時可以彌補宏碁在品牌知名度與行銷管道的不足，但對高圖斯所開出的價碼則感到遲疑。不過，劉英武極力推荐高圖斯。

劉英武根據高圖斯提供的資料，發現高圖斯的營運情況不錯，近四年的營業額在一億四千萬美元到一億七千萬美元之間，一九八八和一九八九年雖然虧損，但分別爲五百萬美元及三百萬美元左右，情況並不嚴重，而其公司有現金三千萬美元，另有價值二千萬美元的房地產，只要高圖斯出價合理，宏碁進行此一收購案的風險應當不大。

施振榮當時正全力推動宏碁的龍騰十年發展計畫，其中第一個五年計畫（一九八六年到一九九一年）是達到四百億元的營業目標，這些營業目標的達成全賴宏碁在國際市場的打拼，一九九〇當年，宏碁的營業額大約只能達成二百多億元，如果收購高圖斯，加入其一億多美元的營業額，宏碁集團一九九一年的營業總額便可經易達到十億美元，相當於一九八六年爲一九九一年所設定的目標，此外，宏碁大力推動國際化，高圖斯在六十幾個國家有經銷管道，這對宏碁而言，等於版圖立即擴大。

營業額的挹注和國際版圖的擴增對施振榮極具吸引力，加上施振榮請劉英武擔任整個關係企業的總經理兼北美洲公司的董事長和總經理，本來就是信任他的國際化判斷力，既然劉英武認爲收購高圖斯可行，當然要予以支持。

經過一年左右的談判，宏碁以略高於淨值的價位，每股美金八元三角五分收購高圖斯全部股權，總收購金額爲九千四百萬美元。收購案由雙方在一九九〇年七月五日在台北與美國紐約同步宣布，收購八月中旬生效。

宏碁爲了利用高圖斯原有的行銷管道，因此接收了高圖斯原有的六、七百名員工，總經理也由原任總經理康威（Ronald Conway）擔任，只是將高圖斯併入宏碁北美洲公司的管轄而已。

施振榮原本希望收購高圖斯後，可以高圖斯的高階網路多人電腦帶動宏碁個人電腦的銷售，此外，以宏碁的生產技術降低高圖斯電腦的生產成本，以薄利多銷的方式進一步打開高圖斯的銷路，爲Altos與Acer兩個品牌創造雙贏，沒想到事與願違，宏碁「收留」的高圖斯原班人馬，觀念無法適應新的策略，加上電腦產業環境變化快超乎預期，收購高圖斯竟成爲宏碁多年的負擔，讓宏碁爲國際化付出極爲沈重的代價。

證交所邀請股票上市

一九八六年施振榮提出龍騰十年發展計畫後不久，台灣證券交易所的人員找上門來，勸說宏碁股票上市。

宏碁自一九八四年開始外銷十六位元電腦，內銷的零組件和中小型電腦業務也持續成長，一九八五年的業績爲四十八億元，一九八六年預估營收爲八十億元，躍居營收最大的我國電腦公司。正好當時政府爲爲擴大證券交易的規模，政策上鼓勵績優廠商股票上市，宏碁的表現吸引證交所的注易。

施振榮記得當時來拜訪的是兩位證交所的經理，他們說明了政府的政策和證交所對宏碁上市的歡迎，並大致解釋上市申請案的審議流程。

施振榮和宏碁高級主管對證交所人員的說明未置可否，「憑心而論，我們當時對上市公司的印象不好，」施振榮回憶說，「當時社會上認爲只有經營不好的公司才會把公司（股票）拿到公開市場讓大衆買賣，甚至炒作。」

因爲這個觀念，宏碁創業後，營業額雖然年年大幅成長，但資本額累積很慢，一直到證交所來邀請上市，宏碁電腦的資本額只有一億元左右，龐大的資金週轉都是靠歷年保留的盈餘及銀行融通支應。

不過，施振榮等人對股票上市的觀念在一個人的影響下，逐漸改變。這個人是台灣橡膠公司的財務副總經理李文彥。

台橡是上市公司，台橡董事長殷之浩也是宏碁的榮譽董事長。殷之浩一九八四年投資宏碁之後，李文彥經常代表殷之浩參加宏碁的董事會，和宏碁的董監事和高層主管十分熟悉。他知道證交所人員來過後，也加入鼓勵宏碁上市的行列，在他不時的「洗腦」之下，施振榮和宏碁高層逐漸瞭解股票上市有其正面的意義，終於在一九八七年同意在公司內部成立一個「股票上市工作小組」，負責籌辦相關的事項。

這個工作小組的成員包括施振榮、葉紫華、邰中和、財務協理彭錦彬（現爲財務副總），另外邀請李文彥加入。

工作小組成立的第一個工作是先辦理股票公開發行。爲了辦理公開發行，宏碁開始進行增資，隨後並且因爲合併關係企業財務，使得資本額大幅增加，從一九八六年一億元左右的資本額到一九八七年獲准公開發行時，已增資到七億四千七百餘萬元，到了一九八八年十一月股票上市時，股本更增加到二十二億六千餘萬元，兩年多的時間，資本額膨脹達二十倍，引發外界批評宏碁「大量膨脹股本，圖利舊有股東」。

宏碁股權的分配原本十分單純，最早是由創業（一九七六年）的七個人共出資一百萬元，其中施振榮與他的妻子葉紫華合占百分之五十，其他五個人各出資十萬元。當時公司小，沒有人掌管財務，就由原本在家當主婦的葉紫華出任財務部主管，「順便」擔任董事長。隔年創業夥伴沈立均和涂金泉離職，依照創業時的約定，將股權售還公司，由負責美國宏碁公司業務的張國華和剛加入公司的葉泰德（葉紫華的弟弟）承接股權。這時，宏碁確立一個原則，即員工擔任公司重要職位，必須入股，離開時，必須將股權售回公司。

宏碁的入股原則曾遭到目前擔任明碁電腦總廠長的邱英雄的反彈。他和張光瑤、林銘瑤一起加入宏碁負責台中分公司業務時，施振榮要求他們入股，邱英雄直著腸子問：「我只是要來這裡工作，為什麼一定要入股？」施振榮耐著性子告訴他這是公司的規定，「我不是要你的錢來週轉，是要用你的錢來拴住你的心。」就這樣，邱英雄在宏碁待到現在。

全面開放員工入股

為了拴住更多員工的心，施振榮進一步全面實施員工入股制度，凡是幹部工作滿一年就可以依職級認購公司股份，一般員工滿三年，就可以認股。

這樣的員工認股制度在實務上產生一個問題，就是股東愈來愈多，而宏碁當時忙著擴展業務，沒想到上市的事情，更沒有想到要印股票給員工，公司也沒有股務室處理股務，爲了省事，採取信託的方式處理員工股東的權益。即是將衆多員工的股權登記在少數大股東的名下，再由宏碁印發信託憑證給員工，這樣就省去辦理股務的痲煩。

宏碁的股權分配到了殷之浩投資宏碁之後才發生較大的變化。由於歷年辦理現金增資時，施振榮及資深股東儘量放棄增資，以把機會讓給新員工，到了一九八四年元月殷之浩投資宏碁關係企業，取得百百分之十五的股權時，施振榮和葉紫華的總持股已降到百分之三十左右，葉紫華也不再擔任董事長，改由施振榮擔任董事長兼總經理。

一九八七年宏碁成立「股票上市工作小組」後，首先面對的便是員工股權信託如何還原成普通股票的問題。另外，當時宏碁各關係企業財務報表各自獨立，但員工認股的標的是全集團，也就是投資的錢分別投到宏碁電腦、宏碁股份、明碁電腦、第三波文化等宏碁關係企業。

當時「股票上市工作小組」規劃要上市的主體是位於新竹科學園區宏碁電腦，但施振榮認爲，「宏電能夠有今天，是所有關係企業員工共同努力的成果，應該讓大家都享受股票上市的果實。」

上市小組於是籌劃由宏碁電腦合併所有關係企業股權的行動，同時將原本信託在少數股東名下的員工認股全部還原爲普通股票，讓員工自行持有。

在合併股權之外，施振榮爲了讓宏碁顯示應有的股權價值，將早年累積下來的保留盈餘也一併轉增資爲股本，在合併關係企業股權和盈餘、現金轉增資之下，宏碁在補辦公開發行一九八七年九月獲財政部核准後不久，股本已增至十一億餘元，這時，宏碁電腦已因合併股權行動，幾乎百分之百持有其他關係企業的股權，後來居上成爲宏碁集團的母公司，當年創業的宏碁股份也乘機更改公司名稱爲宏碁科技公司，成爲宏電的子公司。

這時，由於宏電也將殷之浩出資的宏大創投及明碁電腦股權併入，因此殷之浩在宏電占有的股權由原來的百分之十五大幅提升爲百分之二十五，施振榮與葉紫華則由百分之三十降爲百分之二十五。

外商爭相投資

宏電的股權在上市前大幅增爲二十二億餘元，有一段外國金融機構要求投資入股的故事。

第一個向宏碁要求投資的是當時世界最大的保險集團——美國寶信保險集團旗下的美國寶信

投資公司。

美國寶信投資公司董事長馮國經是香港青年總裁協會（YPO）的會員，在一次與台灣青年總裁協會的交流裡結識了施振榮，當時宏碁已是台灣第一大電腦公司，一九八七年的營業額預估可達一百三十億元，馮經國大約在一九八七年中期向施振榮提起投資宏碁的建議。

由於當時證交所人員已來拜訪過宏碁公司，施振榮在李文彥的鼓勵下，對股票上市也不再排斥，宏碁又正全力推動國際化，施振榮心想，寶信集團是世界級財團，有它來當宏碁的股東，對宏碁的國際形象應該會有幫助，對馮經國的提議，納入認眞考慮，當時難以取決的是投資比率與投資價位的問題。

宏碁和寶信正在爲這個問題傷腦筋時，中華開發公司的投資處長郭瑞雨來拜訪施振榮表示投資的意願，郭瑞雨做事乾脆，當場就敲定以宏碁淨值的兩倍投入宏碁。有了中華開發提出的價位，寶信的投資案就好辦，施振榮通知寶信比照中華開發的投資價位，寶信欣然同意。

中華開發與寶信將投資宏碁的消息傳出後，與宏碁來往密切的美國大通銀行及日本住友株式會社台灣辦事處趕緊通知各該總公司，連花旗銀行也跑來表示要投資，施振榮衡量這些公司都是世界知名的大集團，引進他們的資金，對宏碁國際化應該有幫助。

就在宏碁與這幾家世界級大集團談得差不多時，美國 H&Q 創業投資公司的徐大麟得到消息，堅持一定要參與投資，施振榮在盛情難卻情況下，只好比照前五家投資者的條件，以宏碁淨值的兩倍——大約是每股二十二元讓H&Q參與投資。

總計這幾家投資機構投入宏碁的資金美國寶信投資公司爲六百萬美元、大通銀行新台幣四千萬元、中華開發一億五千萬元、H&Q六千萬元、再加上住友與花旗銀行的資金，總共投入資金爲四億八千萬元，占宏碁一九八七年底增資後股本十四億五千餘萬元的百分之十三。

隨後宏碁於申請上市前再進行一次盈餘轉增資及一次「全員股工現金增資活動」，即不限工作年資均可以溢價二十四元認股，總共發行約八千萬股，宏碁資本額激增爲二十二億六千餘萬元。

宏碁在一九八八年五月向證交所申請股票上市，於同年十一月十一日上市交易，上市參考價四十七元，當時逢股市熱潮，且宏碁氣勢正盛，宏碁股價一飛衝天，股價直上一百多元才停住。許多宏碁員工因股票上市而成爲百萬富翁，甚至千萬、億萬富翁，但也埋下宏碁文化遭遇質變衝擊的隱憂。

第四部　困頓時期

第十七章　營運出現警訊

股票上市前氣勢如虹

一九八八年五月，宏碁向證券交易所遞件申請股票上市，九月宏碁藉慶祝創業十二週年的機會，舉辦一系列的「龍騰國際」系列活動，爲股票上市熱身及造勢。

龍騰國際活動包括：舉辦宏碁龍騰杯全國桌球錦標賽、國際軟體趨勢研討會、迷你電腦技術研討會、兒童電腦營、宏碁新廠落成典禮及龍騰國際展。其中以龍騰國際展最轟動，最受矚目。

龍騰國際展從九月十五日到九月十八日在台北世貿中心展覽館一連舉行四天，展場分成五區，展出內容分別爲宏碁企業文化、行銷服務、研展製造、財務資訊、資訊產品。

由於施振榮開放員工入股，使全公司員工幾乎都是公司股東，舉辦龍騰國際活動時，宏碁股票上市在即，公司上下對此項系列活動無不卯足全力，龍騰國際展上，員工忙進忙出，個個士氣高昂。

龍騰國際展開幕典禮更是冠蓋雲集，當時宏碁已經是台灣最大的電腦廠商，施振榮又當了兩任六年的電腦公會理事長，累積雄厚的政商人脈，宏碁舉辦這麼大型的活動，大家自然都來捧場。除了政府部會首長、科技界領袖、工商業人士外，世界資訊業軟硬體兩大巨人英代爾和微軟公司的總裁安德魯·葛羅夫（Andrew Groove）和比爾·蓋茲（Bill Gates）也以預先錄影的方式，由宏碁在現場播放他們對宏碁的道賀。

施振榮在龍騰國際展揭幕典禮上致詞時，強調股票上市是宏碁第二次創業的開始，宏碁將加速國際化與推動自有品牌，早日達成兩年前揭示的龍騰十年發展目標（一九九一年集團總營業額達到四百億元，一九九六年一千二百億元），當他爲表示全體宏碁人的信心和決心，舉起木槌揮擊台上預置的大銅鑼時，台下歡聲雷動，員工的士氣被整個激發出來，隔日，各大報章都大幅報導宏碁慶祝十二週年的盛況，並且指出宏碁股票即將上市，是台灣第一家股票上市的電腦公司。

一九八八年十一月十一日，宏碁股票掛牌交易，參考價爲四十七元，上市後連續漲停板，直到一百多元才止住，隨後跟著股市上下漲跌，最高時漲到一百五十幾元。宏碁許多員工在一夜之間成爲百萬富翁、千萬富翁，少數人甚至財富上億。

可是就在宏碁員工沈醉在高股價的甜美滋味裡時，宏碁的營運卻出現警訊，上市當年的獲利能力遽減，從往年平均每股平均五元降爲一點四二元，財務資料一公布，投資人嘩然，批評宏碁故意在上市前大量增資，稀釋獲利能力。

宏碁電腦在一九八六年九月時，資本額只有一億九千多萬元，一九八八年十一月上市時，資本額已增爲二十二億六千多萬元，主要是合併關係企業及增資供員工認股，另外多家跨國企業溢價投資，也增加宏碁資本額的膨脹。

這些增資對宏碁每股獲利能力固然造成不利影響，但還不致於使宏碁獲利由平均每股五元遽減到一點四二元，眞正使宏碁一上市獲利表現就走樣的主因是海外併購的效益沒有顯現及長期投資過多，造成財務上的負擔。

海外併購案形成負擔

一九八七年，宏碁以一百萬美元的現金和一部分宏碁電腦的股票併購了美國康點電腦公司，希望提早踏入迷你電腦領域，沒想到卻陷入經營的困境。

宏碁併購康點時，也同時接收康點的員工，當時是想藉康點員工的迷你電腦技術擴充宏碁的產品線，使宏碁從個人電腦升級到迷你級電腦的領域，既提高企業形象，也可擴大營業額。但沒想到個人電腦技術進步快速，很快地侵入迷你級電腦的地盤，取代低階迷你電腦的市場，宏碁併購康點後推出的康瑟（Concer）迷你電腦商機全失，宏碁併購康點所打的擴增營運空間的如意算盤不能實現，反而多出一百多個高薪員工的負擔，宏碁美國公司自此陷入虧損的境地。

在康點虧損的同時，宏碁另有一個大傷口——SI 公司（Service Intelligent）。這家公司是宏碁爲拓展美國市場，在美國洛杉磯併購的一家小型電腦維修公司。宏碁以五十萬美元併購 SI，後來卻爲它付出沈重的代價。

宏碁既打算在美國市場大展宏圖而買下 SI 公司，便採取行動，以 SI 爲根據地，在美國各地徵人設立維修據點，結果員工急速膨脹，宏碁在美國的營業額卻未能同步成長，這些員工變成冗員，成爲宏碁極沈重的負擔。根據施振榮的估計，SI 公司幾年內造成的虧損高達二千萬美元（近六億新台幣），是當時併購它時花費金額的四十倍。

除了康點和 SI 的虧損，宏碁在這段時間還承擔了多項長期投資的資金成本。

施振榮在一九八六年提出龍騰十年發展計畫後，除併購康點、SI 加速國際化外，並且在國內進行多項長期投資，比較重要的包括：

一、一九八九年三月，以十一億元在龍潭購買四萬餘坪土地和廠房。

二、一九八九年五月宣布與美國德州儀器公司合資在新竹科學園區興建半導體工廠，宏碁占百分之七十四股權，宏碁初期投入資金達二十三億元。

三、一九八九年七月與四家國內科技公司和三家外國創業投資公司合資成立國內首家專業大貿易商——「立碁國際公司」。

四、一九八九年九月在汐止預購面積達七千多坪的辦公大樓。

這些投資案，龍潭的土地和廠房在宏碁最困難時，曾發揮救急的功能，德碁和立碁目前也已轉虧爲盈，**德碁並且自一九九四年起成爲宏碁獲利的主要來源**，但在此之前宏碁爲這些投資案所支出的大筆資金卻形成財務上極大的負擔。

這幾個投資案都是在一九八九年間進行的，當時宏碁的獲利能力已受到康點和 SI 公司虧損的影響，這幾項投資案卻一口氣積壓近四十億元的資金，一年的資金成本即好幾億元，對宏碁的營運造成雪上加霜的效果。

施振榮對宏碁獲利能力下降，並非全無警覺，他在股票上市前就注意到這個問題，特地發起一個名爲「龍騰演習」的節流運動，要求公司上下全力節省支出。

實施龍騰演習

龍騰演習一共舉行兩次，一次是在一九八八年夏天，也就是股票上市前幾個月，一次是在一九八九年的秋天。演習的主要訴求是節流，從省紙張、省油料做起，要求各部門的例行性支出做一定幅度的減省。

爲了使龍騰演習達到效果，宏碁管理部門針對各部門、各項目訂出每月減少支出的項目和標準，其中人事類必須節省二百一十萬元，總務類減少一百八十萬元，也就是每月要減少支出四百萬元，一年四千八百萬元。

在具體的作法上，龍騰演習要求各部門凍結非生產人員的進用，減少教育訓練費用的支出，加班費支出從嚴審核；原本提供給各部門的報紙、雜誌停止或減量，影印紙雙面使用，辦公桌椅不再增購，有損壞者設法修復再用，辦公室位置移動拆下的隔間板必須保留繼續使用，走道的照明燈數量減少，傳眞、電話、郵費、文具用品、車輛油料支出都強制減少。

施振榮選在股票上市前發動龍騰演習，除了希望以撙節開銷彌補海外併購案造成的虧損外，也有提醒宏碁員工不要因股票上市而由儉入奢的用意。

宏碁在一九八八年五月向證交所遞件申請股票上市，不久，就有許多投資機構和股市大戶透過各種管道，向施振榮表示希望和宏碁大股東合作炒作股價，施振榮對這些要求一律拒絕，但也見識到股市的複雜。他擔心員工受到誘惑而沈迷股市，影響工作效率，便在內部會議和文件中提醒宏碁同仁對股票上市抱持平常心，不要忘記宏碁創業時期的苦幹精神。

宏碁創業初期，七位股東加四位員工擠在三十坪的公寓裡，創業元老邰中和經常騎著摩托車遠征中山科學研究院，還要順便載會計小姐去收帳，否則她們就得自己從台北北門車站搭客運車到石門水庫，然後走大老遠的路才能到得了中科院；宏碁老闆娘葉紫華也坐過邰中和的摩托車，她還自己一階階地洗樓梯，爲的是讓老外對宏碁有好的印象。

施振榮苦口婆心，但手中握有數十張、數百張、甚至數千張股票的員工，卻很難「心中無股價」，在股市狂飆氣氛的感染下，不少宏碁員工上班時間談論股票，甚至有人在上班時間偷偷買賣股票。由於宏碁股價一度跟隨大盤扶搖直上，不少員工自認爲自己和公司都富了，心態上認爲龍騰演習「不過是管理部門故意用來整人的技倆」，並沒有認眞配合執行龍騰演習。

根據宏碁內部發行的「宏碁月刊」報導，龍騰演習期間有不少陽奉陰違，省小錢花大錢的脫序現象。

一九八九年五月號的宏碁月刊記載，管理部門要求各單位節省用紙，影印紙印過一面後，必須回收，另面再供使用，但是「影印的人漫不經心，影印間堆滿錯印的紙張。」管理部門要求採購要多方議價，節省成本，但是有的採購人員「下單之前未仔細瞭解需求來源，貨進來後，又未交代清楚，使得倉庫內存了一大堆莫名其妙的物料，無人認領。」

矯枉過正

龍騰演習也出現不明究理，矯枉過正的情形。

據宏碁月刊記載，許多宏碁主管爲節省人事訓練費用，不分青紅皀白，將所有訓練課程一律腰斬，該省的，固然省了，不該省的，也免了，引起基層很大的反感。

爲了節省電費，管理部門將辦公室走道上方的燈管拆掉一部分，座位靠走道的員工因爲光線不足，視力不能適應，影響工作效率，「向行政部申請個人用檯燈，總被以『龍騰演習一切從簡』打回票。」

現任華碩電腦公司副董事長童子賢當時仍在宏碁任職，他也曾身受龍騰演習矯枉過正之苦，有一次，童子賢申請購買一個HP邏輯分析儀，前後花了一年多的時間，才拿到申購的儀器。

童子賢回憶當年他將採購申請單送出去後，一直沒有消息，便去行政部門詢問，結果採購人員說，宏碁電腦的關係企業宏碁科技代理另一個品牌的邏輯分析儀，宏碁採購產品要以自己公司或關係企業代理的品牌為優先，若是堅持要採購其他品牌，必須提出報告，證明兩個品牌的規格不同，且說明為何一定要買特定品牌。

童子賢花了三個月時間分析規格，才讓行政部門同意為他購買HP的邏輯分析儀，童子賢心想，既然行政部門已經同意，產品應該很快可以發下來，沒想到癡癡地等了六個月仍無下文。

童子賢於是再去找行政部門，答案是，「機器要向美國HP公司直接購買，所以比較慢。」童子賢不懂為什麼不向台灣HP公司購買，行政部門的回答是：「台灣HP的售價比較貴，因為進口商會把百分之十七的儀器進口關稅轉嫁給消費者，若是直接向美國購買，進口時可以申請免稅。」

行政部門說得理直氣壯，童子賢只好乖乖回到自己部門耐心等待，又幾個月過去，儀器還是沒有下來，童子賢按捺不住，再去詢問，這次的回答是：「宏碁北美洲公司也要買相同的儀器，公司希望兩台儀器一起買，可以向老美殺殺價，至少省個百分之五。所以採購時間要再緩一緩。」童子賢聽了差點沒昏倒。

再隔一兩個月，儀器終於下來，當童子賢撫摸這台「得來不易」的機器時，距離提出申請的時間已經超過一年。

「行政部門的做法，出發點固然是爲公司省錢，但申請一台儀器得花上一年的時間，效率也實在太離譜，」童子賢不只申購HP邏輯分析儀等了一年，後來申請購買一台競爭對手生產的電腦做爲研究用，也遭遇層層關卡。

事隔多年後，施振榮輾轉聽到童子賢當年申請機器的過程，大感不可思議，「怎麼這麼爛！」他脫口而出，「我實在不知道公司當時已經爛到這種程度。」

施振榮說，當年他因爲感覺到宏碁的平民文化和勤奮精神逐漸消退，才發起龍騰演習，但沒想到公司的運作效率已荒唐到這個地步。「做一個經營者實在不能片刻掉以輕心，」施振榮感嘆，「有太多管理上的盲點，是你用放大鏡也看不到的。」

人員膨脹及效率惡化

龍騰演習出現矯枉過正和陽奉陰違的現象，不但損害演習的效果，還反映了宏碁在這個階段（上市前後到嚴重虧損時期）的企業體質。

宏碁在一九八六年時，全集團員工大約只有一千八百人，到一九八八年股票上市之前，人員已膨脹到近四千人，一九八九年五月與德州儀器公司簽約合資興建半導體廠之前，員工數突破五千人，到了一九九〇年底員工數超過六千人，其中包括了許多因併購康點電腦及高圖斯電腦而納入的高薪外籍員工。

宏碁員工的急速膨脹導因於施振榮一九八六年所提出的龍騰十年發展計畫和行之有年的分散式管理，這個計畫又分成兩個五年計畫，第一個五年計畫要使宏碁集團總營業額在一九九一年前達到四百億元，第二個五年計畫目標為全集團營業額在一九九六年前達到一千兩百億元。

在龍騰十年發展目標的鞭策下，宏碁各關係企業全力衝刺，每個主管都想廣徵人手，擴大營運，宏碁總管理處則因為宏碁一向採行分散式管理，各部門主管擁有加人的權力，且龍騰計畫也允許前五年每年平均增加百分之十五的人力，總管理處因此將各單位增加人力都視為營業成長所需，最後竟導致失控的情況。

一位任職宏碁研發單位的主管回憶一九八八年前後，宏碁「加人」的情形，「我們部門幾個小主管幾乎每個星期六下午都留下來加班，給應徵的人面試，」他說，「這樣的情形持續了半年多，主要是人事部門和高層主管不斷催我們加人，『把未來幾年要用的人統統加滿。』」

各部門和關係企業加人，主要是為了衝業績，但也不免有人心存「山頭主義」的思想，施振榮如今檢討當年的情況，「可能有的主管看到別的部門加人，他就跟著加人，反正『人多好辦事』，卻沒想到多一個人，不只是多一份薪水，還可能造成管理和行政效率的負擔。」

人多，不見得好辦事，有時反而相互制肘，甚至腐蝕企業文化，傷害企業體質，龍騰演習陽奉陰違和矯枉過正的現象便是人員膨脹的後遺症。

宏碁原本以平民文化自豪，資深員工無不以當年會計搶搭副總經理機車外出收帳，研發人員在公司熬夜、睡行軍床爲傲，但公司員工自一九八六年不到二千人，一九八九年增加到五千餘人，新進員工對宏碁的創業文化所知不多，要他們感同深受很困難，加上有些員工在其他公司工作已久，轉檯進入宏碁後，帶進來不同的行事風格，不免扭曲宏碁原有的企業形象，甚至引發舊有員工的反彈，對營運效率發生不利影響。

曾有一位報紙記者到宏碁採訪後，向一位秘書小姐借用傳眞機，這位小姐竟回敬以「我是副總的祕書，不是operator。」

有一次施振榮率領幾位高級主管到歐洲考察，施振榮在飛機上一直掛念著開會事宜，一位從外商轉到宏碁的高級主管卻問大家：「到飯店check in後，要上那兒玩？」

空降部隊不孚人心

空降部隊原是施振榮為加速宏碁國際化，擴大營運規模，自外挖角而來的人才，他們大多在外商或其他工作單位有傑出表現，在業界享有令名。

這些空降部隊並不專指劉英武、童虎、吳傳誠、王秀二、殷允中等知名人士，還包括一九八六年底「龍夢成眞」徵才運動，所引進的高級人員。

這些人才進入宏碁後，分別出任各部門協理、副總經理、甚至總經理職位，對宏碁的層級組織造成不小的衝擊，在空降部隊最盛行時，宏碁曾有多達四十幾位副總經理。

在引進空降部隊之前，宏碁的管理階層大致分成創業元老（施振榮、葉紫華、邰中和、黃少華、林家和）和宏碁草創時期加入宏碁的資深員工，宏碁內部習稱這些資深員工為「第二代」，包括施崇棠、林憲銘、梁秋生、邱英雄、張光瑤、林銘瑤、李焜耀、盧宏鎰、吳廣義、彭錦彬、陳威伸、王振堂、呂理達、黃瑞雲等人。

在空降部隊加入宏碁之前，創業元老分掌宏碁各部門的最終決策，施振榮是關係企業董事長兼總經理、負責企業發展的大政方針；葉紫華負責財務調度及稽核；邰中和擔任宏碁科技公司的總經理；黃少華擔任關係企業的副總經理；林家和負責關係企業的研發決策。第二代則分別在各關係企業和部門負責實際領導衝鋒陷陣，有功有過都直接向各部門負責人，也就是創業元老報告。

由於宏碁每位創業元老都是基層幹起，而且都是戰功彪炳，第二代即使工作再辛苦，在創業元老面前，總是心甘情願，沒有怨言，因爲宏碁前十年的天下是創業元老「師傅帶徒弟」，領著第二代一步一步走出來的。

但空降部隊進入宏碁後，擔任的職務多在協理以上，立即衝擊到宏碁第二代與創業元老之間原有的關係。

原本第二代有事可以直接與邰中和、黃少華、林家和、甚至施振榮商量，空降部隊加入後，成爲第二代的主管，第二代有事必須先向空降部隊報告，不能再像以前一樣直接找創業元老。

決策層級的改變令第二代感到極不習慣，他們私下揶揄空降部隊爲「一點五代」。

宏碁創業以來有一個特殊的企業文化，就是工作由主管帶頭幹，同事之間以能力爲領導的衡量標準，階級和職銜反而成爲其次。這也是爲什麼施振榮創辦宏碁以來，公司員工一向直呼他的英文名字「Stan」，而不稱他總經理或董事長。

但空降部隊有的來自外商，有的來自官方，有的人的行事模式與風格與宏碁企業文化大異其趣，令第二代大感不以爲然。「他們每天坐在辦公室，要我們去報告，（我們）報告完，他們又不做決策，大家每天在做 paper work，不知道爲什麼？」一位第二代想起以前的情況，仍忍不住抱怨。

「那個時候施崇棠幹研發部門的協理，他是個研發人，卻每天搔著頭寫報表，」一位當年研發部的員工幫施崇棠打抱不平，「因爲上頭（空降部隊）要求他（施崇棠）每個星期要提出當週的 Top ten（十大工作目標）。」

第二代對空降部隊的不滿情緒，隨著工作上點點滴滴的磨擦日益增強。

宏碁的第二代之間有一個聯誼的組織，稱做「惜緣會」，每個月聚餐一次，交換工作心得，自空降部隊進入宏碁以來，惜緣會的談話內容即充斥不滿與抱怨，尤其施振榮引進空降部隊後，爲表示對他們的禮遇和支持，在許多決策上優先採用他們的意見，這一點引起第二代的挫折感和反彈，「他們那麼厲害，事情都讓他們做算了。」

不少第二代在感覺自己不受重視之餘，有的人離職他就，有的人出國進修，也有少數人在工作上消極抵制，對正飽受海外虧損之苦的宏碁，造成戰力上的折損。

⬆施振榮主持明碁電腦馬來西亞建廠記者會，其左爲馬來西亞工商部長拉斐達(1989)。

第十八章　產業環境發生劇變

零層行銷衝擊市場

就在康點與SI的虧損削減宏碁獲利能力，人員膨脹與空降部隊造成的內部衝突，遲滯宏碁的營運效率時，全球個人電腦產業環境突生劇變，令宏碁的經營處境雪上加霜。

一九八八年宏碁股票上市前後，美國百克貝爾公司（Parkard Bell）和代爾公司（Dell）崛起，聯手導演了撼動全球電腦市場的配銷革命。

百克貝爾和代爾在美國市場推動低價及零層行銷（Zero-tier），就是打破原先電腦業習於為常的製造商、經銷商、零售商等層層轉售的行銷方式，改以量販店和直銷的方式，縮短製造商與消費者的距離，將中間商的利潤折價給消費者。

百克貝爾用量販店的模式進入市場，代爾則採取電話直銷，兩者所銷售的電腦，價格比一般廠商的同級產品便宜二至三成。

在百克貝爾和代爾的競爭下，全球個人電腦廠商的銷售統統受到影響，不得不降價因應，但即使降價，也競爭不過百克貝爾和代爾，當年，世界各國電腦廠商的銷售成長率和獲利率都受到嚴重衝擊。

宏碁雖注意到百克貝爾和代爾所發動的配銷革命可能對市場發生大衝擊，但當時公司高層把注意力放在彌補康點電腦與 SI 公司造成的虧損大洞，公司員工則仍沈醉在股價飛漲的甜美滋味裡，對「雙爾」效應並沒有採取具體因應行動。

毛利大降

「雙爾」效應在一九八九年逐漸顯現，包括宏碁在內的世界主要個人電腦廠商銷貨量均成長緩慢，而且毛利率不斷下降，百克貝爾和代爾發動的配銷革命，已對衆多個人電腦廠商造成利潤降低與庫存品大增的雙面打擊。

施振榮回憶說，原本IBM、Compaq產銷個人電腦的毛利約百分之四十到五十，宏碁約百分之三十五，「雙爾」出現後，IBM、Compaq的毛利率立即明顯下降，「雙爾」效應大約持續四年，IBM、Compaq的毛利率大約降到百分之二、三十，宏碁則降到百分之十八左右，這還是將美國宏碁的經銷利潤包括在內，若只計算台灣宏碁電腦的製造利潤，大概只剩百分之十左右。

百分之十的毛利率對只做代工（OEM），並且數量達到經濟規模的廠商而言，大概勉強可以活得下去，對推動自有品牌，要負擔研發和行銷大筆費用的廠商來說，註定要虧損。

從一九九〇年到一九九三年，虧損、關門的廠商不計其數，台灣知名的詮腦、佳佳科技、鼎強、強榜、凌亞等，便在這一波衝擊中倒閉或淡出市場，原本一年盈餘數十億美元的IBM公司，在一九九二年虧了八十億美元，世界知名的王安、飛利浦、奧利維弟、布爾，統統出現虧損。

「雙爾」效應的打擊，令已飽受海外虧損和人員膨脹之苦的宏碁，一九八九年只有一億五千一百萬元的的盈餘，等於每股只有零點二八元，一九九〇年盈餘六千四百萬元，每股零點一四元。

這還是宏碁出售資產挹注後的帳面數字，若非出售所持有的股票和科學園區的廠房，宏碁的帳面數字會更難看。

施振榮在一九八九年中發現當年盈餘不樂觀，便指示財務部門將宏碁持有的二百萬股建弘證券公司的股票，以每股六十元脫手，這批股票持有成本每股十元，二百萬股讓宏碁獲利一億元，才使宏碁當年結算得以有一億五千一百萬元的盈餘。換句話說，若不出售所持有的建弘股票，宏碁當年的盈餘只有五千一百萬元，等於每股盈餘零點一二元。

一九九〇年的六千四百萬元盈餘中，則有五千六百萬元是出售新竹科學園區閒置廠房的獲利，換句話，扣除處分資產的獲利，當年宏碁實際盈餘只有一千二百萬元，每股盈餘不到三分。

放手劉英武改革

一九八九年，當宏碁正爲海外併購案沒有發揮效益，集團組織龐大，營運效率降低等問題所苦時，劉英武在四月加入宏碁，施振榮賦予劉英武宏碁全集團總經理及宏碁美洲公司董事長兼總經理的重責，全權讓他進行改革。

劉英武在加入宏碁之前，和施振榮多次懇談，對宏碁的現況和施振榮國際化的雄心有充分的瞭解。

他發現宏碁的組織強調授權，各部門主管在員工進用、薪資調整、營運方向上有很大的決策權，就像是一個獨立的公司，唯一和獨立公司不同的是，宏碁各部門沒有財務調度的責任，不必負擔財務上的風險。

宏碁這種由中央支援財務，讓各部門專心就各自負責業務全力衝刺的組織模式，在公司規模不大時，確實具有靈活與效率的優點，但公司規模變大後，各部門若仍豁免財務責任，便會有盲目擴充，不問成本的問題。宏碁員工人數在一九八六到八九年之間，短短兩年多，從一千多人膨脹到五千多人，便與各部門沒有財務責任，盲目增加人手有關。

除了競相加人外，沒有財務責任，還造成各部門對物料的採購漫不經心。宏碁實施龍騰演習時，便發現許多部門在以前採購許多相同的物品，這些物品其實使用次數不多，若有適當部門管理，讓各單位在需要時借用，便不會造成重複購買的浪費。

另外，宏碁當時已發展成一個企業集團，關係企業之間，甚至同一企業的不同部門之間，都有龐大的業務往來，由於各部門和關係企業不負財務責任，關係企業之間的業務往來，便存著「自己人好說話」的心理，在產品價格和品質上的要求不若與外人做生意嚴謹。這種心理，使得各關係企業之間的業務往來，不但不賺錢，有時還得政策性地賠錢。

劉英武認爲，宏碁各部門用人不算成本和做生意互相貼補的情形是企業經營上的大忌，他決定從「成本觀念」下手，對宏碁進行第一波的改革。

引進利潤中心制度

劉英武引進利潤中心制度，強制宏碁各部門和關係企業建立成本觀念，他將宏碁各部門和關係企業依照所轄業務，分成策略事業群（Strategic Business Unit，簡稱 SBU）和地區事業群（Regional Business Unit，簡稱 RBU）。

策略事業群和地區事業群有一個大致的區別，就是策略事業群的業務範圍涵蓋產品研究發展、製造和代工（OEM）的任務，例如當時施崇棠負責的系統事業群便屬於策略事業群；地區事業群則主要負責產品的行銷，依不同區域劃分數個地區事業群，例如北美洲、歐洲、非歐美地區、台灣地區等。

在沒有實施利潤中心制度之前，宏碁各部門與關係企業的交易價格沒有一定的標準，時常出現這個部門補貼另個部門的情形，實施利潤中心制度後，各部門和關係企業負責人的表現以各自部門的營運成果爲準，大家開始對每筆交易計算成本和利潤，「親兄弟明算帳」，以前「打爛仗」的現象不復可見，各部門和關係企業之間開始斤斤計較，進用人員和物料採購也不再盲目浪費，讓當時臃腫、顢頇的宏碁朝經營合理化跨出大步。

劉英武在宏碁實施利潤中心制度時，百克貝爾和代爾挑起的配銷革命也發揮效果，世界各國電腦廠商，包括宏碁在內都受到百克貝爾和代爾的低價衝擊，毛利率大降，庫存品不斷增加。

宏碁美洲公司在「雙爾」配銷革命中首當其衝，本來康點和 SI 公司的虧損已經記在宏碁美洲公司的帳上，百克貝爾和代爾的低價攻勢使得宏碁美洲公司的業務更難推展，根據宏碁內部的資料，宏碁美洲公司在一九九二年以前，每年只做幾千萬美元的生意，卻承擔近千人的營業費用，成爲宏碁當時最大的痛處。

「雙爾」造成的衝擊也直接對劉英武的利潤中心制度形成考驗。

宏碁各部門和關係企業，原本就有垂直和平行整合的關係，例如明碁做的監視品賣給宏碁系統事業群，生產主機板的部門將產品賣給生產電腦的部門等。以前這些部門之間的交易價格是各自協調的，因爲沒有利潤中心的壓力，雙方在「都是一家人」的觀念下，對價格不會太計較，「反正盈虧都是公司的。」

有了利潤中心制度後，部門之間的立場便不一樣，以策略事業群的立場來說，出貨價格當然愈高愈好，反之，地區事業群希望的進貨價格當然愈低愈好。

問題是，這個時期的宏碁因爲人員膨脹，又要負擔自有品牌的行銷費用，製造部門的單位生產成本比起純代工（OEM）的業者要高出很多，若是以市價出貨給地區事業群（例如負責美國市場的宏碁美洲公司），便註定要大賠錢，若是按照利潤中心制度的要求，以成本加上利潤出貨給銷售單位，那麼銷售單位便沒有市場競爭力。

於是，不同事業群之間爲內部交易價格便經常起爭議，銷售單位要求以市價進貨以增加競爭力，製造單位則在利潤中心制度的壓力下，堅持售價要反映成本。

爲解決雙方的僵持，宏碁高層在實施利潤中心初期，以「雙方各讓一步」的基礎上，爲事業群之間的交易訂定一個內部移轉價格（Internal Transfer Price，簡稱ITP）。

宏碁在訂定ITP時，雖然已經考慮地區事業群（銷售部門）的市場競爭力，而儘量壓低策略事業群（製造單位）的利潤，但所訂的價格還是比市價高，造成內部交易總有一方要吃虧的現象。

而這種總有一方虧損的內部交易，後果總是由總公司承擔，因爲不管誰吃虧，最後的帳還是記到公司頭上。

本位主義阻礙改革

內部移轉價格暫時解決了宏碁製造部門與銷售部門的爭執，但問題並沒有完全解決。利潤中心制度意外衍生出各部門的本位主義，在後來宏碁是否要量產主機板的討論上再度對決，由於雙方各執己見，而且言之成理，使負責決策的劉英武舉棋不定，一直到他離職都無法下定決心。

百克貝爾與代爾的配銷革命，對世界各國的主要電腦廠商造成嚴重的打擊，卻也扶持了一些新興廠商，他們有的與雙爾合作，提供大量生產的主機板和零組件，有的專做世界各國個人電腦大進口商（Clone）的生意，薄利多銷，在市場上快速崛起。台灣的大衆電腦和精英電腦便搭上了這波配銷革命的順風車，短時間內成爲台灣數一數二的主機板大廠。

大衆和精英剛進入市場時，宏碁並沒有放在心上，對他們大量承接主機板訂單，賺取「蠅頭小利」的作法有點不以爲然，可是沒多久，大衆與精英就成爲主機板市場的主宰廠商，宏碁根本沒有辦法與他們競爭。這時宏碁內部開始有人建議「隨波逐流」，擴大主機板的生產規模，以降低生產成本，一方面在Clone市場和大衆、精英一爭長短，另方面可以增加宏碁個人電腦的競爭力。

但這個建議在宏碁內部卻引起強烈的抗拒，原因是宏碁本來就有主機板的生產線，每個月大約生產十萬片，大部分供應自己生產個人電腦，由於沒有競爭壓力，且生產數量小，因此成本很高。

如果宏碁成立一個獨立的部門生產主機板，加入產銷分工的行列，以低價進入市場，那麼，非但原先生產主機板的部門立即遭到打擊，這些低價的主機板賣給別的廠商裝配成個人電腦，在市場又會打擊到宏碁自己的個人電腦。

由於反對的聲浪太大，負責決策的劉英武一時拿不定主意，這時宏碁併購的美國高圖斯電腦的虧損又愈來愈嚴重，劉英武把許多時間放在解決高圖斯的問題，生產主機板的決策就拖了下來，一直到他離職了，都沒有決定，等到施振榮重新掌權，決定投入主機板市場時，延誤的時間已經超過一年。

第十九章　裁員

天蠶變

一九八八、八九年舉行的兩次龍騰演習，雖然爲宏碁節省了一些費用，但和海外虧損和毛利率下降比起來，不過杯水車薪，施振榮認爲必須要用更積極的方法來激起各級幹部的危機意識和鬥志，一九八九年十一月，他召集三百餘位經理級以上的幹部舉行爲期兩天的研習會，稱爲「天蠶變」，爲一年後的裁員埋下伏筆。

天蠶變研討重點在人事制度和營運效率。

由於員工人數在幾年內快速膨脹，施振榮發現宏碁的管理制度確實有疊床架屋的現象，此外，大量引進的員工和主管，素質參差不齊，也發生冗員和不適任的問題。

天蠶變的目的在激發主管的危機意識，凝聚共識，設法解決營運效率不彰的問題。

兩天的天蠶變研討會達成了至少四項結論。

第一是人事制度要朝扁平化改革。

宏碁創業時，十幾個人在同一個辦公室，互動容易，決策快速，運作十分靈活；到了一九八六年左右，發展成近二千人，數個關係企業的規模時，因為行之有年的分散式管理運作得當，各部門與各主管均有所司，公司運作井井有條，營運效率良好；公司股票上市前後，因為各部門拚命加人，人多就要有人管，於是各種主管名目紛紛出籠，在天蠶變以前，宏碁的管理層級疊床架屋，一項報告要從基層一路向上承轉，延誤決策效率。

天蠶變研討會結束後不久，宏碁宣布了一項人事扁平化措施，將原本八層的管理層級改為五層，希望有效縮短決策的時間和無謂的干擾。

第二，提出人事升遷的「高速公路理論」。

中國人凡事講究倫理，在人事升遷上也常以年資為考慮重點，天蠶變的討論結果，主張以績效取代年資做升遷的標準，而提出「高速公路理論」。即是將人比做高速公路上的車子，油料用盡或機件損壞的車子，請到休息站加油或下交流道維修，不要留在快車道上阻擋其他有能力有衝勁的人。

第三、淘汰制度。

中國人吃慣「大鍋飯」，當老闆的人，不到最後關頭不會請員工「走路」，當主管的人，打考績時大都是手下留情，希望能夠皆大歡喜，宏碁也不例外，不管員工表現如何不稱職，總是儘量包容。劉英武則將美式作風帶進宏碁，堅持實施淘汰制度，要求對績效表現落在各部門最後百分之三的人進行處置。處置方式有兩種，一種是調整職務或工作內容，另一則是資遣。

第四、同儕評比。

以前宏碁主管出缺，大都從部門中挑人繼任，天蠶變討論結果，認爲在這個部門中最優秀的人才，不見得是全公司最優秀的人才，因此，部門主管出缺時，不一定由該部門的人遞補，而改採同儕評比，從全公司具備相同資格的人中，評出最適當的人出任，讓眞正的好人出頭，也讓公司的戰力做最極致的發揮。

財務部建議裁員

天蠶變研討會結束後，各部門主管對公司的人事管理制度建立了共識，在中央的緊縮之下，人事形同凍結。施振榮說，這個時侯，宏碁的人事政策雖然是緊縮的，但並沒有裁員的想法，直到一九九〇年的下半年，公司獲利率因「雙爾」引發配銷革命的擠壓，持續下降，海外虧損也更嚴重，在財務部門的建議，才開始考慮裁員。

由於雙爾衝擊持續增強，一九九〇年宏碁的營運陷於停滯，庫存品大量增加，又因爲八月併購了高圖斯電腦，使海外虧損有擴大的趨勢。當時的宏碁財務副總經理董季鐸（現任宏碁美洲公司財務長）以財務管理的角度建議施振榮精簡人事。

當時宏碁雖已發展爲跨國企業，但施振榮對勞資關係的觀念，基本上是很溫情的，在董季鐸提出裁員建議之前，施振榮從沒想過以裁員減輕公司的財務負擔。

但那時的情境由不得人，原本康點與 SI 公司的虧損已逐漸穩住，可是一九九〇年下半年出現高圖斯電腦這個大傷口，施振榮望著帳面上刺眼的紅字，不禁感到心慌。

施振榮把董季鐸的建議告訴劉英武，劉英武在 IBM 幹了二十幾年，在管理上本來就是習慣美式作風，而且爲了解決康點和 SI 公司的問題，他早就在美國進行裁員。

施振榮和劉英武討論後，決定召開各事業群總經理會議討論「勸退」事宜。

當施振榮在會議中提出他的「勸退」想法時，各事業群總經理大多表現排斥裁員及保護自己部門所屬的態度，第一次會議幾乎討論不下去，無功而返。

施振榮爲了與大家溝通，繼續召開好幾次會議，他問各事業群總經理：「要命還是要面子？」經過不斷的溝通，各事業群總經理終於接受現實，同意精簡人員，但又有人提出要求，希望賺錢的部門不要裁員，這一點引起很熱烈的討論，後來大家同意：「賺錢的大部門中也有不賺錢的小部門，營業效率最高部門也有未能發揮功能的人員。」因此決定一視同仁，各部門都須精簡人員。最後一次的裁員會議剛好在一九九〇年底舉行，這次的會議決定精簡的人數爲台灣三百人，美國一百人，並預定二個星期後執行，但一九九一年元旦過後，裁員的風聲走漏，公司瀰漫一股不安的氣氛，施振榮當機立斷，決定提前在元月十一日實施。

風聲走漏提前實施

一九九一年元旦假期過後，宏碁內部流傳著公司即將裁員的風聲。

元月十一日星期五早上八點多，宏碁龍潭總部和台北辦公室流動著一股不安的氣氛，往日熱絡問早寒暄的聲音不見了，多數人只是兀自坐在座位上，好像在等待某一項宣判。

九點整，部門主管房門打開，祕書小姐請了位同仁進去。同仁坐定後，平時威嚴的主管此刻顯得有點手足無措，他將一個大紙袋交給同仁，低聲地說了一些像是抱歉，又像安慰的話。

同仁打開紙袋，裡面裝了三封信，其中兩封是宏碁董事長施振榮親筆簽名的致員工和致家屬函，另一封是宏碁爲員工出具的介紹信。紙袋中另外裝了一個信封，裡面有一張支票。

當第一位員工力作鎭定地從主管辦公室走出來時，手上的大紙袋吸住每個人的視線，情況已經夠清楚了，「這幾天的傳聞是眞的，宏碁裁員了！」沒有人擁上去說什麼，大家關心的是「誰將第二個被叫進去？」

一個出來，一個進去，一九九一年元月十一日這天，宏碁在台灣和美國同步資遣了四百名員工，其中台灣三百名，美國一百名。裁員比率大約百分之六。

被資遣的員工從主管房間出來後，立即有行政人員幫忙打理私人物品，公司叫來的計程車已在門口等候，不必辭行，沒有歡送，幾個小時內，三百位在台灣被資遣的員工便統統離開公司。

裁員這一天，施振榮沒有進辦公室。當台灣各廠區、辦公室因裁員而籠罩著一片沈重時，他一大早抵達台北復興北路的惠普科技大樓，安靜地參加青年總裁協會（YPO）舉辦的「行政首長新春研討會」。

行政院長郝柏村演講時，施振榮低頭看了一下手錶，「九點了，」雖然刻意專注地聽演講，各廠區、辦公室早上的情景難免還是片片斷斷地映入思緒，「有許多是老同事……」

歉意

回想當年的情景，施振榮說，他並不是因爲逃避當天的裁員行動而參加 YPO 的活動，「YPO 的行程早就確定了，反而是勸退行動突然提前，時間才撞在一起，」不過，他坦承，那一天他的心情一直不能安定，「有這麼多同事突然得離開公司，他們又沒犯什麼錯……」

裁員是不得已的事，施振榮能做的是，在裁員會議裡主動爲離職員工爭取較優惠的資遣條件。依照勞基法規定，遣散費以年資爲計算基礎，年資一年發一個月工資，兩年發兩個月，以此類推。宏碁討論後，決定對被資遣員工依勞基法規定發放遣散費外，再加發一個月工資，此外，元月分的工資發到十五日，年終獎金也與資遣費一併發給。

施振榮同時具名寫信給員工和員工家屬，向他們說明，資遣員工並不是他們有錯，而是公司處境艱難使然。

這封措辭沈重的致離職員工函的全文如下：

離職同仁，您好

企業如人生，有順境，有逆境，過去兩年，受全球景氣下滑的影響，早年的快速成長與獲利表現，已不復見，但在追求成長的過程中，公司組織與人力，曾一再巨幅擴大，於今市場急速變化，競爭日劇的環境下，經營策略理念必須因應調整，以提昇運作之有效性，確保公司之永續經營。

近來，雖採各種節流措施，奈何全球景氣持續低迷，市場壓力不減反增，際茲非常時期，無論為宏碁成敗謀，或為中國企業前途計，進一步精簡組織，縮減人力，已是刻不容緩。

傳統與文化，理智與感情，在此一作業過程中，不時浮現，令人遲疑，惟念宏碁企業，上對國家社會，下對社會投資大衆之責任，勢在必行的道理已至明顯，對於執行過程，則力求審慎，一切以離職同仁利益為優先考慮的因素，期將影響降至最低。

為掌握最有利的謀職時機且讓心理獲得適當調適，公司特以優於勞基法多發一個月薪資的方式來處理。

振榮除衷心感謝您過去對公司的貢獻之外，亦鄭重的向您致歉，雖然不敢奢望您的諒解，但卻要強調在全球資訊業一片組織緊縮聲中，我們惟有面對此一事實，莊敬自強，振榮願代表全體管理階層坦承不能未雨綢繆預先調整策略方向，以致無法創造公司合理利潤之經營責任，並願以負責之態度及時更張，期能安然渡過此一困境，我們需要您的合作，請支持我們，耑此

敬祝　健康

宏碁關係企業董事長施振榮

由於資遣的條件比勞基法優厚，同時各部門主管處置得宜，宏碁的裁員並沒有引起員工的反彈，被資遣員工接到通知後，安靜地收拾私人物品離開公司，行政院勞工委員會後來並稱讚「宏碁資遣行動得當，足爲範本」。

雖然如此，宏碁的裁員行動還是引起來往銀行的關切，紛紛打電話來詢問詳情，甚至引起銀行界對整體資訊產業的景氣的懷疑，許多電腦廠商不得不費盡功夫解釋自己的財務狀況。

⬆施振榮在總統府月會演講(1989)。

⬆亞洲管理學院董監事合影，前排中爲當時的菲律賓總統艾奎諾夫人，施振榮(前排右)和當時的財政部長王建煊(前排左)是代表台灣的董事(1991)。

第二十章　海外持續虧損

一九九一年虧損六億元

宏碁在裁減人員時，估計一年可以省下二億七千萬元的人事支出，這些辛辛苦苦省下的錢，卻被併購高圖斯電腦所造成的虧損大洞輕易吞噬，加上「雙爾」衝擊持續增強，宏碁在裁員當年（一九九一）出現創業以來首見的財務赤字，虧損達六億餘元。

宏碁自一九八八年底股票上市後，獲利情形即每下愈況，一九八八年每股盈餘一點四二元，一九八九年每股只賺零點二八元，一九九〇年每股更只賺零點一四元，獲利減退的原因，主要是百克貝爾和代爾公司挑起價格競爭，使宏碁獲利能力大降，以及海外併購案未發揮預期營運效果，反而造成營運上的負擔。

宏碁海外併購案的虧損大約可分成兩個階段，第一個階段是一九八七年併購產銷迷你電腦的美國康點電腦公司（Counterpoint）和次年（一九八八）併購洛杉磯一家SI（Service Intelligent）公司；第二個階段是一九九〇年併購全球知名的高圖斯（Altos）電腦公司。

宏碁併購康點和SI的價格不高，前者以一百萬美元的現金和部分宏碁股權併購，後者則只花費五十萬美元，問題出在宏碁同時接收了這兩家公司的員工，同時擴編規模，希望一舉打開美國市場，可是人算不如天算，由於個人電腦技術快速發展，新推出的三十二位元電腦很快地擠壓到低層迷你電腦的市場空間，康點拓銷不成，反而成爲宏碁的包袱。

SI公司是一家電腦維修公司，宏碁併購SI，非但承接原有人員，而且積極廣增維修據點，爲拓展美國市場做準備，可是一九八九年起，百克貝爾與代爾公司在美國推動量販及零層行銷，個人電腦價格快速下降，世界各主要品牌電腦都受到衝擊，宏碁也在波及之列，市場打不開，SI新增的據點根本英雄無用武之地，只是徒然消蝕宏碁的元氣，估計短短幾年內，光是SI的虧損就超過二千萬美元。

康點與SI的虧損主要是在一九九〇年以前發生的，照說，宏碁應該從中得到教訓，不再貿然進行海外併購，可是，當美國摩根史坦利銀行詢問宏碁是否有興趣收購高圖斯時，宏碁顯然低估康點與SI對盈餘的腐蝕，對剛竄起的「雙爾」配銷革命，也沒有放在心上。

高圖斯併購案談了近一年，到了一九九〇年接近定案時，康點和SI的虧損日益嚴重，「雙爾」量販及零層行銷引發的衝擊也愈來愈明顯，但高圖斯全球六十幾個行銷據點近二億美元的年營業額對積極推動國際化的施振榮極具吸引力，雖然他希望只收購高圖斯一部分的股權，但劉英武堅持「要買，就買全部」，施振榮在尊重劉英武的前提下，同意以九千四百萬美元併購高圖斯。

高圖斯血流不止

高圖斯是一家生產高階網路多人使用（multi-user）電腦系統的跨國公司，使用的是摩托羅拉六八〇三〇及英代爾八〇三八六CPU，宏碁併購高圖斯的如意算盤是想利用高功能的高圖斯電腦和行銷管道帶動宏碁個人電腦的銷售，可是沒想到產業環境變化太快，高圖斯的產品和經營模式趕不上市場潮流，營業額打不開，龐大的人事和行銷費用第一年就造成超過二千萬美元的虧損。

高圖斯的優勢原本在其產品所具備的多人多工功能和對軟體的支援，可是宏碁接手高圖斯不久，三十二位元八〇三八六、八〇四八六 CPU 個人電腦相繼問世，在軟體支援下，也能具備多人多工的功能，而且體積小，價格便宜，訂價一萬美元左右的高圖斯電腦首當其衝。

施振榮檢討當年併購高圖斯犯下的重要錯誤是沒有堅持採取合夥的方式，由於整個買下高圖斯，且承接全部員工，高圖斯等於由原班人馬經營，他們沒有持股，公司的盈虧與他們關係不大，對施振榮要求的改革顯得漫不經心。

宏碁一九九〇年買進高圖斯時，生產線每個月生產一千台迷你電腦，這在高單價時代可以行得通，但高功能個人電腦上市後，高圖斯優勢明顯遭到擠壓，施振榮要求高圖斯改採薄利多銷的方式擴大市場占有率，卻遭到美國員工的「抵制」，他們固守原先高單價高利潤的路線，結果市場大量流失，僅僅一年，便幾乎到了窮途末路的地步，一九九二年高圖斯在市場已找不到立足之地，只好將原來的生產線改為裝配宏碁個人電腦。

施振榮回想當年高圖斯的運作狀況，「大約併購半年後，我和劉英武就發現不對，當下便決定要縮小它的規模。」配合一九九一年元月宏碁的裁員行動，「劉英武在美國裁了一百人，其中有許多是高圖斯的員工。」施振榮說，「其實美國的裁員一直在做，從康點、SI 到高圖斯，劉英武在這方面做了許多努力。」

儘管劉英武在美國全力整頓，將康點、SI、高圖斯都併入美洲公司統籌管理，不斷裁掉不適任和多餘的人員，但整個包袱實在太大了，居高不下的管銷費用，就像血流不止的傷口，將宏碁年初裁員預估可以省下的兩億七千萬元流得一滴不剩。

偏偏這一年，「雙爾」量販及零層行銷的衝擊明顯出現，宏碁電腦售價拚不過百克貝爾、代爾和大量進口低價零件在當地組裝的電腦商人，原本合理庫存量兩個月的宏碁，一度庫存多到四到五個月，由於價格變動太快，許多電腦一送進倉庫，便開始虧損。一九九一年財務結算，宏碁虧損六億零七百萬元，等於每股虧損一點三四角。

由於庫存實在太嚴重，宏碁一九九一年年底不得不採行減產措施，新竹科學園區工廠自十二月起，每週作業天數由五天減爲四天，並「配合」年終盤點及元旦假期，跨年停工三個星期。

對曾經每天三班制趕工生產，貨櫃車在廠外排隊等著裝貨的宏碁來說，減產、停工是何等難堪的事，可是形勢比人強，一九八九年首創企業界人士到總統府演講的施振榮此時正面臨他人生中最嚴厲的考驗，從一九九一年底開始，報章媒體便不時出現「施振榮面臨辭職壓力」的報導。

面對辭職壓力

由於宏碁股票上市後連續兩個完整會計年度的營運表現不佳，施振榮在三年前隨口所講的一句話，在一九九一下半年不斷被拿出來談論，成爲資訊業界和股市觀察施振榮和宏碁動向的焦點。

宏碁一九八八年十一月股票上市，依例要舉行上市前業績發表會，在會上，有記者問施振榮：「宏碁未來的營運潛力如何？」

施振榮在回答時，除了詳盡說明宏碁對未來營運的規劃，同時帶了一句：「如果公司連續三年不能有百分之十五的成長，經營者就應該換人。」

第二天，報紙媒體報導了施振榮的談話，不過，內容變成：「施振榮表示，如果宏碁連續三年淨值報酬率達不到百分之十五，將下台負責。」

「其實我講的不是淨值報酬率，是營業成長率，」施振榮說，「當時我的想法是宏碁已經設定那幾年的生產力提升幅度爲百分之十五，如果營業額不能成長百分之十五，就表示生產力沒有提升，公司就應該換別人來經營。」

雖然報紙報導與實情有出入，不過，施振榮沒有要求更正，「當時我想，以宏碁往常的表現看，百分之十五的淨值報酬率，並不是太難達到的目標。」

施振榮沒有料到電腦產業環境的變化如此的急遽而難以掌握，引進包括劉英武在內的空降部隊，不但沒有提升宏碁的競爭能力，反而引起內部反彈及惡化海外併購的虧損。

面對這樣的困境，施振榮一方面採取一切措施，包括龍騰演習、天蠶變、裁員到變賣股票、廠房，企圖將宏碁的帳面表現留在藍字線內，一方面必須設法安撫內部的反彈情緒，謹慎處理他與劉英武的互動關係，但一個企業走下坡時，狂烈的下墜力量豈是個人所能穩住，從一九八九年到一九九一年，施振榮爲「挽救」宏碁，已經到了心力交瘁的地步。

民國一九八九年施振榮邀請劉英武加入宏碁時，對他掌握資訊產品發展趨向的能力和管理跨國公司的經驗至爲信賴，因此賦予他管理整個關係企業的大權，國際化業務更是交給他全權處理。

劉英武出任宏碁關係企業總經理及北美洲公司董事長兼總經理後，立即展現強勢的領導作風。他首先在宏碁實施利潤中心制度，並堅持在人事上建立淘汰制度，對若干不稱職的高階主管，劉英武更是不假辭色，對當時組織臃腫，決策緩慢的宏碁來說，劉英武的改革，不啻爲宏碁注入一劑強心針。

不過，劉英武的強勢也有後遺症。

劉英武說服力下降

為了加緊改革宏碁，劉英武採取中央集權式的分散式管理，「他只授權給同意他的觀點的人，」一位當年與劉英武共事的高階主管說，「他要求各部門照他的觀點和模式做事，如果你有不同的意見，他就不斷與你開會，直到你同意他的觀點。」

由於劉英武太強勢，許多人在會議上無法和他辯論，只得先同意他的觀點，這造成有些人表面說 Yes，私下搞自己的一套，形成陽奉陰違的情形，這種情形在宏碁北美洲公司尤其嚴重。

劉英武對績效的要求非常嚴厲，美國那些陽奉陰違，執行業務偏差的主管最後大都被炒魷魚，但光是炒魷魚不能解決問題，「中央集權式的領導在 IBM 可能行得通，在宏碁卻不見得，」施振榮說，「IBM 擁有原本就優秀的人才，中央一個命令，各級主管大概都可以如令完成任務，宏碁美國當時的各級主管並非人人優秀，劉英武的強勢作風，徒然造成陽奉陰違的惡性循環。一批人做不好，被 fire 掉，再來一批人還是做不好。」

劉英武在台灣的管理雖然不像在美國那樣「做不好，就叫你走路」，但也是十分嚴厲，不能按照他的模式執行計畫的人，不小心便遭到「坐冷板凳」命運。這樣的管理作風和宏碁「允許員工在錯誤中學習」的企業文化完全不同。有許多中高階主管因爲受不了劉英武的管理模式而求去，他們當中有的是受不了劉英武要求績效的壓力，但也有人是因爲不滿劉英武「將他的觀念硬套在別人脖子上」。

施振榮很快的從各種管道接收到不滿劉英武的訊息。不過，施振榮認爲改革當然會遭到抗拒，他對這些反彈不予理會，不論人前人後，他都全力支持劉英武，甚至當他的意見與劉英武不同時，他也捨棄自己的意見，放手讓劉英武決定。德國經銷系統和高圖斯電腦的併購案便是例子。

劉英武加入宏碁後，宏碁準備與德國一家擁有許多據點的經銷商合作拓展歐洲市場，施振榮希望只購買該經銷系統百分之五十的股權，劉英武則堅持採取 IBM 的併購模式，買下百分之百的股權，施振榮爲尊重劉英武的職權，收回自己的意見，讓宏碁完全買下該家經銷系統，並將管理工作交給當地員工，結果遭到失敗。

一九八九年，美國摩根史坦利銀行主動詢問宏碁是否有興趣購買高圖斯電腦，施振榮對高圖斯雖然有興趣，但對其所開出的價碼和宏碁是否有能力經營這家全球有六十幾個據點的公司感到遲疑，因此主張只購買部分股權，不過，劉英武極力推荐高圖斯，並堅持百分之百併購，結果，宏碁以九千四百萬美元的代價買下高圖斯，並承接其近七百名員工。

在併購高圖斯之前，宏碁原本有機會併購世界知名的美國慧智電腦，但慧智只打算出售部分股權，劉英武則堅持一貫百分之百併購的主張，使得慧智併購案轉由國喬石化、神達電腦等廠商接手併購。

儘管劉英武多次「否決」施振榮的意見，施振榮還是全心的支持劉英武，甚至一度準備接受劉英武的意見，「請施太太回到廚房」。

施振榮的妻子葉紫華是宏碁的創業者之一，原本掌管財務，在大陸工程董事長殷之浩投資宏碁之後，葉紫華逐漸退出財務管理的行列，劉英武加入宏碁時，葉紫華擔任總稽核。

本來劉英武加入宏碁時，與施振榮約法三章，即他雖擔任關係企業總經理，但不參與宏碁科技、德碁半導體的經營和所有關係企業的財務管理。照說，葉紫華和劉英武在業務上不會有什麼牽扯。

可是，有一次，劉英武在閒聊中，向施振榮建議：「請施太太回到廚房吧！」

「對這個建議我並不反對，」施振榮說，「只要對宏碁好，我太太在不在宏碁做事無所謂。」

施振榮推測，劉英武之所以提出要葉紫華回到廚房的建議，可能是葉紫華喜歡管事情，「她是個直腸子的人，看到不合理的事情，就直接講出來，包括對劉英武的意見，」施振榮說，「可能劉英武認爲葉紫華以老闆娘的身份對許多事情發表意見，有時撈過界，造成許多人和許多事的困擾。」

在宏碁最困難那幾年，葉紫華從各階層聽到許多聲音，施振榮對葉紫華反映的「民意」，通常故意充耳不聞，「我不能讓員工認爲老闆娘可以影響老闆。」施振榮說，「有時我會罵她，叫她不要囉嗦。」

施振榮的母親施陳秀蓮證實了這一點，她說：「公司困難那段時間，我媳婦經常躲在房間掉眼淚。」

對劉英武的全力支持，使施振榮一度認眞考慮如何「運作」讓葉紫華自宏碁退休，「後來因爲劉英武沒把公司搞好，在公司內部的說服力急速下降，我太太才留下來。」

劉英武的強勢作風在他管理宏碁的前兩年，尙能獲得本土主管的尊重和配合，但一九九〇年起，劉英武主導併購德國的經銷系統和美國高圖斯電腦，造成海外事業嚴重虧損，本土主管認爲台灣員工辛苦的打拚的成果輕易被海外事業吃掉，漸漸對劉英武的管理能力不服，有人並且批評劉英武「包庇自己負責的北美洲公司」。

隨著員工的反彈和北美洲總公司嚴重虧損的事實，施振榮不得不承認他對劉英武的授權「太多，也太快了。」施振榮回憶當時他對劉英武的新感受，「他是個專家，但不是個企業家，他有豐富的管理經驗，但畢竟不曾擁有及經營過自己的公司。」

一九九一年十二月，財務年度還沒有結束，施振榮對當年的營運表現一清二楚，告訴葉紫華，他將辭職負責。

第二十一章 向董事會辭職

率先負責

一九九二年元旦假期過後，施振榮打電話給宏碁每一位董事，向他們請辭董事長職務。所有接到電話的董事均大爲驚訝，幾位同時擔任宏碁主管的董事，對老闆向他們提辭呈更是大感尷尬。

其實，宏碁董監事對外界有關施振榮應否辭職的討論，早已略有所聞，不過他們都不認爲施振榮會在意外界的風風雨雨，因爲產業環境劇變和海外併購的虧損不是施振榮一人所能預料和阻擋的，施振榮沒有必要為此辭職，最重要的是，「當時除了施振榮，有誰可以接得下宏碁的擔子？」

對施振榮的請辭電話，董事在震憾之餘，趕緊相互連絡，大家很快地想到宏碁榮譽董事長殷之浩。

殷之浩是施振榮最敬重的長者之一。施振榮在交大校友會和殷之浩相識後，殷之浩即不時關心這位學弟的事業，多次主動告訴施振榮：「有需要幫忙的地方儘管說」。

施振榮一九八三年和當時擔任財政部長的徐立德一起到美國考察創業投資事業，回國後向殷之浩提出成立創業投資公司的想法，殷之浩二話不說，即拿出二億元讓施振榮成立宏大創業投資公司。

為了不讓殷之浩吃虧，施振榮提議以宏碁關係企業的股權交換宏大的股權，並請殷之浩擔任宏碁榮譽董事長，從此開展兩人亦師亦友的關係。

殷之浩對宏碁的經營一向關心，雖然將宏碁的董事席位傳給女兒殷琪，每次宏碁開董事會，他還是親自來參加，為的是與施振榮和公司的年輕人聊聊。

宏碁的董事都知道施振榮對殷之浩十分敬重，在接到施振榮請辭的電話後，便想到請殷之浩出來拿主意。其實，施振榮要請辭董事長，第一個就向殷之浩報告，殷之浩當然表示反對，他告訴施振榮，辭職不是負責，把公司搞好，才是負責。

宏碁創業夥伴黃少華是最瞭解施振榮的人之一，他和其他兩位創業夥伴邰中和、林家和都是宏碁的董事，他們討論後，認爲施振榮向董事請辭，是爲表示他負責任、不戀棧的心志，不是要拋棄宏碁，因爲根據他們對施振榮個性的瞭解，施振榮不會狠心，更不會甘心「放下」宏碁。

董事聯合聲明慰留

黃少華等人決定想辦法把施振榮留下，他們擬了一個要求施振榮繼續擔任宏碁董事長的聲明，去找殷之浩，殷之浩對他們的主張大爲贊同，第一個在聲明中簽名。然後在元月舉行的例行董事會中拿出來，根本不讓施振榮有發言請辭的機會，就否決他的辭職案。

這份在一九九二年元月二十一日由殷之浩和宏碁董事殷琪、江萬齡（中華開發代表）、黃少華、邰中和、林家和、盧宏鎰簽署的聯合聲明，內容如下：

本企業董事長施振榮先生十五年來帶領宏碁茁壯成長，並使宏碁成爲國內外受人敬重之領導廠商之一，吾等敬佩並肯定施董事長之卓越領導能力。

近三年來，受到全球資訊業不景氣及長期投資負擔的影響，營運未能達到預期目標；此外，在國際化發展的過程中，由於缺乏經驗與人才，亦遭遇挫折，付出代價；但是，國際化是我國企業轉型升級必須走的道路，況且這幾年宏碁在全球之表現與成就，以及宏碁企業體質與競爭力之大幅提升，大家有目共睹。未來產業競爭激烈，而公司國際化方興未艾，吾等一致籲請施董事長以公司整體利益爲重，繼續領導宏碁，並貢獻心力。

對董事聯署簽名慰留，施振榮說，他當時抱持的是平常心，「本來我已做好離開的準備，我事先都跟我太太說過，她也同意董事會一通過辭呈，我們就一起離開宏碁。」既然董事會要留，「那麼我就盡力去做」。施振榮坦承，幾位創業夥伴對他的個性是夠瞭解的，「在公司困難的時候，我不會拍拍屁股就走。」

雖然施振榮同意留下來，但他的請辭動作卻對宏碁內部造成很大的震撼，影響所及，包括：

一、激起各部門憂患意識，大家開始捐棄成見，整合力量，配合施振榮隨後推動的改革措施。

二、建立責任經營的範例，做不好就下台。這一點直接對劉英武形成壓力。

從一九八九年宏碁營運開始陷入困境開始，施振榮感受的壓力除了盈餘能力降低外，公司各部門對營運方向意見紛歧，更爲公司的虧損互相指責，本位主義作梗之烈，令施振榮都不禁深覺無力整合。

施振榮請辭的消息在公司高層傳開時，對各事業群和各部門的負責人無疑當頭棒喝。「Stan若是眞的離開，宏碁怎麼辦？」

憂患意識激發各部門的戰鬥意志，在爾後的部門協商裡不再堅持己見，劉英武遲遲下不了決策的主機板產銷業務，施振榮接手決策後，立即發揮效益。

各部門由本位主義轉爲開放、配合的心態是施振榮後來領導改革得以成功的重要因素之一。

謹愼處理劉英武去留

施振榮的辭職固然在宏碁內部營造了有利改革的氣氛，但這股氣氛明顯向著施振榮，而不是在過去三年裡領導宏碁的劉英武。

施振榮和劉英武都明白這個情勢。

雖然造成宏碁過去三年營運困難的原因很多，但北美洲總公司的嚴重虧損難辭其咎，而這三年，北美洲公司是直接由劉英武管轄的。

施振榮深知劉英武三年來爲宏碁盡心盡力，在制度改革和人才訓練上有許多貢獻，但數字是現實的，在經營上，劉英武對即將宣布一九九一年結算六億餘元的虧損，無法擺脫責任；在管理上，劉英武三年來強勢作爲，卻不見績效，所引起的批評和反彈，已大大減損他原有的權威。

即使主觀上施振榮並沒有要劉英武負責的意思，但「董事長辭職了，總經理還能幹嗎？」施振榮和劉英武都明白，情勢對劉英武是不利的。

施振榮向董事會辭職後不久，兩人碰面時，「我是不是該辭職？」劉英武主動提起。

「再看看吧，這個得問問董事們的意見……」施振榮含蓄地回答。雖然心中有譜，施振榮還是希望用比較和緩的方式來解決劉英武與宏碁之間的關係。

之後，施振榮與劉英武又碰了一兩次面，其間也觸及類似的話題，爲了不讓雙方尷尬，施振榮沒有立即接受劉英武的辭職。

春節過後，傳播媒體開始分析各上市公司上一年度的獲利情況，許多報導都指出宏碁可能鉅幅虧損，甚至有媒體指宏碁財務發生困難，施振榮面臨辭職壓力的報導也屢見不鮮。

在外界紛紛擾擾的猜測、批評之下，宏碁不得不以董事兼資深副總經理黃少華的名義發布新聞，說明施振榮確曾於元月向董事會請辭，但經全體董事聯署要求，施振榮已決定接受慰留，繼續擔任宏碁董事長。由於外界各種傳言甚囂塵上，施振榮也不得不多次公開數據，對外強調宏碁財務絕無問題。

到了四月，宏碁面臨公布上一年度財務結算的壓力，剛好劉英武三年的任期也將屆滿，施振榮決定在這個時候讓劉英武離職。「對劉英武來說，那是最適當的時機，」施振榮回想當年的決定，「一者他可以任期屆滿的名義離職，二者可以避免面對鉅額虧損的尷尬。」

四月中旬，施振榮飛到美國找劉英武。兩人談完公事，劉英武直截了當地問：「我是不是辭了比較好。」神情一貫地沈穩。

這一次施振榮不再含蓄、遲疑，「這樣可能比較好吧。」

簡短的談話結束了劉英武與宏碁三年的關係。

接受劉英武的辭職後，施振榮立即打電話給英代爾公司的總裁安德魯·葛羅夫和微軟公司總裁比爾·蓋茲。劉英武是世界級的人物，他離開宏碁，對宏碁在台灣的消費者和往來廠商可能不會有什麼影響，對世界級的往來廠商來說，例如主宰中央處理機供應的英代爾、主宰電腦作業系統的微軟公司，他們可能會認爲宏碁出了重大問題，劉英武才會求去。

施振榮在電話中向安德魯·葛羅夫和比爾·蓋茲說明宏碁的狀況，獲得他們的支持，第二天，施振榮又透過越洋電話與台灣的媒體記者溝通，說明劉英武的離開是因當年簽的合約就是三年任期，劉英武離開後，將由施振榮回鍋擔任宏碁關係企業總經理及北美洲總公司董事長，北美洲總經理則由原任明碁電腦總經理，前一年調來美國擔任高圖斯總經理的莊人川接任。

悲劇英雄劉英武

劉英武離開宏碁，對施振榮和劉英武來說，都不是一件容易的事。對施振榮來說，劉英武是他當年「三顧茅蘆」請來的人才，原本想借重他加速發展宏碁為跨國企業，但人算不如天算，產業環境劇變和中外管理模式之間的文化衝突，使得劉英武未能發揮經營績效，最後不得不離開宏碁。雖然如此，施振榮對劉英武在宏碁的改革仍大為推崇。

施振榮認為，劉英武將利潤中心制度引進宏碁，強化了各部門的成本觀念，有效抑制人員膨脹的問題；實施組織扁平化，縮短了決策和溝通的流程；推動同儕評比，以績效取代資歷，讓「好人」出頭；堅持淘汰考績最差的百分之三的人員，打破宏碁早年吃大鍋飯的心態；劉英武在台灣「Seven-Eleven」（早上七點到晚上十一點）式的工作精神和對國際資訊產業的專業對宏碁第二代經營層有很大的啓發，劉英武對第二代的磨練，對他們得以在宏碁接棒，有直接的幫助。

雖然劉英武的強勢作風在他「執政」後期，引起很多反彈，不過，不少宏碁中高階幹部對劉英武的績效管理和「不近人情」卻大為肯定。他們表示，在劉英武身上看到在其他「空降部隊」

身上看不見的國際化專業和效率，「他一個人做的事情比十個空降部隊還多。」一位現任宏碁高級主管說，「最大快人心的是劉英武『幹掉』了一些沒有效率的空降部隊。」

劉英武剛加入宏碁時，有人說：「劉英武是施振榮請來的殺手。」因為他一到宏碁，就開始整頓，在台灣和美國都「整」走許多高階主管，「他其實幫 Stan 清除了許多障礙，讓 Stan 得以在以後放手改革。」一位現任的宏碁高級主管說，「和劉英武比起來，Stan 太溫情，他下不了手。」

雖然為表示負責而離開宏碁，劉英武並不覺得他對宏碁有很大的虧欠，在去年（一九九五）美國財星雜誌（Fortune）的訪問裡，他承認：「在宏碁時的確犯了若干錯誤，」不過他強調，「我幫宏碁訓練了人才，為宏碁今天的成就奠定了基礎……對宏碁，我覺得心安理得。」

據說，劉英武在離開宏碁時，講了一句話：「成者為王，敗者為寇。」印證今天宏碁的成就，難怪許多宏碁人說劉英武是個「悲劇英雄」。

第五部　企業改造

第五冊　金文叢考

第二十二章　販賣新鮮電腦

坐鎮美國大刀闊斧

劉英武離職後，施振榮重掌宏碁兵符，首先盯緊虧損最嚴重的北美洲總公司進行改革。

施振榮檢討北美洲總公司虧損的原因，併購康點、SI、高圖斯後，人員大幅增加，固然是原因，產品與客戶範圍廣，導致業務戰線拉得既廣又長，顧此失彼，當然要賠錢。

北美洲總公司的問題早在劉英武加入宏碁時就存在，劉英武曾試圖解決，他將康點和SI裁併到北美洲公司的部門內，高圖斯電腦改隸屬北美洲公司旗下成爲一個事業群，由莊人川擔任總經理。高圖斯迷你電腦的銷售受阻後，一九九一年起，部分生產線改生產宏碁自有品牌 Acer 個人電腦，一九九二年起全面停產迷你電腦。

施振榮認爲劉英武做的還不夠，他決定親自「上緊螺絲」。爲改善北美洲公司的營運，施振榮自劉英武離開後，幾乎「常駐」美國，從一九九二年四月起一年內，他飛到美國十幾次，一次停留十天到兩星期，施太太也跟著去，「我去盯庫存，」她說。

宏碁在美國的虧損主因是庫存太嚴重，原本合理量是兩個月的銷售量，北美洲總公司的庫存卻多達四到五個月，原因是爲擴充經銷點，拚命向台灣工廠下單，結果經銷商賣不出去，貨出不去，全堆在倉庫裡。

盲目擴充經銷點的後遺症是「倒帳」。

由於施振榮創業前服務的榮泰電子，因爲財務管理不嚴謹而失敗，施振榮創辦宏碁後，最重視的便是財務管理，在台灣，宏碁以不放帳聞名，可是，宏碁在美國走經銷商路線，不放帳沒有辦法做生意，施振榮只能要求北美洲公司放帳金額不能太大，而且要確實徵信。

施振榮的要求，北美洲總公司的業務負責人尚能遵守，但市場在百克貝爾和代爾以低價競爭後，生意愈來愈難做，不放帳根本沒辦法做生意，放帳一多，難免就有人倒帳，造成呆帳與庫存雙重惡果。

據瞭解，宏碁北美洲總公司所吃的呆帳雖不是虧損的主因，但一年也都達數百萬美元。至於庫存的損失則高達千萬美元以上。

爲了止住北美洲總公司這個大傷口，施振榮指示接任北美洲總公司總經理的莊人川從人事與業務雙管齊下進行節流，做法是「對內裁員，對外裁客戶」。

施振榮首先要求簡化美國生產線的機種，凡是不符經濟規模的機種統統停止生產。

宏碁在美國的生產線是原先高圖斯電腦的生產線，這裡的廠房寬敞，設備很新，原先高圖斯利用這些設備每月生產一千台迷你級電腦，一九九一年時，高圖斯電腦市場萎縮，部分生產線改生產個人電腦，一九九二年，高圖斯市場需求量更小，施振榮便下令停止生產迷你電腦，所有設備均移做生產個人電腦。

接著施振榮要求北美洲總公司停止效益不高的客戶和業務，不再與要求放長帳或者付錢不乾脆，進貨量小而需索各種服務的客戶打交道，對個人電腦以外的業務也不再涉足。

成立新部門生產主機板

除了雙管齊下爲宏碁北美洲公司的傷口止血，施振榮還想到爲它增加養份。施振榮深知北美

⬆施振榮全家參觀德碁半導體廠，於潔淨室合影，右爲當時德碁副總經理陳心正(1991)。

洲公司競爭力不足的原因之一，是進貨成本高，也就是宏碁台灣工廠出貨給它的價格壓不下來，讓宏碁北美洲在起跑點上就落後雙爾一截。

解決這個問題，必須從源頭改革。施振榮回到台灣，召集各事業群總經理，重新討論是否量產主機板。

一九九一年時，宏碁內部曾討論是否要仿效雙爾採取的產業分工模式，量產主機板，當時策略事業群（生產單位）主張量產以增加競爭力，地區事業群（銷售單位）則反對介入，因爲宏碁部門間交易必須依照內部訂定的「內部移轉價」（ITP）付費，宏碁若量產主機板，爲了開拓市場，賣給別的廠商的價格一定比內部移轉價低，這樣將「長他人志氣，滅自己威風」，宏碁自己生產的個人電腦在市場上會更沒有競爭力。

針對這個問題，施振榮想出一個辦法，他從原有生產主機板的人力中抽調五分之一的人力，成立一個專做主機板的新部門，叫做開放事業群（A-OPEN），由原本負責採購業務的蔡溫喜負責。

由於這個全新的部門沒有舊有部門長年累積的人事和管銷費用包袱，施振榮要求它的產品以市價拓展市場，當時訂出來的價格大概比精英電腦同等級的產品貴百分之一，但已經比宏碁原先生產的主機板便宜百分之十以上。

在成立新部門的同時，施振榮要求原先生產主機板的團隊提高生產力，降低生產成本，「九個月之內，必須把售價調整到與市價一樣，否則，其他部門可以向外面的廠商購買主機板。」由於新部門的生產成本明顯降低，原有部門的壓力大增，兩部門相互競爭，沒多久，就創造雙贏的局面。「原先生產主機板的團隊一個月只生產十萬片，在新部門的競爭下，生產力大幅提升，現在兩個門部加起來，一年產量將近四百萬片。」

速食式產銷模式

一九九二年九月號美國《哈佛商業評論》(Harvard Business Review)刊登的一篇文章，吸引了施振榮的注意，對他正進行中的改革發生了重要的影響。

這是一篇評論世界個人電腦產業發展趨勢的文章，指出由於科技和交通的發達，未來能續保競爭力，主宰市場的將是「不製造電腦的電腦公司」(computerless computer company)和「不製造半導體的半導體公司」(fabless semiconductor company)。這個看似荒謬的預言，當時對施振榮造成極大的衝擊。

劉英武離職後，施振榮接手改革，他檢討宏碁過去幾年的虧損，不論是銷貨毛利降低或海外併購沒有產生效益，虧損的直接因素都是庫存太多。造成庫存的原因則是產品更新速度太快，價格變動太快，當台灣工廠接單、備料、生產、裝櫃、出口，在海上飄流一兩個月，運抵美國時，市場價格早已變動得讓這批產品沒有容身之地。

產品賣不掉，只好「住」倉庫，一住半年，一年，「積壓的利息早就將產品本身的價值吃掉，那能不賠錢，」施振榮說，「宏碁庫存最多時，一年的損失達好幾千萬美元。」

宏碁庫存的增加始自於百克貝爾和代爾兩家公司所挑起的產銷革命，宏碁一開始認爲「雙爾」造成的旋風只是一時的現象，沒有做立即的調整，就在這個時候，許多配合雙爾產銷分工革命，專做代工的廠商大發利市，另外，各國的大型進口商分散採購零組件，然後在當地組裝成系統，達到降低成本的效果，競爭力大增，在市場上也大有斬獲。

宏碁當時也觀察到這個現象，內部曾引發是否加入產銷分工體系的討論，但因各事業群之間意見相爭執不下，劉英武遲遲不能決定，到了施振榮接手改革後，才於一九九二年六月成立開放事業群，量產主機板。

各國大進口商分散採購，當地組裝的作法，曾經引起宏碁的注意，但當時宏碁各事業群和關係企業有相互採購的「義務」，此外，採取零組件運到國外再組裝的作法，台灣的出貨量就會減少，人員過剩的問題難以解決，宏碁遲遲不敢採用這個模式。

經營決策過於觀望、遲疑，使宏碁的營運表現每下愈況，施振榮曾形容這個時期的宏碁像「鍋裡的青蛙」，對不斷加高的溫度渾然不覺，一直到一九九一年五月，美國 Compaq 電腦公司突然宣布降價百分之三十，宏碁才從熱鍋中驚醒。

Compaq 是全球世界個人電腦的第一品牌，在它降價以前，電腦市場大致分成有品牌與沒有品牌兩個區隔，自有品牌電腦在「雙爾」崛起後，市場空間與價格雖然飽受擠壓，但大抵仍可維持稍高的售價。Compaq 大幅降價後，所有廠商都受到衝擊，市場立即掀起一陣降價風，宏碁在售價與銷量上都受到影響，這也是當年宏碁鉅幅虧損六億餘元的原因之一。

模仿 Clone 當地組裝

在 Compaq 的衝擊下，宏碁開始研究當地組裝的可行性，在降低運輸成本和減少時間落差對產品售價影響的考慮下，宏碁將整組電腦分成幾個部分出口。根據粗估宏碁在各地市場的銷售量，將體積最大、價值最低的電腦外殼，先以海運方式出口，爲了節省運輸成本，電腦外殼內裝滿電源供應器、軟式磁碟機及電纜線等低價值的零配件。至於價值高的硬碟機及 CPU 則向外商採購後，請其直接運到裝配點，而價值高且不斷更新設計的主機板則留在台灣，等到訂單確定，再以空運方式，五到七天內運到裝配點。

宏碁的新作法縮短了接單到交貨的時間，各發貨倉庫和經銷商的庫存數量都可以減低；硬碟機和中央處理機等重要零組件由供應廠商直接送交海外各裝配點，不但縮短了交貨時間，也減少運費支出，並減少庫存降價風險，宏碁的競爭力開始有起色。

這種模仿 Clone 的作法雖然有效，但宏碁不免還是擔心裝配線移到海外的後遺症。第一個問題是：在海外組裝電腦，可能排擠宏碁在台灣本地的營業額；台灣的營業額減少，可能形成人力過剩，管銷成本過高，反而不利整體公司的經營。

第二個問題是：海外組裝必須要達到經濟規模，才能發揮降低成本的效果，但宏碁當時除了美國等少數地區有生產線，許多國家和地區還沒有生產線，若要擴大海外組裝規模，勢必增加對生產線的投資，「有投資就有風險，」此外，歐美地區工資昂貴，除非宏碁有把握快速擴大市場占有率，否則將得不償失。

施振榮接手改革宏碁，要求北美洲公司簡化業務，停產迷你級電腦，在台灣成立開放事業群量產主機板，基本上雖是朝著產銷分工、海外組裝的方向走，但他對自己走的對不對，並沒有十足的把握。

哈佛商業評論這篇分析電腦產業趨勢的文章，令施振榮茅塞頓開，「當局者迷，」施振榮說，「原來雲深不知處的原因是自己遲疑，矛盾，在迷霧中摸索了好幾年，不知道只要堅定地直走就能走出迷團。」

哈佛商業評論這篇文章讓施振榮對他正進行的「速食式」產銷模式信心大增。

麥當勞在世界各地販賣的漢堡和其他食物並不是從美國總公司出貨，而是在各地採購原料，由當地員工依照麥當勞嚴格規定的食譜烹調而成，麥當勞這種「當地組裝」的作法，並沒有影響既定的口味，反而因爲販賣新鮮而大受歡迎。「宏碁爲什麼不能販賣新鮮的電腦？」施振榮心想。

有了這樣的想法之後，他在三年內快速地在全球建立三十四個組裝據點，並以這三十四個據點壓迫後勤作業建立精確的採購和零組件運銷系統。

爲了建立共識，使公司員工都能淸楚瞭解新的經營模式的理念和運作標準，施振榮直接將新的改革作法稱爲「速食式」的產銷模式（fastfood business model），「很簡單，我們就是要像麥當勞一樣，在當地採購，在當地組裝，讓消費者買到功能新鮮，品質一致的宏碁電腦。」在速食式的經營理念下，宏碁的產銷模式由原先的系統發展模式改爲零件發展模式，產銷和價格配套，不再以整套系統爲基礎，全部改爲以零組件爲計算基礎。

庫存數量大減

從一九九二年下半年起，宏碁已極少出口全系統的產品，除了電腦外殼海運外，顯示器、鍵盤等可能從宏碁或明碁在海外的工廠出貨，軟硬磁碟機由供應商從世界各地工廠就近支援宏碁分散世界各地的三十四個組裝據點，主機板等附加價值較高的零組件則依訂單的規格隨時從台灣空運到裝組據點。

爲了確保各地組裝的品質，宏碁建立了一套標準的作業程序，由總公司派員到世界各組裝據點做切實的訓練，此外爲了降低組裝和維修的人力需求，宏碁發明新的組裝方式，讓消費者用雙手就能進行整套電腦的拆裝，不需要任何工具的幫忙。

速食式的產銷模式使宏碁各地的庫存需求大爲降低，原本合理庫存量爲兩個月的銷售量，在宏碁營運最不順時，庫存量曾高達四至五個月，推動速食式的產銷模式以來，庫存需求降爲一個月到一個半月。折價風險與利息負擔大爲減低。

宏碁去（一九九五）年集團營業額一千八百億元以上，扣除內部交易後大約爲一千五百一十一億元，一個月營業額超過一百億元，如今庫存量比以前減少二個月，等於每個月減少負擔二百多億元庫存的利息負擔，以年利率百分之八計算，宏碁去年因庫存減少而獲得的效益即高達十六億元。占宏碁去年總盈餘五十五億元的三成左右。

庫存減少使得宏碁的負擔減輕，加上改為零件模式經營後，許多費用都降低（運輸費用是其中之一，為了減少占用空間，宏碁連裝電腦的紙箱都在當地印製），這使得宏碁有能力在價格和行銷上做競爭，**銷售量逐漸提升，經過兩三年的努力，宏碁在美國市場除了自己建立的經銷系統，產品也已進入 Best buy 和 Computer city 兩個量販系統，使宏碁在美國整體市場的占有率由原先不到百分之一提升到百分之三點七，零售管道的占有率則提升到百分之七，這個數字雖然還落後美國市場第一品牌百克貝爾（占有率近三成）甚多，但已使宏碁晉身美國市場第八品牌。**

銷售量大幅成長，使施振榮原本擔心速食式的產銷模式會排擠台灣宏碁業績的現象沒有出現，反倒是生產線的效率因為訂單激增而大幅提升。施振榮說，宏碁在新竹科學園區的工廠一九九一年的產值一百多億元，實施速食式的經營模式後，生產效率大為提升，去（一九九五）年的**產值已達六百億元，而這幾年間，工廠空間沒變，生產線設備只增加百分之二十；在美國部分，**原高圖斯的生產線和設備，原本一個月只生產一千台迷你電腦，一九九二年停產迷你電腦後，一個月只生產幾千台個人電腦，一九九五年，同樣的生產設備，一個月組裝十萬台電腦。

比較推動速食式產銷模式前後的變化，施振榮說，由系統發展模式轉為零件發展模式讓宏碁各部門更專業化，也證實產銷分工的趨勢才是對的。「以前宏碁什麼都做（製造），現在宏碁什麼都賣，」施振榮說，「什麼都做，小量多樣，經營效率陷入惡性循環，什麼都賣，讓自己跟自己競爭，經營效率走上良性循環，速食式的產銷模式讓宏碁脫胎換骨，從以前賺勞力錢爲主，改爲現在賺腦力錢爲主，宏碁現在賺的主要是研究發展、大量生產、行銷和形象的附加價值。」

速食式的產銷模式使原本虧損累累的宏碁北美洲總公司的營運在一九九三年達到損益平衡，近幾年鹹魚翻身，去年該公司的營業額爲十四億四千萬美元，占集團營業額的二成半。

第二十三章　結合地緣創造雙贏

銀行雨天收傘

劉英武一九九二年四月離職，施振榮接手整頓，當年宏碁的帳面轉藍，盈餘五千六百萬元（每股盈餘零點一二元），看起來好像施振榮的改革展現了效果，其實這一年是宏碁最緊張的一年。

當年帳面有盈餘，是因爲施振榮果斷處理資產的結果，實際上這一年的虧損甚於一九九一年，施振榮藉著處理資產，讓宏碁取得喘息的機會，最重要的是，他從中獲得啓示，重拾早年宏碁結合地緣的經營模式，搭配速食式產銷策略，與世界各地區的事業夥伴共創雙贏，終於使宏碁撥開陰霾，創造今天的新局面。

劉英武離開宏碁後，施振榮開始整頓，他先對北美洲公司開刀，接著在台灣成立開放式事業群，向舊的經營模式挑戰。

一般跨國公司整頓，都是換掉總裁，另請高明，按照這種模式，劉英武離開了，宏碁應該另外請一個人來當總裁進行改革，施振榮卻是自己跳進來進行「翻天覆地」的大改革，從一般經營者的角度來看，施振榮所冒的風險是很大的。

第一，宏碁當時已經病得很重，施振榮所採取的激烈改革，有如孤注一擲地對病入膏肓者開膛剖肚，手術失敗的後果可想而知，若是幸運一刀中的，病人的身體卻因爲開刀的衝擊而格外虛弱，稍一不愼，便過不了關，這便是爲什麼開過刀的病人必須送到恢復室觀察的原因。

第二，施振榮原本是董事長，劉英武走了，仿效外國企業，請另一個專業經理人來整頓便是，若再做不好，再換，施振榮董事長的寶座不會遭到波及，可是，施振榮自己跳進來，若是改革不成功，不但他的位子不保，宏碁員工的精神力將失去依賴，後果不堪想像。

可是，施振榮畢竟跳進去了，並且結結實實遭遇到開刀後的復原問題。

出售資產應急

施振榮在美國持續裁員，引起美國部分員工的怠工抵制；設法降低個人電腦生產成本，進入量販系統的作法，引起宏碁原有經銷商的抗議；在台灣取消內部交易的內部移轉價，強迫各事業群提升經營效率，引起部分主管的反彈。這些反彈和抵制，都使當時羸弱的宏碁，體質更爲惡化。而這時候，最擔心的是銀行雨天收傘。

果然，嗅覺敏銳的銀行，對財務氣象一點也不放過，宏碁公布一九九一年財務報表沒多久，就有銀行表示要抽銀根。

這時的宏碁雖然營運虧損，投資德碁積壓不少資金，但上市前後多次現金溢價增資，籌集了不少資金，整個集團的資金結構還是非常健全。面對銀行緊縮的動作，施振榮親自帶著財務資料前往來往銀行說明，大多數銀行都接受了施振榮的說明，繼續支持宏碁，但也有幾家外商銀行執意抽宏碁銀根，施振榮認爲大家好聚好散，只要有銀行要把借給宏碁的錢收回去，宏碁二話不說，便把錢歸還。

銀行的動作提高了施振榮對財務的警覺，他決定未雨綢繆，不讓宏碁冒財務上的風險，他果斷地處理閒置資產，從一九九二年到九四年，賣土地、賣廠房、賣股權，能賣的都賣，連只能獲利一千二百萬元的交易，他都做，目的是爲獲取現金，讓宏碁的改革沒有後顧之憂。

一九九二年是施振榮大力整頓宏碁的第一年，當年財務結算，宏碁盈餘五千六百萬元，其實那一年，施振榮大賣土地、廠房、股票，共獲收益六億八千七百萬元，換句話說，宏碁當年本業實際上虧損六億三千一百萬元，多於一九九一年虧損的六億七百萬元。

在一九九二年這一年裡，宏碁將龍潭土地賣掉一半，售價十一億，賺三億八千八百萬元；另將一部分閒置廠房以一億一千四百萬元賣給關係企業國碁電子，賺了一千二百萬元；然後將另一部分閒置廠房賣給美格電子，售價二億二千四百萬元，賺三千六百萬元；另外出售明碁股權賺一億一千八百萬元，賣宏碁科技股權賺一億三千三百萬元。

一九九三年起，宏碁開始轉虧爲盈，當年財務結算盈餘十億三千萬元（每股二點三元），其中包括繼續出售龍潭剩餘的另一半土地，售價十五億元，獲利五億九千萬元，釋出宏碁科技股權獲利七千一百萬元。因此，宏碁一九九三年雖然轉虧爲盈，財務結算盈餘十億三千萬元，實際上本業獲利只有三億六千九百萬元，每股實際盈餘大約只有零點八元左右。

明快出售資產，免除了宏碁的財務壓力，最重要的是，施振榮從明碁和宏碁科技的釋股行動中，重新體會到分散股權對員工和合作夥伴的激勵作用，從而拾回宏碁創業初期結合地緣的雙贏策略。

重拾結合地緣策略

施振榮創業初期，為方便採購重要零組件及拓展美國市場，與他交大的同班同學張國華合資成立宏碁美國公司，張國華占六成股權，宏碁占四成，由於張國華占的股權多，自然全心全力經營，美國宏碁業務鼎盛，雙方合作十分愉快。

有了這個成功的經驗，宏碁要在台中和高雄成立分公司時，施振榮便決定引用美國宏碁的模式，讓負責當地業務的員工入股，並且讓他們共同擁有過半股權。現任明碁電腦總廠長的邱英雄當時是宏碁台中分公司的開業員工之一，他對加入宏碁要先「投資」十分不滿，親自找施振榮「理論」，施振榮向他解釋，宏碁要他入股不是要他的錢，是要留住他的心。

宏碁這種結合地緣，共同創業的策略，事後證實有效，台中的邱英雄、張光瑤、林銘瑤，高雄的林憲銘、梁秋生在入股宏碁後，將分公司當成自己的公司經營，除了衝刺業務，晚上還負責為宏碁與全亞電腦公司合辦的「宏亞微處理機研習中心」上課，這種白天晚上都貢獻給公司的精神，是宏碁早期快速成長的主因之一。

宏碁後來併購美國康點時，除了支付一百萬美元，採取交換一部分股權的方式，目的就在建立美國員工對公司的向心力；後來進一步併購德國經銷系統和美國高圖斯電腦時，施振榮希望只併購一部分股權，讓原先的經營者和員工繼續擁有一部分股權，以激發他們的鬥志和拚勁，但劉英武堅持百分之百併購，施振榮只好讓步。

雖然造成宏碁海外併購案失敗的原因很多，但施振榮認爲，沒有採取結合地緣，共同創業的模式是失策之一，因爲當地的員工和經營者沒有股權，對公司就沒有休戚與共的感情，對公司的盈虧不會像股東那麼關心，也不會卯勁去開拓業務，爭取利潤。

施振榮在一九九二年釋出明碁電腦和宏碁科技股權的出發點是爲換取現金，挹注宏碁財務週轉，但分散股權給員工和投資大衆的結果，卻使兩家公司的營運更加蒸蒸日上，因爲員工和主管手上有股權，對公司的關心更甚以往，同時，股權分散後，這兩家公司不再是宏碁百分之百的子公司，經營更獨立，也必須更努力以應付其他股東的監督，營運效率也更好。

宏碁原本百分之百持有明碁與宏碁科技的股權，一九九二年先各釋出百分之四十，隨後又陸續釋股，現在宏碁占兩家公司的股權均已低於百分之五十，明碁電腦股票上市申請已於一九九五年底獲證管會審查通過，即將掛牌交易。

以早年結合地緣，共同創業的成功經驗和明碁、宏科分散股權激勵營運士氣的效果，對照海外百分之百併購失敗的經驗，施振榮在改革宏碁的同時，爲宏碁發展出獨有的「全球品牌，結合地緣」國際化模式。

他首先在一九九二年十月投資墨西哥 Computec 公司百分之十九的股權，加強開拓拉丁美洲市場，事實證明「結合地緣」的策略有效，經過兩年的努力，根據美國市場調查機構 IDC 的統計，宏碁自有品牌（Acer）自一九九三年起在墨西哥和拉丁美洲市場的銷售量都高居第一，在墨西哥的占有率更高達百分之三十二，超過世界名牌 HP 和 Compaq 在當地占有率的總和。

結合地緣的成功，促使施振榮擴大與 Computec 的合作，將宏碁拉丁美洲子公司與墨西哥 Computec 公司自一九九五年元旦起合併，雙方各擁有百分之五十的股權，並申請在墨西哥股票上市，預定三年內可以成爲拉丁美洲最大的電腦公司。

結合地緣的策略也影響宏碁在東南亞市場的布局。一九九三年六月，宏碁透過總部設在新加坡的宏碁國際股份公司與泰國經銷商偉成發集團在曼谷成立合資公司，負責開拓 Acer 品牌在中南半島的業務，循著這個模式，宏碁已經在印度、中東、非洲等地成立二十幾個子公司，業務遍及亞太、紐澳、俄羅斯等六十幾個國家和地區。由於業務發展快速，宏碁國際一九九五年營業額高達六億美元，股票已於新加坡上市交易。

「全球品牌，結合地緣」策略的成功，不但幫助宏碁在走出陰霾，度過改革期，並且激發施振榮新一波的國際化雄心，他爲宏碁二十一世紀的國際版圖開出一張令人聞之咋舌的支票—「21 in 21」，即在二十一世紀初期，宏碁要在世界各國擁有二十一家上市公司。

宏碁目前除企業本體的宏碁電腦，總部在新加坡的宏碁國際分別上市外，明碁電腦已通過上市審查，宏碁科技準備送件申請上市，德碁半導體預定一九九八年申請上市，宏碁拉丁美洲公司，宏碁北美洲總公司也都有上市計畫。

第二十四章　主從架構發揮戰力

引伸自電腦架構

在推動速食式產銷模式與結合地緣，分散股權策略的同時，施振榮對宏碁的營運結構進行了一項影響十分深遠的改革，稱之爲主從架構。

施振榮的主從架構理念是從電腦網路的觀念引伸而來的。

施振榮大約在一九八六年左右，因爲宏碁科技公司代理銷售美國昇陽電腦公司（Sun Microsystems）的工作站（workstation），第一次接觸到「主從架構」這個名詞，當時這是一個全新的電腦化觀念。

電腦系統的演進和許多事物由小而大的歷程不同，它是由大而小的，也就是出現大型電腦（Mainframe），再出現中型電腦、迷你電腦（Mini），然後才出現微型電腦（Micro），也就是大家習稱的個人電腦（Personal Computer）。

大型電腦自一九五〇年代出現，特點是運算功能強，資料儲存空間大，價格昂貴，主要是大型企業和公家機關用來處理龐大的資料。一台大型電腦通常會連接一定數量的終端機，運作模式是由上而下，與它連接的終端機只負責輸入（經由鍵盤）與輸出（螢幕顯示）的工作，所有的運算、決策全由電腦主機主宰。

迷你電腦在一九七〇年代開始出現，運算能力、儲存容量都比大型電腦小，但價格也比較便宜，這是電腦業界爲擴大電腦化的市場而推出的產品。迷你電腦的運作基本上是大型電腦運作模式的縮小版，終端機還是聽命於主機，不過，價格比大型電腦便宜很多，一部大型電腦的經費可以買好幾部迷你電腦，在同一時間處理資料，比只有一部大型電腦更靈活、更有效率。

中央集權與分散式運作

以管理的角度來看，大型電腦的運作模式像是中央集權，迷你電腦則是分散式運作。

到了一九九〇年代，個人電腦崛起，由於價格便宜，成爲小型企業和個人電腦化的主流。和大型電腦的運作模式相比，個人電腦就像是附帶主機的終端機，雖然運算能力和儲存容量遜於大型電腦，但本身可以運算、對輸入的資料立即做成決策，並且輸出，可說靈活至極。

與迷你電腦的運作模式相比，個人電腦就像當年迷你電腦顚覆大型電腦般地顚覆了迷你電腦，它小體積、低單價的優勢，讓它很快地進入小企業和家庭，成爲電腦化的尖兵。

就電腦化而言，個人電腦有一個弱點，就是記憶體的容量與運算速度較差。針對這個問題，電腦業界推出主從架構（client-server）的電腦系統。

主從架構是迷你級電腦廠商提出的觀念。

個人電腦掘起後，迷你級電腦市場遭到大型電腦與個人電腦上下擠壓，處境十分艱難，廠商在壓力下尋求突破，抓住個人電腦功能尙有不足的缺點，推出以工作站和個人電腦爲主軸的主從架構電腦系統。

簡單地說，主從架構是指許多可以獨立作業的「主」（client）和一個或多個功能比這些「主」強的「從」（server）所結合的網路系統。

這些「主」可以是高階個人電腦，也可以是迷你級的工作站，「從」則可能是中、大型電腦，或甚至超級電腦。

「主」平常各做各的事，當遇到能力不能解決的事情時，就透過網路交給「從」來處理。換句話說，「從」的能力雖然比「主」強，但扮演的不是指導和決策的角色，而是服務的角色，主導權在「主」（個人電腦）身上，一個主從架構中有許多個「主」，它們可以同時作決策，整個電腦化因而更有效率。

和迷你電腦系統的分散式運作架構相比，主從架構可以採購更多的個人電腦（因為價格便宜）當家做主，因此比迷你電腦系統更靈活，更有效率，而在功能上，個人電腦雖然比不上迷你電腦，但它隨時可以召喚「從」（功能比「主」強大的電腦）為它服務，完全避開迷你電腦系統功能不足的缺點。

和大型電腦系統架構比起來，主從架構沒有中央集權，決策緩慢，效率僵化的問題，在能力上，則可得到大型電腦的支援，等於擁有大型電腦的優點而沒有它的缺點。

簡而言之，主從架構擷取大型電腦系統的能力與迷你電腦系統的靈活，推出之後，即受到市場的歡迎，成為當今電腦化的主流。

靈感來自主機板成功經驗

施振榮首次接觸到主從架構的概念時，對它並沒有深刻的感受，但一九九二年他積極進行宏碁的企業改革工程，推動股權分散，結合地緣的經營模式時，逐漸體會到主從架構正是宏碁當階段振衰起弊所需的觀念。

一九九二年宏碁介入主機板市場的成功經驗，觸動了施振榮實施主從架構的意念。

以前宏碁生產的主機板主要供應給自己的關係企業，由於訂單有保障，生產效率不高，成本居高不下，造成關係企業極大的痛苦。因為關係企業必須以高於市價的「內部移轉價」買入這些主機板，連帶使所生產的個人電腦成本增加，市場競爭力降低。

為打破這種不合理的現象，施振榮成立一個新的部門生產主機板，並賦予這個新部門完全自主的採購、營運權，也就是它沒有向宏碁關係企業購買原材料的義務，但也沒有以高於市價賣產品給關係企業的特權。

在完全自主的情況下，這個部門全力壓低採購成本，提升生產效率，很快就達到與市價競爭的實力，施振榮再以這個部門爲標竿，要求原先生產主機板的部門在九個月內達到以市價出貨的能力，否則其他關係企業和子公司將不向它採購主機板，改向市場採購。

在廢除內部轉移價的壓力下，原先生產主機板的工廠不得不「上緊發條」，全力以赴，沒多久就達到施振榮要求的標準。

主機板生產業務轉型成功，給了施振榮很大的信心，他發現，宏碁雖然長期實施分散式管理，但企業總部對子公司和關係企業的照顧太多，養成他們的依賴性，反而造成企業的包袱，「內部移轉價」引發的種種問題便是現成的例子。反之，如果讓子公司和關係企業自己當家做主，不必事事聽令企業總部，也不必承受其他關係企業的包袱，便可縮短決策時間，靈活應變市場情勢。

經過縝密的思考推演，施振榮認爲電腦系統中的主從架構正符宏碁所需。他把分散國內外的關係企業和子公司全都當成主從架構中的「主」，要求它們自行決策，獨立經營，企業總部則扮演「從」的角色，退居第二線，不再對子公司和關係企業發號司令，只在他們有所求時，出面扮演協調和諮商的角色。

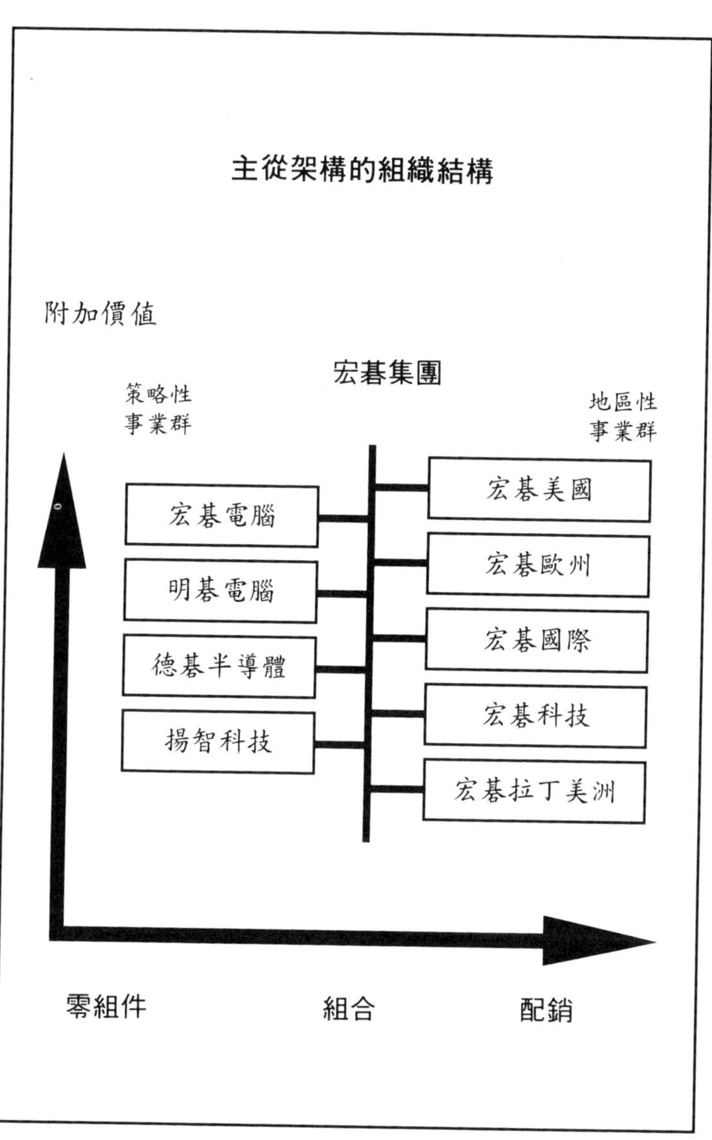
主從架構的組織結構
附加價值
宏碁集團
策略性
事業群
地區性
事業群
宏碁電腦
明碁電腦
德碁半導體
揚智科技
宏碁美國
宏碁歐州
宏碁國際
宏碁科技
宏碁拉丁美洲
零組件
組合
配銷

資料來源：宏碁電腦

有包袱不要揹

爲了使關係企業和子公司快速瞭解主從架構與宏碁原有管理模式的不同，施振榮喊出一個口號：「有包袱不要揹，有資源儘量用，各自當家做『主』」。

在施振榮的規劃裡，主從架構的主（關係企業和子公司）是完全獨立的經營個體，即使與關係企業進行交易，也只要遵守公司法的規定和商業往來的一般習慣，不必理會關係企業的情面。

以前宏碁的經營模式和一般集團企業相同，關係企業之間相互優先採購對方的產品，像是宏碁電腦向明碁買監視器、鍵盤，宏碁國際、宏碁北美洲公司向宏碁電腦買主機板、個人電腦等，其中，許多交易的價格比市價高出很多，但礙於「他是我兄弟」而不得不買，甚至公司高層還爲內部交易訂定一個比市價高的「內部移轉價」來「保障」賣方。

主從架構強調決策自主，施振榮進一步喊出「有包袱不要揹」後，內部移轉價已沒有生存的空間，內部交易從此一律親兄弟明算帳，「只要關係企業賣的產品比外面廠商貴，就向外面廠商買。」

在親兄弟明算帳的壓力下，宏碁各製造部門都全力提升生產力，設法降低生產成本，施振榮又規定，各製造部門所生產的產品至少要有一半賣給外面的廠商，也就是強迫製造部門接受市價考驗，提升競爭力。

一般集團企業的人事權掌握在總管理處，當集團內甲企業關掉一個部門或一個企業，總管理處大都把多出來的人平均往其他企業擺，關係企業沒有拒絕的權力，結果造成員工吃大鍋飯的心理，「部門盈虧沒關係，反正總有位子可以坐。」

在宏碁主從架構「有包袱不要揹」的口號下，每個企業對不必要的人事，不論是誰介紹或分派，都可以拒絕。多一個冗員，多一份負擔，甲企業沒有義務去分攤乙企業經營不善的責任，任何部門若有冗員，必須自己裁員，若是經營不善而關門，所有人員便得全部資遣。「這樣，關係企業之間才不會互相依賴、拖累。」施振榮說。

去（一九九五）年底，宏碁集團旗下的第三波文化事業便悄悄進行裁員，裁員幅度達到百分之十，施振榮對此沒有表示意見，這種事情在實施主從架構之前，不可能發生。

不揹別人包袱，自己的包袱當然也不會有人幫你揹，宏碁各個企業體經營上的危機意識大增，凡事講求成本，以往人事浮濫的現象不再，一九八九年宏碁集團員工人數五千人，營業額才一百多億元，一九九五年，全集團海內外員工約一萬四千人，扣除關係企業交易後，營業額仍高達一千五百億元。

不吃虧就幫忙

換句話說，六年來宏碁營業額增加十倍，但人員只增加一點四倍。

施振榮喊出關係企業「有包袱不要揹」口號的另一面意義是「不是包袱則盡力幫忙」。「宏碁的主從架構是用『法理情』取代以前關係企業往來的『情理法』。」施振榮解釋，爲了讓集團內的每個企業體獨立自主，施振榮告訴企業體與關係企業和企業總部往來，以守法爲先，再來要合理，就是「不揹別人的包袱」，在這兩個前提都不違背的情形下，和關係企業可以講一點交情，「不吃虧，就幫忙。」施振榮認爲企業體之間，只要所提供的產品、勞務的品質、價格競爭力不輸給企業外廠商，關係企業之間應該互相幫忙。「這就是有資源儘量用的意涵。」

施振榮認爲，宏碁擁有的資源包括知名度、形象、聯合採購和推廣的能力。

宏碁現在是全球第七大電腦品牌，台灣、中東、拉丁美洲第一品牌，「各企業體可以儘量使用宏碁的知名度和形象，」施振榮說，「良好的知名度和形象使他們具有比外界廠商更容易進入市場的優勢。」

宏碁集團一年對外採購金額約一千億元，「買愈多，進價愈低，關係企業之間可以互搭便車，聯合採購，降低生產成本，提高競爭力。」

聯合銷售則可以擴大關係企業量產規模，降低生產成本，關係企業之間利己利人。施振榮說，在「不吃虧，就幫忙」的原則下，宏碁在世界各地的銷售部門可以優先採購宏碁製造部門生產的產品，讓製造部門一推出產品，就能具有量產規模，結果，製造部門的生產成本得以降低，銷售部門的進貨成本也能下降，雙方互蒙其利。

舉例說，明碁去年生產三百六十萬台的監視器，宏碁集團海外各分銷單位就消化掉一半，明碁和宏碁電腦生產的兩百萬台光碟機也有近一半是宏碁關係企業所購買，宏碁電腦去年生產了四百多萬台個人電腦，也有一半賣給關係企業，德碁半導體所生產的記憶體也是一半供應宏碁關係企業。若不是施振榮要求各關係企業的產品至少一半要賣到市場，宏碁關係企業的相互交易量會更多。在主從架構決策自主的要求下，關係企業間的交易都必須與市價競爭。

施振榮鼓勵關係企業盡量享用宏碁的知名度、形象、聯合採購和銷售，這些資源雖然無形的，卻是有用的，而且「愈用愈多，愈用愈強」

至於主從架構的當家做「主」，簡單地說，凡事自己決定，自己負責。不只是前面提到的人事、採購、財務權完全自主，就是各企業體的營運方向也是企業體自己做主，不再由企業總部指示決定。

去（一九九五）年初，明碁電腦授權聯強公司為明碁傳眞機的經銷商。

聯強是神通電腦機構的關係企業，在一般的觀念裡，宏碁與神通是兩個相互競爭的企業集團，雙方不可能建立這種合作關係。但在主從架構組織下，宏碁各企業體可以決定自己的營運方向、目標，「只要當家做主的人能衡量可以做，就可以做，」施振榮說，「宏碁企業總部在各個關係企業和子公司制定計畫和實際營運上只扮演『從』的角色—協調和諮商，而且不保證有效，因為眞正做主的還是各關係企業。」

前兩年，明碁和宏碁先後決定要做光碟機，施振榮擔心在市場上發生「兄弟鬩牆」，因此出來協調，希望其中一家放棄。可是兩個「主」都認為自己有競爭力，互不相讓，施振榮協調無效後，也不敢逾越「從」的角色，只好任令兩家關係企業同時介入光碟機市場，「反正他們得各自為自己的決策負責。」

「沒想到，兄弟之間的競爭反而更能激發鬥志，」施振榮說，「明碁與宏碁如今是台灣光碟機市場的第一和第二大廠商，兩家共同占有六到七成的市場。」

「渴望」旋風

主從架構讓宏碁各關係企業和子公司明確掌握自己的權責，不必事事向上請示。

宏碁北美洲公司去（一九九五）年以九個月時間推出風靡美國市場的新一代電腦——渴望（Aspire），便是主從架構下，各「主」其事的最佳寫照。

以往宏碁開發一項產品都必須呈報企業總部同意，實施主從架構後，一切決策由各關係企業的總經理當家做「主」，「渴望」的開發是宏碁北美洲公司總經理莊人川做的決策，施振榮一直到產品雛形出來後，才被告知。

一九九四年美國家用電腦的銷售數量首次超越電視機的銷售量，對電腦廠商來說，是電腦進入家庭的里程碑。

莊人川認為，結合多媒體軟體功能，可以看電視、唱卡拉OK、打電話、傳眞、上網路，造型像家具般優美，操作像電視機般容易的電腦，應該可以「擊中」市場。有了這個想法後，基於主從架構的權責，他沒有告訴施振榮，便自己下決策，在一九九四年底將這個觀念交給美國的青蛙公司設計造型。

三個月後，施振榮到美國看到了青蛙公司完成的「渴望」造型，圓弧造型機身，墨綠、灰黑的顏色，可舒適放置手掌的鍵盤，家電的感覺勝於電腦。

施振榮對這項產品有很好的感覺，但他沒有提供太多意見。宏碁北美洲公司繼續主導發展這項產品，所有的決策自己敲定，一九九五年九月五日，「渴望電腦」（Acer-Aspire）在美國公開亮相，引起轟動，而這項產品從決定開發到推出上市只用了九個月時間，一般開發一個監視器的全新機種平均需要一年半到兩年的時間。

施振榮認爲，這是因爲宏碁實施主從架構，宏碁北美洲公司擁有當家做主的權力，縮短決策的時間，加上各關係企業相對扮演「從」的角色，讓宏碁北美洲公司得以運用整個集團的資源，刮起風靡整個美國市場的「渴望」旋風。

「渴望」電腦的成功，也反映了宏碁多元主從合作的效率。

多元主從合作

多元主從合作是施振榮在主從架構上的一個創見。

在電腦的主從架構中，主就是主，從就是從。施振榮則認爲，企業裡的每一個部門，甚至每一個人都是「主」，都具備獨立作業的能力，相對於其他部門和個人，每個人也都是「從」，隨時準備配合集團內的任何「主」，主從之間沒有上下隸屬的關係，由誰主導，完全看專長、優勢和附加價值。「我要它們既能獨自作主，又能環環相扣，集體作戰。」他說。

這種多元主從架構的運作方式，就像是集團內的每個部門都開了扇窗，隨時準備扮演「從」的角色，支援集團內的「主」。最重要的是，不論大主小主，大從小從，都擁有完全的自主性，避開層層回報的決策體系，充份發揮主從架構獨立靈活的效率。

「渴望」是宏碁美國北美洲公司提出的構想，而且產品以美國市場爲主要目標，整個開發計畫自然由宏美做「主」，負責主導、執行，台灣和其他地區的宏碁關係企業和個人則扮演「從」的角色，負責各種支援和製造的工作。

宏碁實施主從架構的目的之一是使關係企業能應付市場完全的競爭，因此各個企業在當家做（主）時，只挑自己最具優勢的部分做，不具優勢的，則交給其他關係企業（從）做。

在這個原則下，宏碁北美洲公司主導「渴望」後，只負責外型設計（委託專業的青蛙公司完成）、軟體開發、當地組裝和銷售。其他的非專長工作則尋求關係企業支援，例如主機板、系統開發由台灣宏碁電腦設計、製造，監視器、鍵盤則交給明碁分別在台灣設計及馬來西亞生產。

由於熟知多元主從架構的運作規則，各主從之間的窗口直接往來合作，例如宏美負責監視器的經理直接與明碁負責監視器的經理聯繫，不必經過雙方的主管層轉，就能組成開發和製造團隊，以最有效率的方式完成工作。

靠著小主小從主動靈活的合作，「渴望」從產品構想到上市銷售，只花了九個月時間，創下國內外產品開發速度的新紀錄。

實施主從架構後，以施振榮為中心的宏碁企業總部的功能和運作跟著轉型，從以前的發號司令的「主」角色改為提供諮商和協調的「從」角色，原本三百多人的企業總部，現在只有九十人，主要是法務和企業行銷人員。

宏碁企業總部雖然設有總財務長（關係企業資深副總經理黃少華），因為各子公司和關係企業的財務獨立，總財務長與各分支財務主管之間只有間接導督的關係，並非上下隸屬；企業總部的財務副總經理彭錦彬也只有在各別企業體的財務主管需要諮詢時，才出馬輔導。

施振榮是關係企業的董事長，對各企業體有直接管轄權，但平時他以關係企業董事長的身分，而不是母公司董事長，瞭解各公司運作的情形，其他就是每個月與各企業體總經理舉行一次聯席會。

另外，宏碁每半年舉行兩天的總經理高峰會，海內外各企業體的總經理都來參加，施振榮便利用這個機會協調關係企業間的歧見，同時在經營理念和策略上建立共識。

在這些定期的會議之外，施振榮充分利用電腦通信科技的協助，隨時以視訊電話、傳眞、電子郵件與分散世界各地的主管連絡，加上他運用走動式管理，一年有五分之二的時間穿梭海外各據點之間，是宏碁整個主從架構組織的領航員。

第二十五章　重用第二代人才

多主一從亟需人才

人才是宏碁主從架構組織得以運作成功的主要因素之一。

一般集團企業爲方便管理集團中的子公司或關係企業，大都設有總管理處，由上而下，指揮經營，宏碁的主從架構組織則反其道而行，讓關係企業和子公司當家做主，總管理處（在宏碁稱爲企業總部）自廢指揮權，只扮演協調和諮商的角色。

從架構上比較，一般的集團企業是一主多從，宏碁則是多主一從（施振榮接手整頓宏碁時，已有超過十個極具規模的子公司），在這種情況下，如果沒有足夠「戰將」當家做「主」，主從架構組織根本沒有成功的機會。

宏碁第二代適時浮上檯面，成爲宏碁推動主從架構組織成功的最大因素。

宏碁第二代是指創業夥伴以外，在宏碁發展初期擔任宏碁各部門主管的中高級主管，他們包括林憲銘、林銘瑤、張光瑤、邱英雄、李焜耀、吳廣義、盧宏鎰、施崇棠、呂理達、梁秋生、黃瑞雲、王振堂、彭錦彬、陳威伸等人。

這些第二代在宏碁大量引進外來人才，空降擔任各部門主管時，一度自覺不受重視，在他們非正式組成的惜緣會中抱怨施振榮迷信「遠來的和尙會唸經」，忽視他們的能力與貢獻，若干第二代並曾有意離職他就。

施振榮承認剛引進外來人才時，曾經爲了表示對新主管的支持，在決策時，刻意優先採用他們的意見，施振榮說，他沒考慮到這樣會造成第二代的挫折感，直到惜緣會邀他餐聚，他才知道第二代的感受。

聽取第二代的心聲之後，施振榮一方面設法疏通他們的情緒，一方面調整自己的作風，在主持會議時，儘量客觀評斷空降部隊與第二代的意見，不再刻意採用空降部隊的意見。

等到一九九〇年底，宏碁面臨營運虧損的壓力，準備進行裁員時，施振榮也主動「勸退」多位他引進的空降部隊。

回想當年引進空降部隊的作爲，施振榮說：「如果能夠重來，我的作法會比較保守。」

施振榮說，宏碁在一九八四年前後，公司規模急速變大，所生產的產品超過九成靠外銷，第二代雖然跟著創業元老成長，但普遍缺乏國際行銷經驗，也還沒有成熟到可以獨當一面，因此才想到要引進外來人才。

「以宏碁分散式管理和絕對授權的企業文化來看，第二代本來就會接班，」施振榮說，「空降部隊是過渡的，只不過按照規劃，他們應該待得更久一些再交棒給第二代。」

後來的發展卻不是這樣。空降部隊在宏碁沒有發揮預期的效益，不到幾年就損兵折將，大多數人離開宏碁，第二代因此得以提早接棒。

施振榮說，空降部隊在宏碁沒有發揮預期效益，不是他們能力不好，也不是不努力，是「時不我予」。

第二代獨當一面

一九八六年宏碁提出龍騰發展十年計畫，開始積極國際化，從這時候開始到一九八九年劉英武加入，是空降部隊在宏碁的全盛期，當今宏碁檯面上的高級主管，那時大概都劃歸空降部隊管轄。

但這個時期宏碁營運開始走下坡，主要原因是人員膨脹嚴重，經營效率降低，加上海外併購案未能發生預期效益，產業環境又發生劇變，使宏碁獲利率急速下降，終至嚴重虧損。

施振榮認爲，以當年產業環境和宏碁本身經營效率惡化的情況，空降部隊的失敗是「非戰之罪」。「第二代當時不在火線上，反而保存實力，」施振榮說，「從某個角度看，空降部隊幫第二代抵擋了炮火，讓第二代有成長的機會。」

後來空降部隊爲表示負責，先後離開宏碁，這時第二代因爲跟著空降部隊歷練整個宏碁由盛而衰的過程，已培養出獨當一面的能力，逐漸接下各企業體的經營責任。

其實，宏碁第二代與空降部隊的階段劃分並不是那麼清楚。早在一九八一年，黃瑞雲便以協理的職務全權負責第三波文化事業公司的營運；一九八四年陳正堂擔任宏大創業投資公司總經理；一九八六年莊人川擔任從事 IC 設計的揚智科技總經理。

陳正堂和莊人川並不是宏碁創業元老「一手帶大」的第二代，他們分別從香港和美國回來投效宏碁，由於一開始就負責全新的公司，參與打拚，且與宏碁第二代沒有直接的主從關係，空降部隊的標籤較不明顯。

劉英武加入宏碁後，他和施振榮都認爲應加速培養第二代的接班能力。

這時陳正堂已由宏大創投轉任明碁電腦總經理，並於一九八九年接任新成立的德碁總經理，莊人川則接任明碁總經理。

一九九〇年原任宏碁科技總經理的郃中和轉任宏碁關係企業副董事長，施振榮派王振堂以副總經理的職務綜理宏碁科技經營責任，不久升爲總經理。

一九九一年宏碁調整內部組織，將子公司、關係企業和相關部門依照業務性質分成幾個事業群，當時宏碁營運虧損愈來愈嚴重，施振榮亟思整頓，加緊推出第二代出來當家做主。

一九九一年，莊人川被指派前往美國擔任虧損累累的高圖斯電腦事業群總經理，施振榮希望他能力挽狂瀾；所遺留的明碁總經理職務則交給標準宏碁第二代，剛自瑞士進修返國的李焜耀。

也是標準第二代的盧宏鎰則獲派擔任新成立的非歐美事業群（宏碁國際的前身）總經理；施崇棠出任系統事業群總經理；林憲銘出任個人電腦事業群總經理；呂理達出任宏碁歐洲公司總經理。

一九九二年劉英武辭職離開宏碁，施振榮親自接手整頓，他指派莊人川接任劉英武宏碁北美洲總公司總經理的位置；在台灣，原任系統事業群總經理的施崇棠在一九九四年離職後，該部門與個人電腦事業群合併爲資訊產品事業群，由林憲銘擔任總經理。

至此，宏碁各子公司和關係企業已全由第二代接班，甚至第三代、第四代接班。

目前擔任宏碁訊息公司（大陸）負責人的劉學欽及林憲銘旗下七大事業處的負責人都算是宏碁第三代的人才；至於此次結合宏碁全球資源開發「渴望」電腦成功的團隊白忠良、胡若堯、張恩白等三十歲左右的傑出人才，則已屬宏碁第四代和第五代。

第二十六章　躍為全球第七大個人電腦廠商

一九九三年轉虧爲盈

由於第二代接棒成功，並且帶動第三代、第四代人才在各自負責的部門當家做「主」，施振榮推動的速食式的經營模式、結合地緣的策略、主從互補的組織架構得以一舉成功，並且相輔相成，激發最大的乘數效果，原本奄奄一息的宏碁，自一九九三年開始轉虧爲盈，一九九五年已晉身美國市場第八大品牌，全球第七大個人電腦廠商。

以宏碁集團主要企業宏碁電腦爲例，一九九二年施振榮接手整頓當年營業額只有一百二十億元，財務結算雖然盈餘五千六百萬元，實則虧損六億餘元，是施振榮當機立斷出售土地廠房，才使財務報表保住藍色。

一九九三年起，宏電的速食式產銷模式、結合地緣、主從架構同步發揮效果，當年營業額增為一百九十億元，盈餘十億三千萬元。盈餘當中雖包括售地和售股獲利六億餘元，但從虧損六億多元轉為實際盈餘約四億元，已屬不易。

一九九四年宏電營業額大幅成長百分之七十四，達到三百三十億元，盈餘三十一億元（每股六點五元），其中固然有部分盈餘來自轉投資德碁半導體的收益，但此時宏碁的經營效率和獲利能力與前幾年相比，已不可同日而語。

躋身台灣第三大製造業廠商

去（一九九五）年，宏電營運與獲利更是大放異彩。十一月宏碁單月營業額八十六億元，領先南亞塑膠成為當月台灣營業額最高的製造業；全年結算營業額為六百三十億元，比前一年成長百分之九十，站穩台灣第三大製造業的位置。「在全球經濟普遍不景氣之際，宏碁連續兩年的超高成長，相信是世界跨國企業罕見的記錄。」施振榮強調。

1995年宏碁集團營運項目、資本額、營收及獲利一覽表

公 司 名 稱	營 業 項 目	資本額	營業額	宏電持股
宏 碁 電 腦	個人電腦、主機板、光碟機	94 億	629 億	100 %
明 碁 電 腦	監視器、鍵盤、印表機、傳真機、通信產品	19 億	248 億	44.63%
德 碁 半 導 體	動態記憶體	69 億	147 億	54.17%
揚 智 科 技	特殊用途積體電路	1.7億	22 億	72.44%
國 碁 電 子	微電子構裝設計	3.3億	17 億	49.99%
第 三 波	期刊與軟體	0.6億	6 億	99.99%
宏 碁 北 美	北美市場	49 億	381 億	100 %
宏 碁 歐 洲	歐洲市場	0.4億	120 億	100 %
宏 碁 國 際	亞太、印度、中東、非洲、俄國	15 億	170 億	63.43%
宏碁拉丁美洲	拉丁美洲市場	1 億	80 億	29.98%
宏 碁 科 技	台灣市場	6.7億	91 億	48.02%
宏 碁 訊 息	大陸市場	1.3億	5 億	71.32%
立 碁 國 際	資訊產品之行銷與銷售	0.5億	42 億	36.97%

資料來源：宏碁電腦

註：宏電資本額以84年11月為準，其餘各公司以84年9月為準。
宏電持股比例以84年9月30日為準。

不只是營業額大幅成長，宏碁去年的盈餘也有相同亮麗的表現，預估總盈餘可達到五十五億元，比前一年增加百分之七十七。

在宏電帶動下，其他主要企業體營運自一九九三年起也有顯著成長。

其中原本虧損累累的宏碁北美洲總公司，一九九四年已經轉虧爲盈，獲利近三億元，營業額也從一九九三年的一百一十四億元，到一九九五年一躍爲三百七十三億元，盈餘豐厚，宏碁北美洲公司一九九五年底推出「渴望」電腦，亮麗的造型和容易使用的特點，立即風靡市場，造成旋風，短短四個月在美國市場銷售三十萬台，預計將爲宏美未來數年創造可觀的業績和盈餘。

明碁電腦一九八四年爲承接美國 ITT 公司的個人電腦代工訂單而成立，隨後轉型爲監視器專業廠商，業務型態以代工爲主，營運一直相當穩健，一九九三年營業額增爲九十一億元，盈餘爲四億八千萬元；一九九四年營業額成長一點六倍，達到一百四十九億元，盈餘爲十億五千萬元；去（一九九五）年營業額爲二百五十億元，盈餘達到十三億九千萬元。

明碁近年加入光碟機的生產，成長迅速，一九九五年生產一百多萬台，是台灣最大的光碟機和監視器生產廠商。

明碁電腦在一九九五年下半年通過台灣證券交易所和財政部證管會審核通過，股票即將上市交易。

明碁、宏科將在台灣上市

宏碁科技原名宏碁股份有限公司，是宏碁集團的源頭。一九七六年施振榮和其他六位夥伴集資一百萬元成立宏碁股份，後來因爲轉投資成立的宏碁電腦發展快速，反而合併包括宏碁股份在內的所有關係企業，成爲宏碁的主體，宏碁股份也趁機更名爲宏碁科技，成爲宏電的子公司，主要從事科技產品的代理業務。

宏碁科技一九九三年的營業額爲五十九億元，盈餘一億八千萬元，一九九四年營業額六十五億元，盈餘兩億五千萬元，去（一九九五）營業額達到九十一億元，盈餘三億五千萬元。

宏碁科技已經向證券交易所遞件申請股票上市，極可能成爲宏碁另一家在國內上市的公司。

德碁半導體是宏碁與美國德州儀器公司合資在一九八九年成立的公司，剛開始宏碁出資二十三億元，占百分之七十四股權，在民國八十年宏碁營運最困難時，出讓百分之十六的股權給中華開發公司。

德碁建廠期間積壓宏碁龐大資金，開始運轉時即必須提撥折舊，營運初期又陷於虧損，當時許多股東和資訊業者批評施振榮好大喜功，自不量力從事這麼大的投資，使施振榮備感壓力。

宏碁在評估是否投資半導體廠時，就有許多人反對，包括當時剛加入宏碁的劉英武都以美國半導體廠沒有競爭力，德州儀器拚不過日本廠商爲由，反對宏碁投資半導體廠。

可是施振榮獨排衆議，他認爲美國半導體廠競爭不過日本廠商的原因是，美國廠商營運較現實，沒有長期的規劃，一遇虧損就縮手，結果以往的投資效益不能累積，導致成本居高不下；日本廠商則在虧損時期也繼續投資，結果成本不斷降低，終於贏得市場。

施振榮認爲，以德州儀器的技術和台灣的生產效率，雖然沒有把握德碁一開始就賺錢，「至少不致於虧損。」

施振榮堅持投資半導體的另一個重要理由是，德碁所要生產的隨機存取記憶體（DRAM）是資訊產品的關鍵零組件，宏碁過去飽受DRAM貨源及價格不穩定之苦，「和德州儀器合資成立德碁將可以保障宏碁DRAM的貨源，並且幫助降低生產成本。」

施振榮眼光沒有看錯，德碁一九九一年開始生產，隔年就開始損益平衡，一九九三年開始獲利，當年營業額六十一億元，盈餘十六億九千萬元；一九九四年營業額增爲八十四億元，盈餘二十六億八千萬元，身爲主要投資者的宏碁電腦跟著沾光；去（一九九五）年德碁營業額達到一百四十六億元，獲利六十二億七千萬元，估計其中二十五億元可以挹注宏碁電腦的盈餘。

宏碁國際的前身是一九九一年成立的宏碁非歐美事業群，一九九二年獨立成爲宏碁國際公司，總部設在新加坡，負責宏碁產品在亞太、紐澳、印度、中東、非洲、俄羅斯等地的行銷、組裝與服務。

施振榮推動結合地緣的經營策略後，宏碁國際積極請各國經銷商入股，合作建立產銷網路，目前在所轄區域內有二十多個子公司和合資事業，並使宏碁在宏碁國際所轄的中東和東南亞市場成爲最大的個人電腦品牌。

宏碁國際一九九三到九五年的營業額依序爲五十五億元，九十六億元、一百六十四億元，盈餘爲一億五千萬元、三億一千萬元、五億四千萬元。

由於營運良好，宏碁國際股票已於去（一九九五）年九月在新加坡上市交易，是宏碁在海外第一個股票上市的公司。

一九九二年宏碁在墨西哥舉行國際經銷商會議，施振榮當場邀請來自世界各國的五百位經銷商將來有機會入股，開啓宏碁「全球品牌，結合地緣」的經營策略，當年宏碁投資墨西哥經銷商 Computec 公司百分之十九股權，一九九五年元旦宏碁拉丁美洲子公司與 Computec 公司合併爲宏碁拉丁美洲總公司，雙方各占百分之五十股權。

宏碁拉丁美洲總公司的營業規模雖不及宏碁北美洲和宏碁國際，但宏碁一直是拉丁美洲最大品牌，市場占有率在墨西哥超過三成。宏碁拉丁美洲正籌劃股票在墨西哥上市，將成爲宏碁在海外第二個上市公司。

集團營業額高幅成長

除了上述子公司和關係企業，宏碁旗下較重要的企業還有從事 IC 設計的揚智科技、從事混成微電子研製業務的國碁電子、從事電子產品貿易的立碁國際、從事軟體開發出版的第三波文化事業、和負責大陸市場的宏碁訊息公司、負責歐洲市場的宏碁歐洲公司。

根據宏碁內部估算，宏電、明碁、德碁、宏碁北美洲、宏碁歐洲、宏碁國際與宏碁拉丁美洲，一九九五年的營收成長率分別達到百分之五十五到百分之九十五之間，而從事微電子封裝業務的國碁電子成長率更高達百分之二百八十，該公司一九九四年的營業額四億三千萬元，一九九五年已突破十六億五千萬元。

總計宏碁集團去年的營業額約一千五百億元，比前一年成長百分之七十七，一年內增加六百六十億元，超過許多大型上市公司一年的總營收。

台灣企業近年無不爲工資高漲及員工效率下降所苦，宏碁因爲採取速食式的經營模式，截至一九九五年已在海外設立三十四個生產據點，組裝新鮮的電腦，同時在馬來西亞設立大規模的生產線，加上邀當地廠商投資入股的結合地緣策略，使宏碁生產效率大幅提升，生產成本則大幅下降。

根據統計，宏碁集團平均每位員工的營業額爲一千二百三十二萬元，這在實施高度自動化的先進國家亦屬少見；而宏碁平均每位員工的年薪則只有四十萬元左右，主要是海外工廠工資低廉，拉低整體員工的平均薪資，這是台灣廠商不可能取得的低成本。

高產值、低成本，使宏碁集團去年的淨值報酬率高達百分之三十六，這樣的表現和一九九二年時施振榮因宏碁連續三年達不到百分之十五的淨值報酬率，引咎向董事會辭職的情形，簡直不可同日而語。

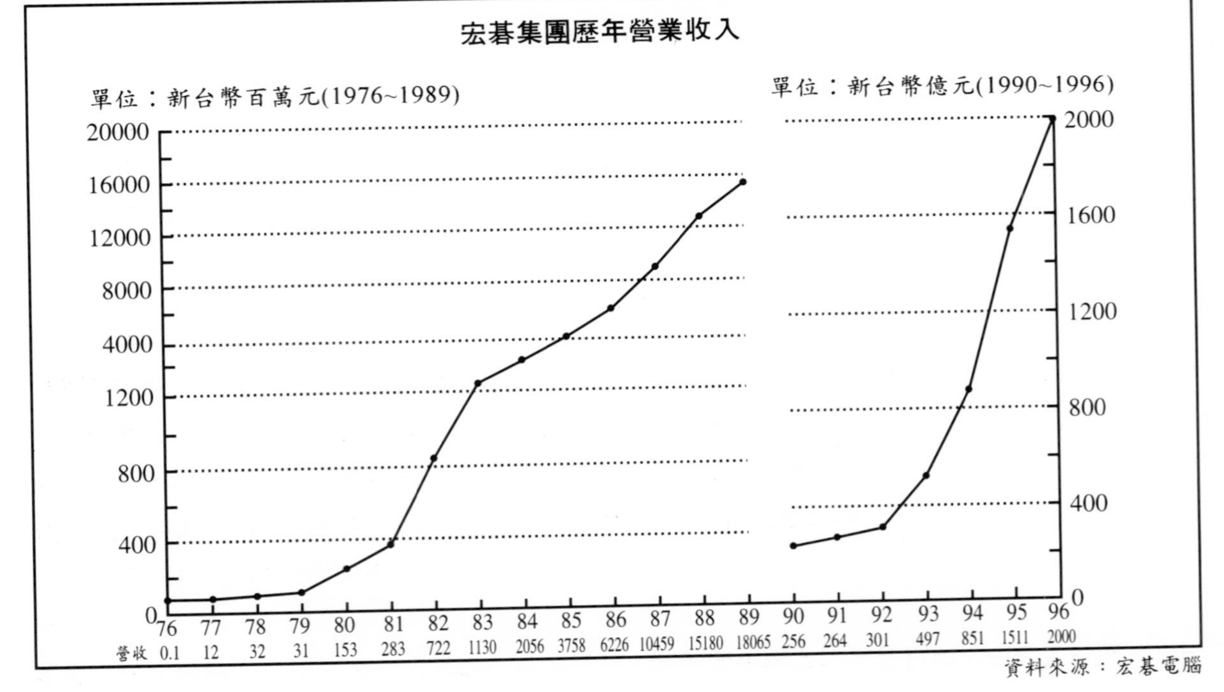
宏碁集團歷年營業收入
單位：新台幣百萬元(1976~1989)
單位：新台幣億元(1990~1996)
20000
16000
12000
8000
4000
1200
800
400
0
2000
1600
1200
800
400
0
76 77 78 79 80 81 82 83 84 85 86 87 88 89 90 91 92 93 94 95 96
營收 0.1 12 32 31 153 283 722 1130 2056 3758 6226 10459 15180 18065 256 264 301 497 851 1511 2000
資料來源：宏碁電腦

第二十七章　全球最佳企業總裁

「2000／4000」與「21 in 21」

一九九二年施振榮進行宏碁改造工程時，爲了鼓舞員工士氣，提出「2000／2000」的目標，即是鼓勵全體員工努力打拚，在公元二〇〇〇年前達到集團營業額兩千億元的目標。

去（一九九五）年施振榮眼見集團營運不斷竄高，爲激勵士氣，他將兩千億元的目標達成年提前到一九九七年，將公元二〇〇〇年的營運目標提高爲三千億元。

今年元月，宏碁在台北市政府大禮堂舉行集團聯屬企業交流大會，有四百多位幹部參加，施振榮在會上宣布今年爲宏碁的「歐洲年」、「渴望年」，並提出「2000／4000」的新目標。

「2000／4000」意指集團營業額要在公元二〇〇〇年要達成四千億元的營業目標，同時將原定一九九七年達成二千億元目標的時程提前到一九九六年完成。施振榮的理由是：「宏碁集團一九九五年營業額增加六百六十億元，今年只要達成相同水準，便足以達成二千億元的目標，以宏碁在歐洲市場仍有寬廣拓展空間，又有新產品『渴望』電腦助陣，二千億元算是保守的估計。」

對施振榮的豪語，宏碁聯屬企業的負責人似乎沒有感到特殊的壓力。宏碁資訊產品事業群總經理林憲銘說：「反正他（施振榮）總是畫個大餅讓我們追，追慣就好了。」

「這其實是有道理的，當你有一個目標時，你就會去衝刺，即使最後達不成那個目標，但達成的結果總是比沒有衝刺的好」林憲銘補充說，「就像跑馬拉松，不管你有沒有跑到終點，但有盡力總比沒有盡力的人跑的遠。」

林憲銘雖然只掛名宏電資訊產品事業群總經理，但他主管的業務去年營業額超過六百億元，占宏碁電腦營業額的九成五以上，他屬下七個事業處的主管，每個人負責的業務量都將近或超過一百億元，遠大於一般公司的規模，「我這個總經理是假的，他（林憲銘）才是眞的。」目前仍兼任宏碁電腦總經理的施振榮說。

除了「2000／4000」，施振榮另外爲宏碁畫了「21 in 21」的大餅。「21 in 21」是跨世紀的目標，「是要宏碁在二十一世紀初，在全球有二十一家上市公司。」

施振榮認爲這個目標不難達成，主要是宏碁採取結合地緣的策略，在全球各主要電腦市場與當地具雄厚實力的經銷商或電腦公司合資，由當地人占較大股權，以鼓勵他們爲公司營運衝刺，在宏碁以速食式的產銷模式，在全球生產據點組裝新鮮的電腦以來，各個合資公司的營運和獲利都大幅成長，短期內都會具備股票上市的實力。

目前宏碁聯屬企業中，台灣部分，宏碁電腦早就是上市公司，明碁通過台灣證券交易所和證管會的審議，即將上市；宏碁科技已經向台灣證交所遞件申請上市；德碁預定後年提出申請；未來可能提出申請的還有國碁電子。

海外部分，宏碁國際已經在新加坡上市，宏碁拉丁美洲和宏碁北美洲近期將向墨西哥和美國提出上市申請，宏碁歐洲是下一個申請上市的目標。

照以上資料，宏碁聯屬企業已上市、即將上市、和可能上市的共有九家，至於其他十二家上市公司身在何方，據宏碁內部的預測，大部分將落在東南亞，「因爲宏碁是第三世界的超強品牌，而且在這些地區有許多合資公司。」

⬆施振榮晉見泰王浦美蓬(1993)。

⬆大陸北京、上海、西安、成都四所交通大學的校長訪問宏碁，由施振榮和同為台灣交大畢業的林家和(左)、林憲銘(右)接待(1993)。

瞄準消費性電子產品市場

除了擅長畫大餅讓員工和幹部去衝刺，施振榮還是個前景大王，他在去（一九九五）年六月，宣布宏碁進入「第三次創業」階段，標的是「高科技消費性電子產品」，目標是「成爲全球家喻戶曉的品牌」。

宏碁第一次創業是一九七六年以一百萬元資本額從事電子產品貿易和工業設計顧問，標的是與微處理機有關的產品；第二次創業階段從一九八八年股票上市時開始，施振榮帶領宏碁積極邁向國際化。

當世界各國消費性電子產品市場逐漸爲資訊產品侵襲之際，施振榮卻宣稱宏碁要以消費性電子產品爲第三次創業階段的主攻標的，不免令人懷疑它的可行性。

施振榮是個習於反其道而行的人。

考大學時，大家以醫學院爲第一志願，他堅持要讀理工；大學畢業，大家忙著考托福出國留學，他硬是留下來讀研究所；創業後，大家穩健地做OEM，他獨鍾自創品牌；股市動盪時，上市公司大股東偷偷賣股票，他爲節稅不得不賣幾百萬股的宏碁股票時，竟然發新聞稿說明賣股時間及保證在一週內全數買回。

雖然事實證明施振榮以往的堅持是對的，但「吃燒餅那有不掉芝麻的？」這一次介入消費性電子產品，施振榮會不會判斷錯誤。

「消費性電子產品將在十年內成爲宏碁營運的主力。」施振榮對自己的判斷仍是一貫的自信。

施振榮解釋，宏碁所要發展的不是現在市面所見的一般家電或音響產品，是結合電腦、通信、消費性電子的數位化產品。就像微軟公司總裁蓋茲在《擁抱未來》一書中所描述的一機在手，結合電腦、通信、萬事OK的產品。

施振榮說，半導體技術和軟體的進步，將使未來的電視機不只是收看電視節目，而且能夠聽雷射唱片、看雷射影片，而且能夠接上網路與其他收視者互動。「這樣的產品已不是當今消費性電子產品的型態，卻將逐漸掩蓋消費性電子產品的市場，屆時當今型態的家電產品都要被淘汰，家電廠商若轉型不及，也都要退出市場，由電腦廠商取代。」

「可以這麼說，宏碁的第三次創業，是要以電腦技術占有消費性電子產品的市場。」施振榮補充道，「由於技術的關係，未來的消費電子產品市場將由Sony、Matsushita、等日本大廠和Compaq、宏碁等電腦大廠競爭。」

施振榮說，談新一代消費性電子產品的軟體技術，宏碁可能不如美國大廠，談產品形象，宏碁可能不如日本，「但是正如美國的優勢在軟體，蓋茲在書中所提的新一代個人自動化產品，都是從他專長的軟體角度出發的，等到要落實製造時，美國人就傻了，」施振榮說，「因爲論生產技術和生產效率，美國廠商根本不是台灣的對手，到最後，這些訂單都要下到台灣來。」

至於和日本廠商比，施振榮說，宏碁是第三世界第一品牌，行銷通路和製造據點都已經建立基礎，「第三世界是未來最大的市場，何況，和日本廠商比較，宏碁有速度和價格優勢。」

宏碁聯屬企業似乎已針對施振榮提示的「第三次創業」進行暖身。宏碁科技和宏碁電腦最近分別推出影音光碟機，明碁和宏電並分別開發行動電話、新一代電視、影像電話等整合電腦與通信的消費性電子產品。

施振榮說，宏碁所制定「2000／4000」和「21 in 21」的目標，已將宏碁在消費性電子產品市場的潛力考慮在內，宏科和宏碁推出影音光碟機和其他消費性通信產品，只是一個起步，宏碁北美洲公司推出「渴望電腦」造成市場旋風，證實電腦家電化的趨勢，「宏碁進軍消費性電子產品，勢在必行。」

爲了表示決心，施振榮透露，一九九七年將是宏碁的「消費性電子產品年」。

最能創造時勢的企業家

宏碁自一九九三年開始轉虧爲盈，緊接著大放異彩，施振榮的改革成果也開始贏取世界各重要媒體的注意和讚美。

一九九四年《世界經理人文摘》（World Executive's Digest）首先大幅報導宏碁「全球品牌，結合地緣」的經營策略，指出宏碁已替亞洲企業開闢有別於日本、美國和歐洲廠商的第四種國際化模式。

同年，美國哈佛大學商學院將施振榮改造宏碁的經驗編爲教案，《日本電腦雜誌》（Computing Japan）讚揚宏碁「改寫了明日資訊業經營的教科書」。

宏碁曾經爲推動國際化和自創品牌吃盡苦頭，施振榮因此更被指爲「不自量力，好大喜功」，但一九九四年八月，美商泛美鑑價公司鑑定宏碁自有品牌 Acer 價值四十八億元，相當於當時宏碁電腦的資本額。

同年十二月，美國《時代雜誌》（TIMES）完成一項「國家形象調查報告」，指出 Acer 是「台灣最具國際知名度的企業標誌。」

一九九五年一月，美國《聖荷西日報》報導，宏碁 Acer 是「矽谷最響亮的名字。」

隔了幾個月，《亞洲商業週刊》（Asian Businessweek）發表亞洲企業評價報告，宏碁電腦獲選爲：「最受推崇的亞洲籍高科技公司，超越日本新力、東芝和松下。」

同年七月，《世界經理人文摘》（World Executive's Digest）評選施振榮爲世界十五位最能創造時勢的企業家，推崇施振榮運用「全球品牌，結合地緣」的策略，「開創一條亞洲企業國際化的道路。」

與施振榮一起獲選的企業家包括美國微軟公司總裁蓋茲、克萊斯勒汽車前總裁艾科卡、奇異電器總裁衛爾區、日本松下公司創辦人松下幸之助、新力公司創辦人盛田昭夫、本田汽車創辦人本田宗一郎、NEC名譽董事長小林宏治、韓國三星集團總裁李恭熙等人。

新興市場最佳企業總裁

十月，國際媒體協會（IMP）評選施振榮爲「一九九五年新興市場最佳企業總裁」（Emerging Markets CEO of the Year）。獲獎的理由是：「以獨特的國際觀領導在開發中國家的企業，使企業有極佳的表現，並足以爲其他開發中國家企業的模範。」

一九九五年下半年，美國《財星雜誌》派遣一位文字記者和一位攝影記者來台灣採訪施振榮對宏碁的企業改造。這兩位記者的採訪前後費時兩週；一個星期採訪施振榮在台灣的辦公和家居生活，另一個星期跟著施振榮出國，觀察施振榮如何管理跨國企業；經過兩週的貼身採訪，在十月號《財星雜誌》刊出八頁的大幅報導。

報導中指出，施振榮具有多方面的特質與才能，是一個優秀的工程師，傳統的中國生意人，前衛的管理者，同時是具有遠見的國際企業家。

《財星雜誌》指出，施振榮運用速食業的產銷模式經營電腦業，大幅提高宏碁的競爭力，此外，施振榮採行主從架構的組織，充分授權各聯屬公司獨立經營，爲增加公司營運效率而寧願「大權旁落」。此外，施振榮以結合地緣策略，分散股權給各地經銷商，也創造了雙贏的成果。

《財星雜誌》最後結論指出，施振榮以創意與遠見所開啓的跨國企業管理模式和成就，使「西方人無法再說：『台灣是個沒有品牌的地方。』」

一九九五年十二月，台灣對外貿易協會公布「台灣產品形象調查」結果，宏碁是台灣產品國際知名度最高的品牌。

⬆施振榮率自創品牌協會訪問大陸，與中共國家主席江澤民晤談(1993)。

《商業週刊》評選全球最佳企業家

今（一九九六）年元月，美國《商業周刊》（Business Week）宣布施振榮爲一九九五年全球最傑出的二十五位企業家（The 25 Top Managers of the Year）之一。

美國《商業周刊》是根據該機構二百二十位高階編輯人員的評審意見，選出這二十五位全球企業界的領袖。評選的標準是：「能夠成功減少開支，重新改造企業，推出創新產品，帶動企業成長，企業國際化及激發企業的活力。」

美國《商業周刊》讚譽施振榮是亞洲頂尖的企業家，「他將企業切割成一群各自獨立靈活運作的聯屬公司，預計下世紀初將有二十一家公司股票在全球各地上市。」該雜誌在元月八日出刊的文章中說，「施振榮採取分權式的管理，因此能有餘力洞察客戶的需求，從『渴望』（Aspire）多媒體電腦廣受歡迎，可以看出宏碁能明確掌握市場的脈動。」

和施振榮一起入選全球二十五位最傑出企業家的大多數爲歐美公司的總裁，只有日本富士通的關澤義和香港的金融家馮國經兄弟爲亞洲人士。這些歐美傑出企業家包括英代爾總裁 Andrew Grove、惠普公司的 Lew Platt、Richard Belluzzd、微軟公司的 Patti Stonesifer、昇陽公司的

Scott McNealy、柯達公司的 George Fisher、華德迪斯耐公司的 Michael Eisner、BMW 汽車的 Bernd Pichetsrieder 等人。

面對這些讚美和榮譽，曾經爲挽救宏碁心力交瘁，昏倒在住宅電梯裡的施振榮，最欣慰的是他已一一兌現對宏碁員工和合作夥伴所曾許諾的支票。

一九八六年，他提出龍騰十年發展計畫，要讓宏碁集團「在一九九六年達到營業額一千二百億元的目標。」

經由企業改造工程，施振榮不但如期在去年兌現這張支票，而且「溢付」了三百多億元（宏碁集團去年總營業額超過一千五百億元）。

一九九二年，施振榮的企業改造工程剛起步，爲了提振員工與世界各地經銷夥伴的信心，他在墨西哥舉行的宏碁全球經銷商會議上邀請大家入股合資，共創雙贏，並且保證「宏碁將改寫企業國際行銷的教科書。」

在結合地緣的經營策略下，宏碁在世界各國已有數十個合資企業，美國哈佛大學企管研究所也已將宏碁企業改造的過程編寫成教案。

除了欣慰諾言實現，施振榮認爲這一兩年來各界對宏碁和他個人的肯定，最大的意義在於：「宏碁創造的管理模式爲亞洲企業進軍國際市場打開一條道路。」

宏碁曾經一度採取全西洋式的經營管理，結果失敗，後來進行改革時，「雖然受麥當勞的啓示而採用速食式的產銷模式，」施振榮說，「但如果沒有分散股權，結合地緣，主從架構組織、互補互利的配合，宏碁的改造工程不會成功。」

施振榮不願將他的企業改造工程歸類爲西洋的或是中國式的管理模式，「或許你可以說它是中西合璧的，」他說，「我們在講究效率和責任之外，加入對人性的尊重。」

施振榮認爲股權分散、結合地緣，讓每位主管都覺得和公司的利益休戚與共；主從架構讓每個人能夠做主，又不能逃避責任。「宏碁的管理模式鼓舞了人性中善的部分，圍堵惡的部分，所以能夠成功。」

第二十八章　願為亞洲企業義工

交通大學榮譽博士

施振榮改造宏碁成功後，兩年來，每隔幾個月一個大獎，讓他成爲國際媒體的風雲人物，他對每個獎項都十分珍惜，總擺在辦公室醒目的地方。

在這些琳琅滿目的獎項中，有兩個對他別具意義。一個是交通大學頒給他的榮譽博士，一個是馬來西亞檳州政府致頒的拿督頭銜。

交大的榮譽博士學位在施振榮最困頓的時候頒給他；馬來西亞的拿督頭銜則讓施振榮得以說

服他的母親施陳秀蓮平生第一次出國。

施振榮在交大讀書時，最大的志願是攻讀博士學位，並且在未來擔任交大的校長。在三十年前的台灣，博士學位代表「很會讀書，有出息」，是光宗耀祖的成就。施振榮三歲喪父，他的母親賣鴨蛋扶養他長大，當然希望他能光耀門楣，對施振榮「當博士」充滿期盼。

可是，施振榮研究所一年級就訂婚，畢業沒幾個月就結婚，爲了養家，他先到環宇電子工作，緊接著轉到榮泰電子開始繁忙的研發和業務工作，到了一九七六年創辦宏碁，時間完全被工作占滿。

儘管已經分身乏術，施振榮並沒有放棄讀博士的念頭。大約一九八一年左右，施振榮在一個場合遇見他大四和研究所時的老師郭南宏，施振榮向郭南宏表示希望能以在職的方式回交大讀管理研究所博士課程，但郭南宏以交大不接受在職生爲由拒絕。

雖然無法回學校讀博士，施振榮與學術並未絕緣，宏碁發展資訊工業有成後，他先後應邀擔任新竹科學園區工業技術研究院與亞洲管理學院常務董事、並促成宏碁與瑞士國際管理學院、美國知識系統學院、亞洲管理學院進行教學合作，並提撥基金創辦龍騰論文獎。

一九九二年初，曾經拒絕施振榮回校就讀博士班的郭南宏，與大陸工程董事長殷之浩聯合向交大推荐施振榮爲榮譽博士候選人。

← 施振榮主持宏碁龍騰越野賽與家人合影(1995)。

➡ 施振榮獲頒交大榮譽博士學位後，全家合影(1992)。

郭南宏任教交大多年後出任校長，隨後被拔擢出任交通部長，再轉任行政院政務委員，目前擔任國家科學委員會主任委員。

一九九二年五月，施振榮獲交大通知將在六月頒給他榮譽博士，施振榮百感交集。這個他期待二十年的願望卻在他最困頓的時候實現。在這不久前，宏碁才公布鉅額虧損六億餘元，施振榮並為表示負責，在這之前向董事會提出辭呈。

施振榮一度對在這樣的情況下領取榮譽博士學位感到猶疑，也令他回想起一九七六年他獲選全國十大傑出青年時，榮泰卻發生危機的情境。

施振榮向殷之浩提出他的顧慮，殷之浩鼓勵他勇敢地接受，「因為榮譽博士學位表彰的是一個人長期的努力和成就，不是一時的成敗。」

在殷之浩的鼓勵和達成母親心願的心理驅策下，施振榮前往交大接受學位，他並發布新聞稿，對母校師長對他的肯定表示感謝，不過，文中一句「雖然這份榮耀來的似乎並不很是時候。」卻令人感到十分突兀，顯見施振榮當時心情的複雜。

馬來西亞拿督

一九九四年七月馬來西亞檳州以施振榮對馬來西亞經濟有顯著貢獻，頒給施振榮拿督爵位。施振榮在一九九〇年決定在馬來西亞設立明碁電腦海外工廠，由於人工便宜，競爭力強，明碁採取台灣接單，馬來西亞生產的方式經營，第二年就開始賺錢。到了一九九三年，明碁已成為當地最大的外商工廠，獲頒當年唯一傑出外銷廠商獎。

馬來西亞的爵位原本只頒給自己的國民，到了一九九一年左右才開始頒給外藉人士。施振榮算是最早期得到馬來西亞爵位的外國人之一。

當時宏碁的營運已經大有起色，世界各主要媒體開始注意施振榮改造宏碁的成果，施振榮對拿督爵位欣然接受，但最令他高興的是他的母親施陳秀蓮同意跟他出國領獎。

施陳秀蓮在丈夫去世之後，生活全以兒子施振榮為重心，施振榮北上求學就業之後，她就把心力全部奉獻給寺廟，施振榮拿回家的錢，她都以施振榮夫妻的名義行善，並因此被選為埔里地母廟的常務董事及顧問。

施振榮事業有成之後，總想帶著母親四處看看，但施陳秀蓮認為平安就是福，不管施振榮怎麼說，她就是不願出國玩。「我只要經常到廟裡拜拜，求神保佑兒子全家平安，我就眞快樂。」施老太太說。

可是這回不同，施振榮告訴母親，拿督是一種爵位，「在馬來西亞得做到部長才能獲頒拿督。」

本來施陳秀蓮對拿督沒什麼概念，只是心想，「拿督聽起來像總督，大概是個不小的官。」聽施振榮這麼一說，施陳秀蓮想起五十年前和丈夫閒聊的往事，那時施振榮的父親總說希望施振榮以後能做大生意，「名聲從台灣頭響到台灣尾。」施陳秀蓮則希望兒子長大後能當官，「幫社會上的可憐人出一口氣。」

聽到施振榮得到的拿督爵位相當於部長級，施陳秀蓮終於同意出國參加兒子的授爵典禮。

七月九日，在母親欣慰的眼神注視下，施振榮接受檳州州長頒授的拿督爵位。隨後，施振榮和妻子葉紫華陪著施陳秀蓮旅遊新加坡，國外雖然風光秀麗，施陳秀蓮卻歸心似箭，急著要回來膜拜神明，「我是去看我兒子得獎的，不是去玩的。」施陳秀蓮說。

對施振榮來說，母親出國雖然只有幾天，但畢竟是坐過飛機了，拿督爵位對他便顯得更有意義。

⬆施振榮所坐的椅子共有四把，是二十年前宏碁創業時所買的會客椅，後來公司要將它們淘汰時，施振榮特地搬回家裡，擺在門廳，提醒自己創業惟艱(邱田山攝於1996)。

願爲義工

講到「做官」，今（一九九六）年元月，台灣的「新新聞周刊」爲即將來臨的內閣改組，對各主要媒體的編採主管進行一項「夢幻內閣」的問卷調查，在「誰最適合擔任經濟部長？」項上，施振榮和現任的經濟部長江丙坤同獲九票，被推舉爲經濟部長的最佳人選。

問施振榮會不會入閣，「不會。」他簡單而堅決地回答。「爲什麼？」「這是角色扮演的問題。」施振榮說，「我是一個企業人，專長在經營企業，我將企業經營好，把經驗推廣給大家，對國家的貢獻不會亞於當部長。」

這並不是第一次有人提到要施振榮入閣。早在一九九〇年，前行政院長郝柏村組閣前，台灣政經界便不時傳言施振榮將獲政府拔擢出任經濟部長。每次選舉時，也都有人提到施振榮的名字，認爲他應該代表工商業界出來競選立法委員。

據瞭解，六年前陳履安擔任經濟部長時，曾經找過施振榮擔任次長。施振榮當場就婉拒了。

既然對官場沒興趣，施振榮除了經營企業，對人生有沒有其他的規劃呢？

「我還可以做八年」，講到未來的計畫，施振榮回答地很簡潔。

施振榮今年五十二歲，他預計六十歲自宏碁退休。施振榮知道宏碁的員工私下常說他是「一個喜歡畫大餅、開支票的人」。「這八年我要努力用來兌現支票。」他說。

施振榮已經兌現了無數張支票，現在擺在眼前的是「2000／4000」和「21 in 21」這兩張大支票。爲了兌現這兩張大支票，施振榮設今年是宏碁的「渴望（電腦）年」、「歐洲年」，明年是「消費性電子產品年」，而未來十年，宏碁將「統吃電腦與消費性電子產品市場。」

這幾張支票確實夠施振榮忙上幾年的，可是退休以後呢？

「當義工。」雖然距離退休還遠，施振榮似乎對一切都有計畫。

施振榮希望未來能從事和他專長有關的義工。「像是企業國際化、高科技發展政策這些項目，政府或企業有需要，我都可以提供經驗和時間。」

施振榮認爲，台灣的經濟要再創奇蹟，國際化和高科技是最有希望的道路，宏碁已在這條道路踩出一列腳印，他願意將這些經驗提供給政府和企業參考，和大家一起建立台灣成爲科技島。

施振榮曾經長期擔任台北市電腦公會、自創品牌協會、東南亞軟體資訊聯盟理事長，工業技術研究院常務董事，經濟改革委員會委員；現在則擔任國家資訊通信基本建設委員會（NII）民間小組召集人和國家教育改革委員會委員。

「其實我一直都在做義工，只不過退休後，做義工的時間會更多。」

施振榮說，一個三歲喪父的小孩能有今天的成就，除了母親，他要感謝的人太多了。「人生並不是一開始就有價值，是要自己去創造的，不管你有沒有達成既定的目標，眼光永遠要向前看，否則就會迷失自己。」

附錄

施振榮與公共事務

一九九六年元月十一日，台北多家報紙大篇幅報導「宏碁全球電信中心將外移」的消息，一家電視台的晚間新聞更以「宏碁將撤資」爲標題，大幅報導宏碁董事長施振榮對電信三法（註）遲遲未完成立法的不滿。

這些報導立即在台北政壇掀起波瀾。第二天，多位立法委員在立法院會國是論壇時間，抨擊同僚不關心產業處境，弄得好企業都想外移，新聞記者更是追著行政院和交通部官員問他們如何因應宏碁電腦「撤資、外移」的行動。行政院副院長徐立德在記者逼問之下說：「我想，施先生只是表達企業界對電信三法遲不通過的不滿，關於這點，會和他溝通……以我對施先生的瞭解，我相信宏碁不會離開台灣。」

在徐立德發表上述談話的同一天，施振榮領銜和其他六個與電信產業有關的公、協會，發表一份聲明，呼籲立法委員儘速通過電信三法，以免影響業者生機與投資意願。

一週後，立法院挑燈夜戰，在元月十六日通過電信三法。許多業界人士認爲，電信三法能夠順利完成立法，和施振榮登高一怒有關。「施振榮的意見令朝野不能忽視。」

其實，媒體大幅報導「宏碁將撤資和外移電信中心」時，施振榮人並不在台灣。他在前一天搭機到吉隆坡參加一項研討會。當台北的幕僚將報紙剪報傳眞給他時，他也嚇了一跳。

實際的情形是，電信三法在立法院延宕太久，許多相關廠商對商機被延誤感到不滿，向施振榮反應，施振榮便和台北市電腦公會理事長劉瑞復邀請各媒體記者餐敘，向他們表達業界對電信三法遲不通過的憂慮和關切。在餐敘結束前，施振榮說：「如果電信三法不趕快通過，台灣的電信服務業會愈來愈沒有國際競爭力，企業界的通訊成本居高不下，對大家都不好，假設環境繼續惡劣，我們宏碁未來設電信中心時，說不定就得設在海外。」餐畢，施振榮按既定行程，搭機飛往吉隆坡。

「我沒有想到第二天，報紙和電視的報導會那麼大篇幅，」施振榮說：「雖然和我所說的內容有點出入，不過，也因此引起立法委員的重視，終於通過電信三法。」

雖然當時行政院與朝野立委已有通過電信三法的共識，但施振榮的呼籲，無疑扮演了臨門一腳的功用。

施振榮長年投入公共事務，加上經營宏碁電腦成功，使施振榮對經濟議題的談話具有舉足輕重的份量。

施振榮投入公共事務最早可以溯及就讀交通大學時期，在學校宿舍舉辦室際杯桌球賽，他邀請住宿的同學全都參加比賽，分成甲乙丙丁四組，採循環賽，每人至少打十五場，賽事共進行兩個月才結束。此外，施振榮是交大的桌球隊長、棋橋社長、排球隊長。這些經驗，讓他學會如何為人服務。

台北市電腦公會是施振榮就業後，第一個參與的公共服務工作。

台北市電腦公會在一九七四年成立，原本是純外商公司的組織，宏碁和神通電腦公司加入後，才逐漸有台灣本土電腦廠商參加公會。

宏碁一九七六年成立後不久，便加入台北市電腦公會為會員，在美國王安電腦（WANG）台灣分公司安源公司總經理林榮生擔任理事長期間，施振榮是公會的常務理事。

一九八三年，林榮生任滿兩任理事長，當時宏碁已因開發小教授電腦而名聞國內外，施振榮獲台北市電腦公會會員推舉為理事長，從此開始長達兩任六年的任期。

施振榮接任台北市電腦公會理事長後，首先自掏腰包聘請專任總幹事，並且協調有關單位同意，電腦公司行號可以自電器公會轉入電腦公會，壯大電腦公會，施振榮接任理事長時，電腦公會只有一百多家會員廠商，到他六年任滿時，會員廠商已增至二千八百餘家。

林榮生擔任電腦公會理事長時，首創電腦展，在台北松山機場外貿展覽館舉行，主要是對電腦使用者和社會大衆介紹電腦的知識和應用。

施振榮接任理事長後，台灣廠商已開始外銷 IBM 相容電腦，施振榮便將電腦展逐步改爲國際性的展覽，定位爲國際買主與台灣廠商的商談會，規模愈來愈大，在施振榮理事長任內，已成爲國際重要的展覽會，目前則爲世界第三大的國際電腦展。

施振榮對國際化的信念十分強烈，他不只推動宏碁國際化，也推動電腦公會的國際化。

施振榮首先在公會成立國際事務小組，與東南亞和歐美日電腦業界交流，後來更進一步在一九八八年結合泰國、菲律賓、印度、印尼、香港、中國大陸等電腦公會組織，成立「東南亞資訊工業聯盟」（SITO），由他兼任會長。輪流在各會員國所在地舉行會員大會，討論東南亞資訊工業發展與聯盟合作。

施振榮擔任電腦公會理事長期間，中文電腦的各種軟體支援逐漸完備，但是會中文輸入的人不多，妨礙中文電腦的普及。施振榮徵求公會理監事同意，自公會經費中撥款成立「中華民國電腦技能基金會」，從事中文電腦輸入的推廣和檢定工作，對通過檢定者發給檢定合格證書。

由於檢定證書等於是技能證明，就像珠算檢定證書一樣，有助求職，中文電腦輸入檢定很快樹立公信力與權威，台灣地區的高職、專科學校大都將中文電腦輸入技巧排入課程。電腦技能基金會對培養就業技能，推廣企業電腦化極具貢獻。

此外，施振榮帶領公會會員廠商因應IBM等外國廠商的著作權主張，和理監事一起和專家研究各國的著作權規定，研擬著作權法的相關內容，後來立法院通過的著作權法，有許多條文便是台北市電腦公會的建議。

由於施振榮在台北市電腦公會理事長任內大有建樹，加上他所經營的宏碁電腦不只是台灣最大電腦公司，自創品牌Acer也儼然MIT（台灣製造）的代言人，一九八九年二月二十日施振榮成爲第一位應邀在總統府月會發表演講的民間企業家。

施振榮演講的題目是：「對民間高科技工業之展望——心懷科技，放眼天下。」

施振榮在演講中所提出的兩個重要觀念：科技島和世界公民，傳誦一時，至今仍是台灣經濟與產業發展的主軸思想。

自創品牌和國際化是施振榮經營宏碁最執著的兩件事。他不但自己推廣自有品牌，而且推己及人，成立中華民國自創品牌協會。

一九八九年三、四月間，以自有品牌旅狐（Travel Fox）在全世界行銷休閒鞋的弘崧公司總經理陳瑞文到宏碁拜訪施振榮。陳瑞文談到自創品牌在海外市場艱苦奮鬥的種種故事，建議施振榮出來籌組一個自創品牌廠商的組織，爲自創品牌業者解決共同的問題。施振榮覺得陳瑞文講得有道理，便去找當時的經濟部長陳履安，獲得陳履安的支持，於是進一步找到自創捷安特品牌的巨大機械負責人劉金標、肯尼士網球拍的光男公司負責人羅光男、普騰品牌的洪敏泰等人擔任發起人，在當年九月就成立中華民國自創品牌協會。

施振榮擔任自創品牌協會理事長六年，定期舉辦會員圓桌高峰會議，大家一起討論自創品牌的成敗經驗；舉行名人講座，以收費方式舉辦一次一天至兩天的自創品牌研習會；舉辦自創品牌觀摩團，到日本、歐美地區觀摩跨國企業的自創品牌行銷。

自創品牌協會成立後，向政府爭取得中小企業信保基金對自創品牌的廣告支出辦理貸款；並由政府支援經費主辦台灣精品展及形象週；另外政府單位也編列預算，在國際媒體推廣台灣的自有品牌和產品形象。

除了台北市電腦公會和自創品牌協會這兩個主軸公共事務，施振榮早在一九八五年就代表我國擔任亞洲管理學院的董事。

亞洲管理學院設在菲律賓馬尼拉，主要是提供亞洲各國有工作經驗的上班族進修機會，由於師資良好，曾被譽爲亞洲的哈佛大學。

亞洲管理學院爲強調其對全亞洲開放的特色，邀請亞洲各國賢達人士擔任董事，台灣原本由總統府資政李國鼎和大同公司董事長林挺生代表，後來李國鼎的席次由前中鋼董事長金懋輝接任，再轉給前財政部長王建煊，林挺生的董事席位則交給施振榮。

亞洲管理學院每年召開董事會，菲律賓總統都會親自出席聽取與會者提供的意見，施振榮便常趁此機會，提供台灣企業的國際觀點，也等於從事企業外交。

一九八九年澳洲南澳省有一個「建設二十一世紀新城市」的計畫，目標是在一塊二千公頃的土地上，建立一個結合通訊、資訊、教育、環保智慧型城市。澳洲政府爲這個計畫邀請日本、南韓、德國、瑞典、美國、英國、台灣的專家，成立了一個國際諮詢委員會，施振榮是我國唯一獲邀成爲諮詢委員的人士。

澳洲政府根據國際諮詢委員意見而規劃的「二十一世紀新城市」，現在已開始建設，施振榮在諮詢委員會討論時吸收和提供的意見，後來成爲宏碁在桃園龍潭推動（安家計畫）的縮影。

宏碁在龍潭進行的安家計畫共有土地一百七十五公頃，其上除了員工高級住宅區，還規劃了智慧型工業園區、教育訓練中心、研展中心、休閒中心等，是一個自給自足的高科技生活圈。

除了擔任外國機構的諮詢顧問，施振榮在台灣本島也擔任許多類似角色。

一九八五到八六年間他應邀擔任政府成立的經濟改革委員會委員，以企業的角度提供政府經濟革新的意見。

一九八八年起他連續擔任兩屆工業技術研究院的董事和常務董事，對工研院的研發方向提供民間企業的需求。

一九九四年起，施振榮應中央研究院院長李遠哲邀請出任行政院教育改革審議委員會委員，以企業角度對未來的教育改革提供意見。

一九九五年九月，施振榮出任國家資訊通信基本建設（NII）民間諮詢小組召集人，負責召集民間業者對政府推動資訊高速公路建設提供建議。一九九六年施振榮有關電信三法的意見，便是以這個身分出發。

此外，施振榮還是太空計畫室五人小組成員之一。這個計畫室直屬行政院，由國家科學委員會負責執行。目前的五人小組除了施振榮，另外四人為國科會主任委員郭南宏、交通部次長毛治國、經濟部次長李樹久、中央大學校長劉兆漢。

註：電信三法

電信三法是指電信法、交通部電信總局組織條例、中華電信股份有限公司組織條例三項法令。

電信三法在一九九六年二月五日公布實施。

電信法此次修法主要是為健全電信發展，保障通信安全和維護使用者權益，並促進電信業務自由化、開放民間經營行動電話等多項業務，有助電信產業和服務業蓬勃發展。

電信總局組織條例和中華電信公司組織條例則在打破目前電信總局球員兼裁判的角色，使電信事業的組織公司化。

對民間高科技工業之展望——心懷科技，放眼天下

一九八九年二月二十日在總統府月會之報告

一、前言

總統、各位女士、各位先生：

今天能在此，以一個科技產業的從業人員來向各位報告對民間高科技工業之展望，感到非常榮幸。

振榮在國內接受教育，服完兵役，自交通大學電子研究所畢業後，即先在第一家具備研究開

發單位的國人自營之環宇電子公司從事研展工作，後與友人共同創立榮泰電子公司，其間開發了國內第一部桌上型電子計算機，並創新設計多款新型計算機及後來的世界第一枝電子錶筆以來，即與科技產業結下不解之緣，民國六十五年，爲追求理想──「對科技奉獻的信念，與自我實現的目標」而步上創業和經營企業的旅程。

宏碁關係企業成立以來，承蒙政府大力培植，今天始得成爲我國跨國性高科技企業之代表，其中尤以卅二位元個人電腦領先IBM推出，更受國際矚目，因而，時懷感恩，莫敢或忘。回顧振榮在國內受教育、創業及經營企業的三十幾年間，從國內經濟起飛，到今天經濟結構面臨轉型，深深體會到科技產業是未來我國經濟及國防的命脈，在此謹以奉獻心力於科技之理念，報告一些淺見，敬請不吝指教。

二、我國發展高科技產業的回顧──以資訊業爲例

憑藉著中國人的智慧與國內已具備的競爭優勢，如深具基礎的電子與資訊工業環境、高度普及的教育水準、旺盛的創業精神、勤奮的民族性、以及在世界市場已初步建立的信心，預料未來我國科技產業，將是以資訊電腦工業，最具有發展性及國際競爭潛力。事實上，七十七年資訊工

業已成爲我國外銷第三大產業，也是近年來成長最快速的明星產業。去年資訊硬體產品總產值逾五十億美元，排名高居世界第六位，約占世界總產值百分之三點一，而年成長率過去曾多年在主要發展國家中，高居世界第一。這些成果主要是來自政府、學術研究機構、民間企業以及公會的力量匯集而成。在這些團體中，其重要措施計有：

㈠政府於六十九年將資訊工業列爲策略性工業後，多年來，一直運用各種輔導獎勵措施推廣資訊應用，協助業者建立產業結構，使產業根基日趨鞏固。並於同年設立新竹科學工業園區，提供良好的研究製造環境，結合海內外優秀人才，奠定科技長期發展根基。

㈡經七十一年由行政院核定的「中華民國資訊工業部門十年計畫」（六十九年至七十八年），允爲朝野各界發展資訊工業的最高指導原則，與第一部全國性計畫，其策略著眼在運用台灣教育普及人力充沛等優勢條件、結合各階層大力推展技術與知識密集之資訊工業，其具體目標爲期望在七十八年時，台灣資訊產品佔世界市場百分之二，產值達到四十六億美元，前已報告，去（七十七）年產值已逾五十億美元，顯然已超過該目標。

㈢資訊工業策進會近來致力於：

1.協助府規劃資訊工業長、短程發展計畫。

2.協助政府機構電腦化，提升資訊工業發展水準。

3.保護電腦軟體智慧財產權之措施，普及資訊觀念、推廣活動、訓練專業人才、促進技術交流。

(四)工業技術究院協助業者達成下列事項：

1.開發建立微電腦系統軟體、硬體技術、電腦繪圖技術、區域網路技術，並移轉給民間廠商，促成我國電腦工業之急速成長。

2.協助廠商解決IBM相容性個人電腦BIOS智慧財產權問題，並率先引進MS－DOS軟體作業系統，奠定我國進入十六位元個人電腦技術之基礎。

3.自七十七年七月開始，進行超級迷你電腦計畫，培養資訊技術升級所需之技術與人才，並提供各類技術服務。

電腦同業公會有系統的將廠商納入組織，增強服務，例如台北市電腦公會，是由二千家會員廠商所加入的組織，是國內近年來成長最快速的公會之一，輔導業者遵守國際間的智慧財產權、著作權，提高產品品質，並協助業者依循法律途徑交涉，以杜絕我國廠商過去惡性殺價、仿冒名牌、盜用專利權等惡習，提昇國家優良形象。過去幾年來，台北市電腦公會推行主辦過：

1.反仿冒運動。

2.中文輸入等電腦技能的推廣。

3.每年舉辦國際電腦展及電腦軟體展。

4.舉辦消費服務活動。

5.組織東南亞資訊工業聯盟，促進區域性團結及技術交流。

6.與外貿協會共同組團赴日，舉辦台灣電腦展，協助業者開拓日本市場。

7.致力於推動標準化，提出「公會推荐內碼」及推廣電信研究所開發之各種中文字形。

根據資訊工業近幾年發展的狀況，可明顯地看出其特質爲：

1.受政府保護最少，但成長最快。

2.對出口依存度高，歷年來均超過百分之九十六。

3.市場集中的現象，已略有改善，由美國分散至歐洲。

4.國資廠商自有品牌比例逐漸擴大。

5.廠商數目大幅增加，出口廠商集中度降低。

6.出口型態從大多數 OEM（代工生產），逐漸轉變爲 ODM（Original Design Manufacture）（代設計生產），提昇開發設計能力，增加產品附加價值。

展望未來，資訊工業已成爲我國國民所得主要來源之一，預計在五至十年內可望身列外銷產業中的第一位，若政府能利用現有基礎，再繼續積極推動，則資訊業在全世界的排名，將可於三年內緊追美、日、西德而成爲全世界第四大資訊國。

三、高科技工業發展贏的策略

要制定高科技工業發展贏的策略，我們先要瞭解高科技產品的特性，它具有二高、二大、二少的特性以及產品生命週期短的特徵。所謂二高即技術層次高、附加價值高；二大即關聯效果大、市場大；二少即人員少、污染少。而高科技進步的神速，可用禮記大學上所說的：「苟日新。日日新，又日新」來比喻。而贏的策略中，最重要的課題是不斷地提高企業的競爭力。所謂競爭力是與成本成反比例，而和產品價值成正比例：

競爭力＝f（價值／成本）

企業以追求降低成本、提高價值，來提昇競爭力。過去幾十年來，國內經濟的優勢，可以說是仰賴低成本所致，但今天，過去所忽略的社會成本（如環境保護）現在非但不能不顧，反而要加以重視，所以唯有努力提高產品價值，才能兼顧社會責任並保有競爭優勢。而產品價值是由創意、技術、品質、形象、品牌、服務、行銷管道、以及企業文化等因素所構成。因此，未來民間企業應大力投資於能不斷創造產品價值的活動，以使企業發展具有更大的空間，不因成本的上漲，而降低競爭力。

就個人淺見，有關我高科技工業發展贏的策略，其進行方向爲：

㈠未來我國科技發展的三方面是引進國外技術、自行開發以及技術輸出，三者交互配合應用，並行發展，使技術能迎頭趕上、落實生根、及有效應用。在引進技術方面，目前政府成立的許多科技研究機構及在海外之優秀高科技華人資源，均扮演重要角色。另外，在開發方面，政府應獎勵民間企業積極投入，提高研展經費和資源，加強自行開發能力，否則不但遠遜於歐美先進國家，連鄰近競爭對手韓國，我們也比不上。技術除了引進與開發之外，重要的還是能輸出，因爲科技產品週期短，當產品還有剩餘價值時，可以輸出到需要科技的國家，換取合理的利潤，做爲研究高科技的經費。因此，我們只有一方面出售生命週期將屆的科技，一方面迎接高科技的挑戰，才能促使我國的科技升級。

㈡人才是科技之本，一方面政府要採取有效獎勵措施，使企業願意培養人才；企業本身並應體認，爲社會訓練人才乃爲企業之責任，應改變以挖角走捷徑的觀念，藉能避免整體人才庫有匱乏之虞；另一方面科技產業要塑造良好環境，使人盡其才，以滿足成就感來留人才，並促使國外人才回流。

㈢爲取得技術來源，延攬科技人才，掌握行銷通路，避免貿易障礙或摩擦，我們可在科技先進國家投資或與當地先端科技公司建立合作關係（如joint venture）。而對於傳統勞力密集產業，因面臨國內工資上漲，勞力缺乏，可將工廠轉移到勞力充沛的東南亞國家，借用當地豐富且較低廉的勞力來降低成本，並利用我們掌握的市場、管理、技術繼續發揮我們在國際市場的活動力。也就是我們一方面在高科技產業，可以積極地到海外投資來加強技術與市場的掌握。另一方面對於傳統產業，要掌握管理、設計、行銷能力，到海外設廠，掌握國際市場。換言之，不論是傳統勞力密集工業或高科技產業，應以台灣作根據地（home base），有組織的朝向國際化發展，整合運用全球資源，避免技術、人才及資金，因無策略性、無秩序性地自求發展，而無法產生整合性方量，造成削弱國家經濟競爭力的危機。

㈣政府、學術研究機構、民間團體、企業分工合作致力於研究發展，而這些投入大量資源與心血的研究結果，應有效地整合運用，發揮最大的實質效益，以利長期發展。因此當前一些研究機構、學校與企業間合作的瓶頸應徹底突破，如怕圖利他人、統統有分的假平等、或過於自命清高……等不良傳統觀念所造成浪費資源的現象，均有待改善，所以政府應宣導正確的觀念，鼓勵大家將資源密切地結合，分享成果，才能加速國家整體發展。

㈤我國半導體電子零件工業，在政府多年來積極推動下，已具有雛型，未來將隨電子工業的穩定發展，日益茁壯。但屬於資訊產業生存命脈的記憶體（DRAM），整個業界對它的需求量越來越大，而我國始終沒有建立起此項記憶體工業，它已成爲中韓長期競爭最大之瓶頸與隱憂，也是我國資訊產業能否邁入世界排名前四名的關鍵因素。因此爲提高我國資訊產業的自主性，增強產業競爭力，發展這項工業，已是刻不容緩。但這項半導體工業的發展因牽涉到投資金額龐大，技術需要不斷創新（其技術前哨將由今日之1M bit 發展至4M bit 與16M bit），必須考慮經濟效益、投資風險等因素，因此宜由政府與民間共同推動，尋求國外合作對象，在短期內籌資建廠，始能具體定案，來突破瓶頸，而當能更有效地從上中下游垂直整合我國的科技產業，發揮整體的對外競爭力。

四、企業應邁入國際化，以「世界公民」爲目標

由於我國對外貿易依存度高，企業要能持續成長，朝向國際化發展是唯一的途徑。我們期許產業界締造出如同荷蘭的飛利浦、日本的SONY等跨國公司，具有國際競爭及運作自主的能力，使我國的產品揚名海外，並因而有跨國性企業、海外機構遍佈全球各角落，展開經貿活動，成爲經濟大國。要實現此種理想，企業界應以「世界公民」（global citizen）作期許。謹以下列幾點加以說明：

㈠目標的訂定

1.五年內培養十家，十年內培養出五十家各種出口產業的跨國性公司，每家希望在海外擁有數十個行銷據點，或在美、歐、日等重要地區，設有營運總部，在其管轄下設有行銷、製造、財務、或研展據點，每家年營業額逾十億元，其中外銷占一半以上。

2.以明星產業來塑造國家整體的優良形象，以提昇整體台灣製產品形象，形成國際上有利的競爭地位。

3.每一重要產業要有三至五家，新興產業各二至三家，傳統產業各一至二家，避免像韓國太集中於少數集團，對社會財富均衡分配，造成包袱。

㈡希望政府的措施

1.以品質來提高國家優良形象，台灣製商品MIT（Made in Taiwan），要邁入國際化，一定要走的一個方向，便是走高品質，當前再花多少倍心血來提升MIT形象，都比不上以追求高品質來得有效果，這些品質除了產品的品質外，還包括管理的品質、觀念的品質，追究到最深層則是全民的品質。

2.健全整個金融及資本市場，並在海外普設金融據點。

3.以具體獎勵措施、融資、減免稅賦來誘導民間資源投入於促進企業國際化，相互整合並共同海外貿易資源。

4.訓練培植各產業經貿人才，普設海外經貿單位，爭取各國實質外交，及經貿的公平對等權利，以利我業者之拓展國際化據點及建立資訊網路。

5.輔導傳統產業，到海外設廠或協助轉型升級。

㈢民間企業與政府應努力之方向

1.民間企業應主動建立自有品牌及國際行銷網，以自創品牌來代替以往OEM方式的依賴性，國內產業有了品牌後，依靠品牌推出更多的產品與服務，發展就能迅速穩定。並考慮在海外建立生產工廠及研展中心，與當地國家產業、市場相結合。

2.以團體力量來進軍世界市場，合作方式是以一些領導企業爲中心，結合其相輔相成的衛星企業，聯合一致，成爲一個具有國際競爭力的戰鬥體，並且在各結合體中產生相互良性競爭，共存共榮，如成立的結合體僅爲無領導中心之同業結合，又沒有具體的策略，將會造成群龍無首，三個和尚挑水沒水喝的資源分散現象。上述結合體係以台灣作基地，形成一全球性行銷作戰網路。

3.採用「當地化策略」，起用當地專業經理人，充分授權管理，同時在推廣產品時，必須與當地人文相融合。未來企業國際化，必須有「世界公民」觀念，才能茁壯成長。而此「世界公民」，是指跨國企業的海外公司能和當地人文環境相融合 ，由於工商經貿活動，而使當地繁榮，受到當地政府、居民的竭誠歡迎和支持。

4.與當地華僑結合，借助僑胞在當地經濟、社會影響力，以及優秀人才等寶貴資源，相輔相成。

5.塑造適於發展國際化企業文化，一個公司的企業文化是企業經營上最重要的精神力量及經營理念，它能產生共識及團隊精神，使員工自動自發及勇於負責，未來國際化發展不同於國內傳統經營企業，它有賴於以「世界公民」的理念，融和我國固有文化和各國人文環境，來凝聚世界各地專業人才智慧，在自動自發、共同體認下，才能衆志成城。

㈣預估績效

1.在十年後可望擁有涵蓋各產業別總數五十家以上具規模的跨國性企業，其年總營業額五百億美元以上，約佔民國八十九年（公元二〇〇〇年）產品出口總值一千四百三十億美元（經建會以七十七年幣值預估）的百分之三十五，是一合理可追求達成的目標。

2.可拓展我自主行銷的能力，建立屬於我國之世界經銷網，使台灣漸成一全球貿易大國，以經濟力量提昇我國的國際社會、政治地位。

3.遍佈全球的經貿活動，可凝聚華僑力量與僑界建立和諧關係，形成強大號召力量。

五、建設台灣爲科技島的藍圖

政府設立新竹科學工業園區是一睿智且前導性的作法，它有效的結合及整合各種資源、人才、服務，爲民間企業提供一個良好的大環境，使科技產業得以有規劃的發展，奠定良好的一個範例，在今日許多產業紛紛被鄰近韓國超越之際，唯獨資訊業仍可繼續領先韓國等亞洲小龍，新竹科學工業園區的推動，是主要關鍵因素之一。園區成立八年以來，事業營運成長迅速，其總營業額七十六年已達新台幣二百七十七億元，而七十七年更達到四百九十億元，其中資訊工業產品四百三十億元，占七十七年資訊業界總產值的百分之三十。目前園區從業人員約一萬六千人，平均每人每年營業額約爲十萬美元，可媲美先進工業化國家之水準。

依資料顯示，到民國七十七政府會計年度（七十八年六月底）爲止，政府歷年來使用於新竹科學工業園區預算，總共約新台幣一百億元。其中資本支出占百分之八十六，費用支出百分之十四，而資本支出中百分之九十用於土地購買、整地、公共設施及建築廠房等建設上。由於政府前瞻性的建設，使園區成爲適合高科技工業投資與成長的優良環境，使廠商投資日趨踴躍。到目前爲止，共有九十六家廠商完成公司登記營運，歷年來共投入於機器設備總額約二百億元，其總產值營業額到去（七十七）年底爲止，共計約一千二百億元，而最近幾年來，更呈現加速度成長趨勢。由上列所發生的數據，我們可得到下列結論：一、這是政府最值得的投資，歷年來不能回收的費用支出及公共設施折舊共約二十三億元，但產值爲一千二百億元，其投入、產出比率超過五十倍，此倍數尚未包括園區內就業員工所得稅收以及營運公司稅賦（但有五年稅獎勵）。二、目前，政府與民間的投資比率是一比二（政府一百億元，民間二百億元），而民間投資預計還會以倍數增加，充分發揮誘發民間投資意願，由於海外科技人員回國服務或投資，而整合海內外資源。三、園區廣大土地的增值，隨經濟發展，而成倍數的成長。四、由於土地是以出租方式處理，使廠商公平、合理使用，促使廠商專心致力於產品在國際上的競爭，而不必以土地增值爲其獲利主要來源，而致本末倒置。由以上分析，我們可以肯定的說，這是政府以「四兩撥千斤」，發生投資槓桿作用，最具體的範例。如何使這項成果加以推廣，發揮更大效果，振榮願略申個人的一些想法。

關於經濟部目前正在規劃的工業園區細節，本人尚不清楚。但個人認為未來的科技工業園區是為了發展高附加價值產業，以及協助傳統工業，應用科學管理、科技化來轉型而設立；換言之，非勞力密集、有附加價值、具有國際競爭能力者，均包括在園區內，而無產業別的限制。

科技島的藍圖是以新竹科學工業園區實際成功的範例，來構思、規劃、評估，使其臻於完善。

(一)目標

1.台灣由北至南平均以七十到一百公里的距離，設立一核心科技工業園區（以下簡稱核心園區），其分佈情況為北部再設一個，中部、南部、東部各一個，使全島總數四至五個。核心園區設在現有都市附近，配合政府行政中心，並涵蓋一所以上大學及研究機構來統籌運作。

2.核心園區和附近縣市、鄉鎮社區，以輻射狀交互交織成為一大科技城。

3.在核心園區附近以二十到三十公里距離設立幾個衛星科技工業園區（以下簡稱衛星園區）。

4.整合園區和地方的工、商、經濟、文化教育、交通建設、休閒娛樂等建設相結合。

5.由核心園區、科技城、衛星園區相互交織建設而成為科技島。

㈡輔導傳統工業，納入科技工業園區事業

1.傳統勞力密集工業，在過去幾十年來，對經濟貢獻，功不可沒，在推動高科技工業同時，應設法照顧並促使升級。

2.將傳統工業亦納入園區事業內，其目的在促使其致力於經營科學化、設備科技化，如管理及生產之改良、產品設計、研展之提升，達到省力化、自動化、電腦化，以提高品質、形象，創造附加價值。

3.將傳統產業剩餘的土地、資本及人力資源，導入其他高附加價值及未來產業。

4.整合園區附近各級學校，推動建教合作，實施在職訓練，來提升人力素質，並培植未來產業所需之專業技術人才。

㈢整合民間力量共同參與園區的建設

1.以新竹科學工業園區的經驗做範例，整合地方政府及民間企業力量來加速建設，有效推動。

2.政府率先作前導性規劃投資，並承諾長期推動的決心。

3.利用園區的藍圖積極延攬海外科技人才。

a散布在海外各地華裔傑出科技人才，常心懷祖國，而近年來，國內生活水準和所得提高，與國外差距已漸縮短，形成有利的延攬條件。

b過去我們教育人才，卻常爲外人所用。由於園區的建立，擴大了發展空間，得以伸展抱負，這些專業高科技人才，會陸續回國，形成人才回流現象，我們不是輸家，反而是贏家。

4.政府長期投入科技人才的建設，包括對轉型企業人才的再教育，以及園區所需人才培訓，在職教育，以長期十年樹人的精神，不遺餘力的投入。

㈣預估績效

1.企業發展和地方經濟建設能結合起來，繁榮地方。

2.全省均衡發展，紓解人口集中於北部的壓力。

3.多元性功能，整體性建設，工商經濟、交通、教育、文化休閒整體性考慮配合，發揮最大邊際效益，提昇生活品質，使趕上歐美先進國水準。

4.使全島有限土地資源能充分利用，發揮全國有限人力，投入於高附加價值的生產。

5.以科技立國，全面繁榮，達到三民主義均富之理想。

六、結語

基於數十年來全體國民的努力，今天我們已累積了豐富的外匯存底，打下了堅實的產業基礎，加上數十年來國內所培養出的產業、技術人才以及海外龐大的高科技人才資源，已形成極具競爭力的經濟優勢。這份珍貴的資產，正是我們賴以向未來挑戰的力量。而現今國際競爭壓力與日俱增，外在環境變化快速，契機稍縱即逝，實不容許我們停下腳步、稍有延宕。如今我國經濟發展已面臨轉型，環保意識抬頭、工資上漲、勞力缺乏的環境下，我們唯一的途徑是：一方面必須促進傳統工業科技化，使其升級轉型，或到海外設廠，為國家經濟成長再添力量；另方面需要加重科技產業的比重，以建設科技工業園區帶動其他建設均衡發展，將台灣建設成為多元性功能、整體性建設的科技島，來提高產業附加價值，強化我們的經濟競爭力。而同時，應深切體認，我國產業結構以出口為導向，除不斷廣大市場，走向國際化，別無他途。因此，我們必須放眼天下，企業應邁入國際化，「世界公民」的胸懷，在政府前瞻性策略推動下，整合運用政府、民間及海內外資源，共同發揮團隊精神，加速企業國際化，來成為經濟大國。

總之，振榮創業以來，深受各界栽培，感激之餘，更深切體認對國家發展有一份重大之責任，謹以心懷科技、服務奉獻的理念，提出一些淺見，希望能突破傳統，建立共識，釐定未來方向，擬定具體行動目標，爲國家前途盡一己之心力。誠然任何行動都可能有風險，但困難、挫折乃是必經的歷程，凡事總要千錘百鍊，方能有成。深盼藉此機會能拋磚引玉，在各界齊心合作之下，共同爲國家社會之長期發展而努力，期使國內經濟發展再上層樓，進而提升我國在國際間的社會政治地位。以科技立國，全面繁榮，達到三民主義均富之理想。

施振榮及宏碁集團大事紀

一九四一年　二月十四日父施起深與母陳秀蓮結婚。

一九四四年　十二月十八日施振榮出生於台灣鹿港。

一九四八年　二月十三日父親施起深去世。

一九五一年　入鹿港第三國民小學就讀。

一九五七年　入彰化中學初中部。

一九六〇年　直升彰化中學高中部。

一九六二年　獲愛迪生獎。

一九六三年　考取成功大學數學系。

一九六四年　考取交通大學電子工程系。
一九六六年　經周元傑、胡台音介紹認識葉紫華。
一九六八年　交大畢業，考上交大電子工程研究所，辦理休學，入伍服預官役。
一九七一年　研究所畢業。
　　求職同時獲建元電子與環宇電子錄取，因英語不好，不敢到建元電子。
　　到新竹環宇電子上班。
　　九月二十八日與葉紫華結婚，定居新竹。
一九七一年　發明台灣第一台桌上型電算器，四月二十六日上市，造成轟動。
一九七二年　離開環宇電子，七月與林森、黃文雄在台北共創榮泰電子。
一九七三年　開發成功台灣第一台掌上型電算器。
　　長子施宣輝出生。
一九七四年　次子施宣麟出生。
一九七五年　榮泰獲選爲台灣民間十大公司。
　　女兒施宣榕出生。
一九七六年　榮泰出現財務危機。

一九七八年　四月施振榮發明電子錶筆。

九月獲頒全國十大傑出青年。

宏碁創立，資本額爲新台幣一百萬元，股東及員工共十一人，從事貿易及產品設計。

成立「宏亞微處理機研習中心」，三年內訓練了三千多位工程師。

發行《園丁的話》雜誌，免費贈閱資訊從業人員，推廣微處理機知識。

一九八〇年　推出自行設計的天龍中文腦終端機，獲當年產品設計最高榮譽「行政院長獎」。

一九八一年　推出小教授一號電腦學習機。

在新竹科學園區成立宏碁電腦公司，資本額一千萬元。

《0與1科技》雜誌創刊。

榮獲全優秀青年工程師。

榮獲青年創業楷模。

榮獲全國優良商人。

一九八二年　推出小教授二號家用電腦。

施陳秀蓮獲選爲台灣省模範母親。

一九八三年　舉行第一屆全球經銷商會議，共有來自二十多個國家的代表參加。

成立第三波文化事業公司。

推出第一台IBM相容XT個人電腦。

出任台北市電腦公會理事長。

施振榮隨徐立德到美國考察創業投資事業。

一九八四年　般之浩投資宏碁。

成立明碁電腦公司，實收資本額三千五百萬元。

成立宏大創業投資公司，資本額二億元。

三月十八日新竹科學園區宏碁電腦值四千萬元IC遭竊。四月二十日宣布破案。

一九八五年　成立台灣第一批電腦連鎖店「宏碁資訊廣場」。

關係企業集中於台北市建國北路中國大樓辦公。

一九八六年　成立揚智科技公司，從事ASIC之設計。

領先IBM開發成功三十二位元個人電腦。

提出「龍騰十年發展計畫」，設定一九九一年集團營業目標爲四百億元，一九九六年營業目標爲一千兩百億元。

連任台北市電腦公會理事長。

一九八七年　產品品牌更換成「Acer」，這個字起源於拉丁語，含有活躍，敏捷，靈巧，銳利的意思。

併購美國康點電腦公司，跨足迷你電腦領域。

一九八八年　宏碁電腦股票公開上市，資本額爲二十二億六千萬元。

第一次龍騰演習。

推動成立「東南亞資訊工業聯盟」，出任會長。

一九八九年　第一位應邀在總統府月會演講的民間企業人士。

創辦自創品牌協會，擔任理事長。

台北市電腦公會理事長兩任居滿。

與美商德州儀器公司合資成立德碁半導體公司，投入DRAM生產事業。

獲華爾街日報評選爲一九九〇年代的企業新星之一。

名列美國Datamation雜誌世界一百大資訊公司排行榜。

個人電腦出貨量突破一百萬台。

建立事業群制，聘請劉英武博士擔任宏碁關係企業總經理與宏碁北美洲總公司董事長。

於龍潭購買四萬坪的辦公用地，作爲日後興建總部之用。

預購汐止東方科學園區辦公大樓七千餘坪。

於馬來西亞設立第一條海外生產線。

於美洲、歐洲及台灣分別舉辦第一屆龍騰科技報導獎。

第二次龍騰演習。

一九九〇年

召集三百餘位經理級以上幹部舉行「天蠶變」研討會。

斥資九千四百萬美元，併購多人使用電腦領導廠商高圖斯公司（Altos Computer Systems）。

爲加速國際化及強化決策效率，採取重大分權措施，成立策略性事業群與地區性事業群。

企業總部遷至桃園龍潭，占地十三公頃。

成立馬來西亞及澳洲分公司，積極擴展東南亞及紐澳市場。

大馬檳城廠正式落成啓用，初期生產彩色監視器及鍵盤。

美國Datamation評選世界百大資訊電腦公司，宏碁排名第七十五。

宏碁將三十二位元個人電腦技術授權美國優利公司（UNISYS）。

一九九一年 成立卜碁資訊公司。
榮獲國內大專院校應屆畢業生心目中「十大偶像企業」的榜首。
同時成立四個地區的事業群及五個策略性的事業群。
台灣美國同步裁員共四百名。
宏碁電腦鉅額虧損六億餘元。
加入先進電算聯盟（ACE），成爲創始會員。
與德國賓士集團旗下Temic公司合資成立國碁公司，從事混成微電子系統的設計與製造。
發表利用更換單一CPU晶片大幅提升個人電腦執行速度的矽奧技術（Chipup technology），開創了全球最經濟便捷的PC升級方式。
在倫敦發行四千五百萬美元歐洲公司債。
推出世界首部50MHZ 486DX多CPU電腦系統。
針對美國零售市場推出第二品牌Acros個人電腦產品。
在美國Datamation雜誌全球一百大資訊公司中排名第六十四名。

一九九二年 向董事會辭職獲慰留。

劉英武三年約滿離職。

坐鎮美國開始宏碁企業改造工程。

獲交通大學頒授榮譽博士學位。

宏電新竹廠，美國廠，明碁桃園廠，大馬檳城廠同時獲得由國際標準組織頒發的ISO－9002品質認證。

整合電腦，通訊與消費性電子技術，推出多功能個人電腦AcerPAC。明碁推出具備子畫面控制系統（on-screen menu）的智慧型彩色監視器。

宏電榮獲台灣第一屆國家發明獎首獎。

德碁半導體工廠開始量產4M DRAM，至第四季時單月產量突破一百萬顆。

宏電在杜拜設立中東分公司；在維也納設立奧地利分公司；投資墨西哥經銷商Computec公司百分之十九的股權，並且加強開拓拉丁美洲市場

宏電整合電腦與消費性電子技術，領先推出AcerPAC 150多功能個人生活電腦。

宏電在大陸七個大城市舉辦巡迴產品展示，並決定在大陸之代理商裕碁電子公司之下增設經銷商。

一九九三年 ACERPAC多功能個人電腦榮獲台灣第一屆國家產品形象金質獎，此外，亦分別獲得國際專業雜誌Byte頒發傑出產品獎（Award of Distinction）及PC Professionell雜誌頒發一九九二／九三年創新產品獎（Innovation of the yesr 92/93）。

宏電之宏碁科技與明碁電腦持股比降至百分之五十以下。

AcerPower 486DX2獲得PC Word雜誌評選爲最值得購買的產品（Best Buy）及PC Professionell評價爲編輯推薦的產品（Editor's Recommendation）。

將矽奧技術授權美商英代爾（Intel）公司，寫下台灣廠商在國際上伸張智慧財產權的新里程碑。

開發成功新一代64位元PICA高功能個人電腦與主機板技術。

躍升Datamation全球第四十八大資訊廠商。

美國商業周刊以「超越追隨，領先群倫」來讚譽宏碁在研展、設計、製造與行銷方面的創新成就。

明碁大馬檳城廠獲馬國頒贈「卓越出口廠商獎」。

宏電與明碁通過ISO－9001品質評鑑。

企業總部遷回台北市民生東路宏泰大樓。

一九九四年　獲選第一屆傑出孝子獎。

宏碁Pentium個人電腦系統代表機種Acer/A7000獲得德國漢諾威電腦展if優良工業設計獎，及PC World雜誌最佳產品（Best Buy）與Byte雜誌最佳產品（Best Buy）榮銜。

《世界經理人文摘》（*World Executive's Digest*）大幅報導宏碁「全球品牌，結合地緣」的國際化策略，並且認爲宏碁已經替亞洲企業開闢了有別於日本，美國與歐洲廠商的第四種國際化模式。

宏碁AcerPower 9000個人電腦系統榮獲PC World雜誌評選爲最佳產品（Best Buy）

根據市場調查機構IDC的統計，一九九四年第一季宏碁在墨西哥PC市場占有率躍升至百分之三十二，不但繼續保持第一，並且超過HP與Compaq在當地銷售量的總合。

宏碁與墨西哥經銷商Computec公司簽訂協議，自一九九五年元月一日起將拉丁美洲子公司與Computec合併成單一公司，負責宏碁產品在中南美洲的產銷業務，雙方各擁有百分之五十的股權，三年內發展成拉丁美洲最大的電腦公司。

馬來西亞檳州頒贈施振榮拿督（Dato）爵位，以表彰明碁及他個人對當地所做的傑出項獻。

根據美商泛美鑑價公司評鑑，宏碁商標價值新台幣四十八億元。

宏碁與南非主要資訊廠商Persetel Holdings合資成立非洲子公司，雙方各擁有百分之五十的股權，負責Acer產品在南非及其它英語系非洲國家的產銷運作。

根據IDC最新的統計，一九九三年宏碁在拉丁美洲個人電腦市場占有率已躍居第一。

宏碁躋身美國電子專業量販店第二大PC品牌。

《華爾街日報》讚揚宏碁是「全球個人電腦的重鎮與亞洲廠商的領導者」。

根據美國《時代雜誌》（*TIMES*）國家形象調查，Acer已成爲台灣最具國際知名度的企業標誌。

一九九五年

獲《世界經理人文摘》評選爲全球十五位最能創造時勢的企業家。

獲國際媒體協會評選爲一九九五年全球新興市場最佳企業總裁。

美國加州聖荷西日報報導，宏碁（Acer）是矽谷最響亮的名字。

宏電、明碁領先國內廠商量產四倍速唯讀光碟機。

明碁大陸蘇州廠動工興建廠房，預計一九九六年四月完工，廠房總面積一・五萬坪。

《亞洲商業雜誌》（*Asian Business*）發表亞洲企業評價報告，宏電獲選爲最受推崇的亞洲籍高科技公司，超越日本新力、東芝與松下。

宏電再度榮獲國家發明金牌獎。

宏碁（Acer）躍居波斯灣地區最大的個人電腦品牌。

宏碁宣布即將邁入第三階段創業，其目標是讓各地消費大衆享受新鮮的技術，並積極切入消費性電子產品領域，以期成爲全球家喻户曉的品牌。

宏碁與智利Cientic集團合資成立宏碁智利子公司。

宏電蘇比克灣工廠開始生產，從決定投資到生產線完成運作，祇花費了五十七天。

德碁晶圓一廠中的八吋廠（模組B廠）落成啓用，成爲國内首座生產16M DRAM的廠商，初期將從0.45微求製程技術生產16M DRAM，一九九六年下半年將轉換至0.35微求技術層次。

宏碁美國推出全球第一台突破商用電腦設計概念，且裝置與操作簡便，功能完美的革命性家用電腦——渴望（Aspire），受到媒體與業界的高度評價。

宏碁國際在新加坡掛牌上市。

美國財《財星雜誌》(*Fortune*)以八頁版面大幅報導宏碁的創新經營模式，並且認為宏碁(Acer)已經成為一個來自台灣的傑出品牌。

德碁第二座八吋晶圓廠破土動工，該廠投資金額達新台幣三百五十億元，由於生產16M與64MDRAM，預計一九九七年第二季投入生產，是國內投資規模最大的八吋DRAM晶圓廠。

瑞典易利信(Ericsson)集團取得宏碁PC產品北歐銷售板。

明碁桃園龜山新總部及新廠房落成啓用。

宏電開發成功全球極少數以單一附加卡為主軸的多媒體視訊會議產品。

宏電營收連續三個月大幅躍升，十一月營收達八十六億元，創下我國民營製造業單月最高紀錄。

外貿協會公布蓋洛普「台灣產品形象調查」結果，台灣品牌中以宏碁電腦的國際知名度最高。

根據《遠東經濟評論》發表的亞洲企業評價報告，宏碁(Acer)超越台塑成為台灣最具領導性的企業。

宏碁電腦單一公司營業額達六百三十餘億元，是全台灣第三大製造業公司，僅次於南亞和中鋼。

一九九六年　獲《美國商業週刊》選爲全世界二十五位最佳企業總裁之一。

《施振榮的電腦傳奇》一書台灣、大陸同步出版。

企業傳奇④

施振榮的電腦傳奇

1996年3月初版
2000年2月初版第二十八刷

定價：新臺幣320元

著　　者　周　正　賢
發 行 人　劉　國　瑞
責任編輯　邱　孝　竹

出版者　聯經出版事業公司
臺北市忠孝東路四段555號
電　話：23620308・27627429
發行所：台北縣汐止市大同路一段367
發行電　：26418661
郵政劃撥帳戶第0100559-3號
郵撥電　：26418662
印刷者　雷射彩色印刷公司

行政院新聞局出版事業登記證局版臺業字第0130號

本書如有缺頁，破損，倒裝請寄回發行所更換。　ISBN 957-08-1521-3(平裝)

國家圖書館出版品預行編目資料

施振榮的電腦傳奇 / 周正賢著 . --初版 .
--臺北市：聯經，1996年
面；　　公分 . --　(企業傳奇；4)
ISBN　957-08-1521-3(平裝)
〔2000年2月初版第二十八刷〕

I . 施振榮-傳記

782.886　　　　85001962